北大版留学生本科汉语教材·语言技能系列

汉语 下册 课文（第二版）
高级听力教程

Chinese Advanced Listening Course

中国語上級ヒアリングテキスト

중국어 고급 청력 교정

幺书君　张　葳　编著

图书在版编目(CIP)数据

汉语高级听力教程.下册/幺书君,张葳编著.—2版.—北京:北京大学出版社,2011.1

(北大版留学生本科汉语教材·语言技能系列)

ISBN 978-7-301-17125-7

Ⅰ.汉… Ⅱ.①幺…②张… Ⅲ.汉语—听说教学—对外汉语教学—教材 Ⅳ.195.4

中国版本图书馆 CIP 数据核字(2010)第 068209 号

书　　　名:汉语高级听力教程(下册)
著作责任者:幺书君　张　葳　编著
责 任 编 辑:贾鸿杰　sophiajia@yahoo.com.cn
标 准 书 号:ISBN 978-7-301-17125-7/H·2481
出 版 发 行:北京大学出版社
地　　　址:北京市海淀区成府路 205 号　100871
网　　　址:http://www.pup.cn
电　　　话:邮购部 62752015　发行部 62750672　编辑部 62767349　出版部 62754962
电 子 邮 箱:zpup@pup.pku.edu.cn
印　刷　者:北京鑫海金澳胶印有限公司
经　销　者:新华书店
　　　　　　787 毫米×1092 毫米　16 开本　20.75 印张　470 千字
　　　　　　1999 年 10 月第 1 版
　　　　　　2011 年 1 月第 2 版　2011 年 1 月第 1 次印刷
定　　　价:59.00 元(下册全 2 册,附 MP3 盘 1 张)

未经许可,不得以任何方式复制或抄袭本书之部分或全部内容。
版权所有,侵权必究　举报电话:010-62752024
　　　　　　　　　　电子邮箱:fd@pup.pku.edu.cn

编写说明

新版《汉语高级听力教程》是在原《汉语高级听力教程》的基础上修订、增删而成的。主要变动为:原教程只有一册,新版教程为二册;新版教程在体例及教学方式的设计上均有较大的改进。

一、适用对象

新版教程的教学对象是已具有中级汉语水平,掌握了或广泛涉及了汉语水平等级大纲中甲、乙、丙三级词汇的外国留学生。

二、教学目标

学完本教材的学生,除了能较好地提高日常交际中听的能力以外,也能较好地提高对专业性内容的听力理解能力,对增强高级 HSK 的应试能力亦会有所帮助。

三、编写原则

1. 新版教程内容广泛涉及社会生活的各个方面,力图"全景式"地反映当代中国的社会面貌。这是因为进入这一阶段学习的学生,其听力水平已经可以接受较为广泛的内容,同时,了解最新的中国社会生活,也是绝大多数学生的意愿和要求。

2. 新版教程既考虑了与《汉语中级听力教程》的衔接,又考虑了高级阶段听力课的教学特点,体例上有所突破。

3. 采用"词语链接法"这一突出语素教学理念的听力训练方法训练听力,是在总结、完善课堂教学经验的基础上所做的新探索。

四、体例设计

新教程为上下两册,每册15课,每课为4学时(一周)的教学内容。每册书适合一学期使用,两册书可使用一学年。

上下册均有"课文"、"生词和练习"两个分册("课文"分册标有参考答案)。每课由生词、词语链、短文、课文、练习构成,个别课有注释。

1. 生词

《汉语高级听力教程》中的生词为 HSK 词汇大纲中的丁级词及部分实用和必需的超纲词。

生词注释时,为便于学生从词汇的语素义理解整个词义,教材先对一些词汇中的语素或词语的意思做了注释,之后再解释整个词汇的意思。如"口诛笔伐"、"无独有偶"、"当务之急",目的是帮助学生通过对语素或语意思的理解,进而理解整个词汇,而不是死记硬背。

词汇注释后,括号中的词汇串是本词汇中某一语素可构成的其他词汇,选择进入词汇串的词汇时考虑了可理解性、常用性及学生水平。

2. 词语链

词语链中的词汇出自短文和课文,这些词汇不列入生词表,而是设计一个语境,让有关的词语出现在具体的语境中,以此来训练学生通过具体的语境来解读和认知有关词语的能力。如"外出"、"人生"、"心中"(丁级词)、"伟人"(超纲词)、"无趣"、"足不出户"(词典中未收),特别是词典中未收的一些词语,出现在词语链中,用这种方法来训练学生根据语境及语素义理解特定词语含义的能力。

3. 短文

短文语料包括三种形式:较为规范的汉语、口语体特点突出的对话及真正的、自然的口语。前两种短文是教材编写者编写的,真正的、自然的口语内容选自电视节目中的谈话、采访节目。我们希望通过这部教材,使学生接触到语体风格不同的汉语。

4. 课文

新版教程保留了旧版教材中受欢迎的一部分课文,增加了一些能够反映当代中国社会风貌的新内容。编排中,除了考虑字数外,也考虑了难度因素。因此课文的编排顺序并不完全根据课文长短来决定。

此外,根据需要,编者还对个别课文做了注释,以便于学生正确理解课文,顺利完成习题。

5. 练习

练习题主要有两类:前面的练习通常是针对全文概括性的理解而设计的;后面的练习是针对课文听力方面的逐段训练而设计的。编者希望以此来体现教学的层次性。其中选字(/词)填空类练习是希望学生能根据语境选择正确的汉字。实践证明,这是一种训练留学生汉语听力理解的有效方式。

五、教学建议

1. 为便于教学,词语链中的短文将配备录音,但在面对面授课时,教师可以不用录音,口述句子更有利于学生理解。

2. 词汇串的教学方式教师可以自行处理:其一,可以不作为教学内容,学生自己看,能接受多少就接受多少,教师和学生都不必把这一部分当成负担;其二,可以上课带读,让学生慢慢领悟——汉语有这样的特点;其三,可以把词汇串中的语素义和词汇义结合起来适当加以讲解。做这方面引导时,可以要求学生不看书,不看词汇表,教师慢慢说,学生慢慢听,学生听时一定会很用心地跟着教师想,这样效果会更好。

3. 一些课的练习设计先选出课文的一段,希望学生能先把它听懂。这样的段落都是教学中难度较大的部分。

4. 个别课文生词很多,练习题较少,(类似第十四课短文(二)中的情况),这样的语段,只希望学生带着生词,从有声语料中筛选出主要内容。

至于课堂操作中录音听几遍,可视学生的具体情况灵活掌握。

新版教程的编写充分吸收了中国人民大学对外语言文化学院历届留学生和有关教师的意见,学院的同事给了我很多有益的启发和帮助,在此一并致谢。

本教材编写做了某些大胆的尝试,希望有助于听力教材编写模式的改进,更希望通过本教材的使用,学习者不仅能更快更好地提高汉语听力理解能力,而且能够获得某些提高汉语听力能力的方法和技巧。

编 者

目录

第十六课　爱你就要折腾你/1
　　词语链/1
　　听短文/4
　　课　文　爱你就要折腾你/6

第十七课　昆　　虫/9
　　词语链/9
　　听短文/12
　　课　文　昆　虫/15

第十八课　农民和土地/18
　　词语链/18
　　听短文/21
　　课　文　农民和土地/24

第十九课　中国最后一个人民公社的求富实践/28
　　词语链/28
　　听短文/32
　　课　文　中国最后一个人民公社的求富实践/35

第二十课　婚姻那座城/38
　　词语链/38
　　听短文/42
　　课　文　婚姻那座城/44

第二十一课　"养虎为患"的老板/49
　　词语链/49
　　听短文/53
　　课　文　"养虎为患"的老板/56

第二十二课　友谊重于金钱/60
　　词语链/60
　　听短文/63
　　课　文　友谊重于金钱/66

第二十三课　离奇官司/69
　　词语链/69
　　听短文/72
　　课　文　离奇官司/74

第二十四课 可可西里的骄傲/78
    词语链/78
    听短文/82
    课   文 可可西里的骄傲/84

第二十五课 现任交警与《交通"刑警"》/89
    词语链/89
    听短文/93
    课   文 现任交警与《交通"刑警"》/96

第二十六课 半张纸币的故事/100
    词语链/100
    听短文/104
    课   文 半张纸币的故事/107

第二十七课 防艾与每个人息息相关/111
    词语链/111
    听短文/116
    课   文 防艾与每个人息息相关/118

第二十八课 中国人和中国人的"饭碗"/123
    词语链/123
    听短文/127
    课   文 中国人和中国人的"饭碗"/130

第二十九课 失去四肢的泳者/134
    词语链/134
    听短文/138
    课   文 失去四肢的泳者/140

第三十课 "墨菲法则"的科学性/143
    词语链/143
    听短文/146
    课   文 "墨菲法则"的科学性/148

第十六课　爱你就要折腾你

词语链

1. 夫妻：(夫妇)　老鼠：　爱：(相爱,珍爱,宠爱,爱情)

　　小时候,我们院住着一对中年夫妇,男的是属老鼠的,我们常说,那女的一定属猫,因为在我们看来,那男的老有点儿怕女的。他们夫妻没有孩子,在他们家,地位第一高的是女的,其次是那只只有一只眼睛,名字叫宝宝的宠物猫,院里人常开玩笑,管那男的叫"老三"。有一次,他们家猫病了,夫妻俩疯了似的抱着宝宝上医院,又打针,又吃药,花了不少钱。在那个贫穷的年代,院里人议论说他们家真的有钱没处花了。听大人这么说,我竟然真的去问那男的:"你们家是不是钱太多了,要不干吗给猫治病花那么多钱呀?"男的认真地对我说:"这只猫是我和你阿姨的结婚介绍人。有一天,几个淘气的男孩儿围着宝宝打,宝宝一只眼睛受了伤,满身是血,你阿姨冲过去赶走了那几个淘气的孩子,救下了宝宝,我觉得你阿姨又勇敢又善良,就喜欢上她了,或者说爱上她了。后来我们彼此相爱就结婚了。我们从来没把宝宝当宠物,它就是我们最最珍爱的孩子。咳,你还小呢,我说了你也不懂。"

　　那时候,我只有六七岁,好像真的不太懂。后来我看美国动画片《101忠狗》的时候,突然什么都明白了,他们宠爱宝宝,是因为宝宝象征着珍藏在他们夫妻心中的一份爱情。

回答问题:
(1) 故事中的男女是什么关系?"夫妇"是哪两个汉字?
(2) 录音告诉我们男的女的分别属什么?为什么大家这么说?你认为是真的吗?
(3) 录音中使用了哪些带"爱"字的词语?

2. 房子：(租房,房租,房产,房价,房)　单身：　付款：(贷款,分期付款,支付)
   现金：　养老：(养老院,养老金,以房养老,养儿防老)
   女甲：假如你有500万,你想干什么?

男甲：我想开公司,自己当老板。我不想过给别人打工的日子了,天天担心被炒鱿鱼,丢了工作。

男乙：我想买房子,现在租房太贵了!工资的三分之一都交房租了,这样下去,婚也结不起,家也养不起,真得单身了。

女甲：你要是买了房,就是咱们班最早有房产的了。要是有500万,就可以不问房价,不管贵不贵都买得起,而且可以不贷款,也不用分期付款。如果现金支付,一次性付款应该能打折吧?哎,你要是买了房,我就去你那儿租房啦,房租给我便宜点儿吧?

女乙：现在老年人越来越多,两个年轻人要照顾四个老人,还有孩子,还得工作,根本顾不过来,老年人养老几乎成了社会问题,我想办个养老院。

男甲：这个想法不错,养老院里老年人多,不会觉得寂寞,还能给子女减轻负担。

男乙：那要是养老金少,不够进养老院的怎么办呀?

男甲：有房子的老人可以以房养老呀。

男乙：那咱们传统的养儿防老就变成买房养老了哈。

回答问题：

(1) 假如有500万,他们分别想干什么?
(2) 录音中除了"房子"还说了哪些带"房"的词?你能试着写出汉字吗?
(3) "单身"是什么意思?是哪两个汉字?
(4) "付款"是什么意思?录音中还说了什么和"付款"有关系的词语?
(5) 录音中说了哪些与"养老"有关系的词语?

3. 准丈夫：(准爸爸) 逆来顺受： 关心、爱护：(关爱)

女：你看人家小张脾气多好呀!原来我还误会过他呢。他和小李没结婚,还是准丈夫的时候,我说:"这是没结婚呢,什么都听小李的,结了婚就不这样了!"后来结了婚,小张当了准爸爸,我又说:"瞧着吧,这会儿小李说一不二,发脾气他也不吭声,事事逆来顺受,等孩子出生了,就不这样了。"没想到,孩子都好几岁了,人家小张脾气还那么好,这小李呀,真有福气!

男：小张跟我说过,小李就是脾气急,说话不好听,心可好了,懂得关心、爱护人。人家小张是让着小李,夫妻之间感情好,什么叫逆来顺受呀!

女：敢情小张不缺少关爱呀,我还说,这小伙子挺可怜呢。

回答问题：

(1) 什么叫"准丈夫"、"准爸爸"?你认为"准夫妻"是什么意思?

(2) "逆来顺受"是什么意思？是哪几个汉字？

(3) "关爱"是什么意思？是哪两个汉字？

4. 额：(贷款额,总额)　估计：(估算)

女：现在买房的规定是贷款额不能超过总房价的80%，也就是说，首付不能少于房价总额的20%。您这套房子总价是250万，首付应该付50万。

男：那我首付150万现金吧,剩下的贷款。

女：可以。

男：你能不能帮我估计一下,20年以后,这套房子还值这么多钱吗？

女：那我可估算不好。不过,我自己认为,这儿的房子地点好,您是不会赔钱的。

回答问题：

(1) 这段对话最可能发生在哪里？

(2) 对话中除了"估计"还说了"估"什么？你能试着写出汉字吗？

(3) "贷款额不能超过总房价的80%"中的"贷款额"是什么意思？

5. 贵重：　值钱：

男：劳驾,存行李,两件,我下午三点取。

女：现金、贵重物品请自己保管。

男：就这个戒指值钱,我手上戴着呢,现金也没放行李里。

女：这个电脑,您是不是自己带着？

男：这破电脑都用10年了,不值钱,里边也没有值钱的信息。我带着它就是有时候上上网,玩儿玩儿游戏,解解闷儿。

回答问题：

(1) 这段对话可能发生在哪里？

(2) "值钱"是什么意思？是哪两个汉字？

（一）

女：最近老听人家说"以房养老",到底什么是"以房养老"啊？

男："以房养老"是上世纪国外银行创立的,专业名词叫"倒按揭"。倒按揭出现以后一直挺火的。简单说,就是老年人把房产抵押给银行,银行每个月发你钱。每个月领多少钱,会和抵押的房子是不是值钱,老年人的年龄,"以房养老"的住户是单身,还是夫妻二人有关。说白了,就是老年人用房子养老。

女：亚洲国家有这么做的吗？

男：有啊,据说新加坡就是,60岁以上的老年人把房子抵押给有政府背景的公益性机构, 由公益性机构一次性或分期支付养老金,老人去世后,产权由这些机构处理。"剩余价值",就是房价减去已经支付的养老金总额,交给老人的继承人。

女：中国有"以房养老"了吗？

男：中国已经在研究"倒按揭"、"以房养老"模式了。我相信,随着中国老龄化社会的到来,不光会有"倒按揭"、"以房养老",还会有更多适合中国国情的养老模式陆续推出。

根据录音内容选择正确答案：

1. 什么叫"以房养老"？
   A. 把房子卖给养老院　　　B. 每个月从银行领钱
   C. 人老了就得卖房子　　　D. 用抵押房子的钱养老 √

2. 在中国,"以房养老"进行得怎么样了？
   A. 正在推行以房养老　　　B. 正在研究以房养老 √
   C. 60岁可以以房养老　　　D. 以房养老不受欢迎

(二)

女：已经成家的独生子女一代，面临的是两个年轻人，四个老人，另外还有孩子。随着家庭结构的变化和消费水平的提高，"养儿防老"的难度越来越大。"以房养老"倒是个新思路。把房子抵押出去，老人每月可以有几千元收入，生活会大大改善，身体要是允许，还可以潇洒地到各地旅游观光，这主意不错。

男：我看没那么简单，这种"倒按揭"除了要估算房屋价值、未来房价走势，还要估算老人的寿命，这需要大量的前期准备，不是一两年能解决的。

女：也是。我估计目前能接受"以房养老"的可能也只是极少数家庭，因为房产可能是很多老人最大的一笔财产。中国的老年人习惯把财产留给子女。特别是一些多子女家庭，老人会把房产留给愿意照顾他们的儿子、孙子。退了休的老人对于靠养老金维持的生活也没什么不满意。如果把住房抵押出去，子女很可能就不肯照顾他们了。老人可能也不愿用放弃亲情和关爱来换取现金。

男：有些国家倒按揭需求较大，是因为老人、子女各自独立，子女一般不赡养老人。在中国，赡养老人是子女应尽的责任，我看市场需求很有限，可能只有孤寡老人才会有办理倒按揭的需求。而且倒按揭贷款要获得盈利需要经过十几年甚至二三十年的时间才能有回报，银行能承担这么长时间的盈利成本吗？

练 习

根据录音内容选择正确答案：

1. 以房养老的好处是什么？
   A. 满足老年人的旅游需求　　　　B. 年轻人可以不再管父母
   C. 解决养老中的实际问题 ✓　　　D. 改变养儿防老的旧观念

2. 今天仍然影响中国人的传统观念是什么？
   A. 把房产留给儿孙 ✓　　　　　　B. 没办法就卖房子
   C. 把多余的钱留给子女　　　　　D. 老年人要钱没什么用

3. 以房养老在中国前景如何？
   A. 很有前途　　　　　　　　B. 不太乐观 √
   C. 银行很积极　　　　　　　D. 需求量不小

爱你就要折腾你

① 我的邻居中有一对老夫妇很有趣，女的常常"欺负"男的。女的爱吃荷包蛋，丈夫就每天早早起来给她煎。女的很挑剔，发现蛋煎得稍微老一点儿，就噘嘴生气，直到丈夫重新煎一个好的给她。

这时女的已经86，丈夫89。

看见这一对孩子似的老人，我才知道，"折腾"和年龄没有关系，别以为只有恋爱中的女孩儿会折腾她的男友；别以为只有准妈妈们会折腾等着当爸爸而变得一点脾气没有的男人。只要幸福，女人就会折腾。结婚70年，折腾70年。

老夫妇家中读大学的孙女为爷爷抱不平，责备奶奶："爷爷天天变着法儿给您煎蛋，您还不高兴。爷爷胆儿小，怕您就像老鼠怕猫！"奶奶笑了，"要是不折腾他，我怕他会变得像隔壁老李那样，也痴呆了。他惦记我，每天为我忙来忙去，才不会变傻变笨，更不会扔下我早早离开……"听了这话，我和她孙女都沉默了。

我曾经多少次看不惯老婆婆对她丈夫的颐指气使，又为老公公的逆来顺受而气不过。现在想来，他们其实是互相珍爱着对方的。

② 看来，相爱的人不必埋怨对方的"折磨"。宠爱对方，珍惜对方，是一种天长地久的承诺，折腾爱人的同时，也是在回忆爱，重温爱。

会折腾的女人，能撒娇的女人，是幸福的女人。不但幸福，而且可爱、美丽，更加惹人疼爱。在男人看来，女人的折腾，女人的撒娇，跟女人的虚荣一样，是与生俱来的本领。

有人说，恋爱中的女人能把折腾男人的手段用得出神入化。会折腾的老婆，支使起男人来易如反掌，那被支使的男人不管多累，也会心甘情愿,高高兴兴。

其实女人折腾自己喜欢的男人,是信赖,是撒娇,不是欺负,不是耍弄。

(根据《北京晚报》江慧妍同名文章改写)

一、听全文,回答问题,以下哪句话符合课文的意思:(A)
　　A. 折腾也是一种爱
　　B. 老婆婆很不讲理
　　C. 老公公值得同情

二、根据第一段内容,选择正确答案:
1. 老婆婆怎么折腾老公公了?
　　A. 蛋煎得不好就生气 √　　B. 每天要吃两个煎蛋
　　C. 只吃丈夫煎的荷包蛋　　D. 丈夫起床晚了就生气

2. 什么样的女人喜欢折腾男人?
　　A. 所有的女人都折腾男人　　B. 失恋的女人喜欢折腾男人
　　C. 幸福中的女人折腾男人 √　D. 当了妈妈就喜欢折腾男人

3. 孙女为什么埋怨奶奶?
　　A. 爷爷根本就不像老鼠　　B. 爷爷并不想天天煎蛋
　　C. 奶奶欺负爷爷,她看不惯 √　D. 她长大了,能批评奶奶了

4. "我"和孙女曾经在什么问题上有一致想法?
　　A. 很痛恨奶奶　　B. 生爷爷的气
　　C. 为爷爷不平 √　D. 很珍爱他们

5. 为什么奶奶折腾爷爷,爷爷愿意接受?
　　A. 爷爷已经傻了　　B. 他们相爱很深 √
　　C. 奶奶厉害惯了　　D. 爷爷一直怕她

三、根据第二段内容,判断正误:
  (√) 1. 折腾也是一种爱。
  (√) 2. 女人折腾男人的本领是天生的。
  (×) 3. 男人都讨厌折腾自己的女人。
  (×) 4. 女人喜欢谁就不折腾谁。
  (√) 5. 幸福的女人才会折腾。

四、听录音,选词填空:
  1. 别以为只有恋爱中的女孩儿会折腾她的(　　);别以为只有准妈妈们会折腾等着当爸爸而变得一点脾气没有的男人。
     A. 难友　　　　B. 男友 √　　　　C. 罕有

  2. 孙女责备奶奶:"爷爷天天变着法儿给您煎蛋,您还不高兴。爷爷(　　)小,怕您就像老鼠怕猫!"
     A. 胆儿 √　　　B. 眼儿　　　　C. 哪儿

  3. 我曾经多少次看不惯老婆婆对她丈夫的颐指气使,又为老公公的逆来顺受而气不过。现在想来,他们其实是互相(　　)着对方的。
     A. 真爱　　　　B. 珍爱 √　　　　C. 心爱

  4. 看来,相爱的人不必埋怨对方的"折磨"。宠爱对方,(　　)对方,是一种天长地久的承诺,折腾爱人的同时,也是在回忆爱,重温爱。
     A. 珍惜 √　　　B. 珍稀　　　　C. 争气

  5. 有人说,恋爱中的女人能把折腾男人的手段用得出神入化。会折腾的老婆,(　　)起男人来易如反掌,那被支使的男人不管多累,也会心甘(　　),高高兴兴。
     ① A. 指示　　　B. 指使　　　　C. 支使 √
     ② A. 亲善　　　B. 请愿　　　　C. 情愿 √

第十七课 昆 虫

词语链

1. 家:(家养,家猫)　野生:(野猫)　流浪猫:　流浪:　宠爱:(宠物)

　　猫有三种。一种是家养的,一种是野生的,家养的猫叫家猫,野生的猫叫野猫。还有一种根本就没有家,吃了上顿没下顿,走到哪儿活到哪儿的,叫流浪猫。流浪有流浪的好处,自由,没人管,想干什么就干什么,可是流浪也有坏处,每天能不能吃上饭就是个大问题。

　　我是一只家猫,有一个温暖的家。主人很爱我,甚至可以说是宠爱,我们这样的猫有个共同的名字,叫宠物。

回答问题:

(1) 猫有几种?都是什么猫?有什么区别?

(2) 流浪猫的特点是什么?

(3) 你认为最有趣的宠物是什么?

2. 食谱:　养分:　早餐:(饱餐一顿)　面红耳赤:

　　说我的主人宠爱我绝不过分。我在家里地位很高,和家里的独生女儿差不多。每天早上,我和主人一块儿起床。起床后我先到阳台上转几圈,算是散步,然后就吃早餐。我有自己的食谱,每天早晚两顿饭,不但有营养,而且是变化的,早上要是吃鱼的话,下午就会吃肉。我还有个爱好——喜欢吃黄瓜,因为黄瓜有鱼和肉里没有的养分。饱餐一顿以后,我就找个又暖和又舒服的地方睡会儿。也有时候,家里会有突发事件,比如男主人跟女主人吵架了,吵架的原因多数是因为他们的孩子。这时候,他们都会很坚持,男主人对女主人的爱一点儿也看不出来了,俩人会吵得面红耳赤。我就想尽办法用我的方式去劝他们:抱着主人的腿,用头去亲他们。我劝他们常常会很管用,主人马上就会蹲下来,抚摸我,仿佛马上就明白了:动物都有爱,咱们就别吵了。

回答问题:

(1) 请说出"黄瓜有鱼和肉里没有的养分"中"养分"的近义词?

(2) 你每天早餐的食谱是什么？你知道什么是"菜谱"吗？你在哪里见过？
(3) "饱餐一顿"是什么意思？是哪几个汉字？
(4) "面红耳赤"是什么意思？我们什么时候会"面红耳赤"？你能试着写出汉字吗？

3. 太阳:(夕阳) 长相： 同类： 相比： 退化：

每天下午,太阳快落山的时候,主人的女儿洋洋就快放学了,我会趴在阳台上,看着夕阳下的那条小路,洋洋都是从那条小路上回来的。

虽然我的长相没变,一看就是猫,可是和同类相比,我退化了很多:我的动作慢多了,我抓老鼠的本领也不熟练。作为猫,我是退化了,可我觉得能和主人和谐相处也不错。

回答问题：
(1) "夕阳"是什么意思？
(2) "我的长相没变"中的"长相"是什么意思？是哪两个汉字？
(3) "和同类相比"是什么意思？"同类"和"相比"怎么写？
(4) "退化"是什么意思？录音中的猫怎么退化了？"退化"是哪两个汉字？

4. 人：(人类,机器人,电动机器人,工业机器人,仿真机器人) 自古以来：
行走： 软件： 硬件： 肢体： 东倒西歪：

机器人应该是模仿人造的机器,能够代替人类完成各种工作。自古以来人类就对机器人充满想象和喜爱,但直到1920年人类才开始使用"机器人"这个词。1927年人类制造出了电动机器人,它可以回答一些问题,但是只能站在那里,不能行走。1959年世界上第一台工业机器人问世,机器人的历史才真正开始。随着科学技术的发展,机器人也像人一样有了复杂的软件和灵活的硬件,它们的软件就像我们人类的大脑,它们的硬件就像我们人类的肢体。

最开始,人类制造出的机器人并不理想,它们又大又笨,动作也不灵活,行走的时候东倒西歪,干活儿也不怎么样。经过人类的不懈努力,最新的仿真机器人已经能够像人类一样跑步、上楼梯,甚至为客人端茶送水。

回答问题：
(1) 这段话讲的是什么内容？
(2) 录音中用了哪些带"人"的词语？
(3) "自古以来"是什么意思？是哪几个汉字？
(4) "行走"是什么意思？是哪两个汉字？

(5) "东倒西歪"是什么意思?是哪几个汉字?
(6) 什么是"软件"?什么是"硬件"?汉字分别怎么写?
(7) "机器人的硬件就像我们人类的肢体"中的"肢体"是什么?

5. 养育： 后代：

　　老虎是陆地上的动物,长相和猫很像,可是比猫大多了。对任何动物来说,养育后代都不是件容易事,老虎也一样。到了冬天,特别是下雪的时候,雪地上会留下老虎长长的脚印,你就会知道,它们为填饱孩子的肚子付出了多少努力。

回答问题:
(1) 这段话的主要内容是什么?
(2) 请举例说明"后代"是什么意思?是哪两个汉字?
(3) "对任何动物来说,养育后代都不是件容易事"中"养育"的近义词是什么?

6. 脚:(脚印)　行走:(爬行)　洞:(山洞,树洞,地洞)
　 树:(树枝,树洞)　飞:(飞机,飞翔)

　　蛇没有脚,我们永远也看不到蛇的脚印。蛇是爬行动物,行走的方式很特别。蛇的家也很特别,它们住在各种各样的洞中,山洞、树洞、地洞,都是蛇的家。

　　鸟的家在树上,它们的世界在空中。它们每天飞来飞去,飞累了就站在树枝上唱歌。人类还没有造出飞机的时候,我们很羡慕会飞的小鸟了。今天我们有了飞机,也可以像鸟儿一样,在天空飞翔了。

回答问题:
(1) 蛇是什么动物?"爬行"是哪两个汉字?
(2) "脚印"是什么?我们在什么地方走路会留下脚印?
(3) 录音中使用了哪些带"洞"的词语?
(4) 录音中使用了哪些带"飞"的词语?
(5) 请画出一棵树,标出"树枝"在哪里。

7. 假装： 远:(远方)

女:呀,怎么这么高兴呀,还买这么多好吃的?哎,跟你说话呢,怎么假装听不见呀?

男:对不起,不是假装听不见,刚才真没听见。我呀,有高兴事儿:有朋自远方来。

女：说有朋友来不就行了吗，还"有朋自远方来"，是女朋友吗？
男：不，小学同学，现在在西藏工作。
女：真是够远的。
回答问题：
(1) 男的有什么高兴事儿？
(2) 你能用"假装"说一句话吗？
(3) "远方"是什么意思？是哪两个汉字？

8. 嘴：(嘴巴)　喘气：

　　今天又起晚了，在我们公司，迟到可是大事。为了赶上七点这趟车，我拼命地跑。到了车上，张着嘴，在那喘气。正好车上有我们一个同事，跟我打招呼，我的嘴巴哪还说得出话呀，只好跟他招招手，算是打了个招呼。
回答问题：
(1) 请说出"嘴"的同义词？
(2) 什么情况下我们会张着嘴喘气？

（一）

　　最近，人与动物的话题时常被提起，不少人为此争论得面红耳赤。有人觉得，钱应该用在人身上，动物的生命不如人宝贵，对这种观点，我不能同意。人间大爱，不应该只对同类。就像前几天，我的一位朋友看到市场上有人在卖一种奇怪的、长相像鹰的鸟，就花600块钱买了下来，送到了动物救助中心，没想到竟然是国家二级保护动物。你想，如果当时这位朋友要是觉得不过是两只鸟，没什么大不了的，这两只国家级保护动物不就无法得到保护了吗？
　　不过，爱护动物也应该有度，我看到过一个人，自己省吃俭用，却为一只流浪猫订了牛奶，理由是她觉得那只流浪猫怀孕了，需要营养。大家都知道，自古以来，猫的天然食谱里就没有牛奶。其实，野生的流浪猫与家养的宠物猫不同,它们的生存能力并没有退化,外出觅食似乎还难不倒它们。人们看着它们又瘦又脏的,心里不舒服,没准儿猫自己觉得非常自由快乐呢!倘若猫将来都要喝牛奶才能繁衍后代,都被伺候得肥肥的,不再对捉老鼠感兴趣,对于环境保护不知道究竟是不是幸事?

(根据姚丽颖《爱护动物应该适度》改写)

根据录音内容选择正确答案:

1. 录音中的"我"不同意什么观点?
   A. 动物都要进救助中心　　B. 有钱的人才能养宠物
   C. 人的生命比动物宝贵 √　　D. 动物活得好,人才能好

2. 关于朋友买鸟的事,以下哪句话正确?
   A. 朋友救下了那两只鸟 √　　B. 朋友做的只是件小事
   C. 朋友无法保护那两只鸟　　D. 朋友碰到的两只鸟不大

3. 对于流浪猫,"我"是怎么想的?
   A. 流浪猫并不缺少营养　　B. 爱护动物也不能乱来 √
   C. 流浪猫找吃的很困难　　D. 流浪猫又瘦又脏很不舒服

(二)

在我童年的记忆里,狐狸很狡猾。不过我18岁那一年才真正领教了它的本领。

那天,叔叔带我去打野兔。忽然,叔叔发现了一只狐狸,在夕阳下放着红光,就像一团燃烧着的火。叔叔悄悄告诉我,这是只红毛狐狸,红毛狐狸比一般狐狸还狡猾。叔叔的话语中带着自信。

这时,红毛狐狸也发现了我们,奇怪的是它不惊不慌,在开阔的田野里走走停停。我心想,没准儿是只傻狐狸,死到临头了,还假

装镇定。

我正想着,叔叔的枪已经响了,显然狐狸前腿被打中了,因为它已经成了三条腿的跛子。刹那间,叔叔又补了一枪,红毛狐狸身体蹦起了一人高,摔在地上,接着滚向低洼的草地。我和叔叔跑向狐狸滚下的地方,找了好一阵也没见狐狸的影子。亲眼见到狐狸被打中,怎么就是找不到?正在奇怪,忽然发现地上有脚印伸向远方,顺着脚印往前看,狐狸正在300米以外的土山上,看着我们俩悠然自得地笑呢!我看得清清楚楚,狐狸嘴巴张得老大,它不是在喘气,是真的在哈哈大笑,笑得身子都在抖动。那笑法很特别,完全是戏弄讥讽之后的快乐!原来,它根本就没有被打着,完全是高水平的表演,我和叔叔被狐狸彻底戏弄了一回。

(根据刘洪章《狡诈的红毛狐狸》改写)

根据录音内容选择正确答案:

1. "我"和叔叔碰到了一只什么样的狐狸?
   A. 发光的狐狸　　　　　　B. 痴呆的狐狸
   C. 红色的狐狸 ✓　　　　　D. 三条腿狐狸

2. 狐狸发现我们之后是怎样表现的?
   A. 不着急不害怕 ✓　　　　B. 仍然十分自信
   C. 感到活不了了　　　　　D. 奇怪地看着我们

3. 叔叔开枪后结果怎样?
   A. 狐狸受伤了　　　　　　B. 狐狸中弹了
   C. 狐狸摔倒了　　　　　　D. 没打中狐狸 ✓

4. 我们碰到的是一只什么样的狐狸?
   A. 嘴巴很大的狐狸　　　　B. 学过演戏的狐狸
   C. 非常乐观的狐狸　　　　D. 极其狡猾的狐狸 ✓

昆　虫

①昆虫是世界上最早在空中飞翔的动物。昆虫曾经一度垄断天空达数亿年之久,它们可以凭借翅膀飞到十分遥远的地方,尽管它们的翅膀看上去十分脆弱。大花蝶可以飞行数千公里到达它们冬天的栖息地。

②昆虫的翅膀十分脆弱,在地面极易受到损害,这是一个需要在结构上解决的问题。甲虫已经成功地解决了这个难题。它们的前翼变成了坚硬的鞘翅,以便保护十分脆弱的后翼。这样甲虫就可以飞到其他飞虫不敢到达的地方,例如在狭窄的地洞中生活,或把家建在树枝上、土壤里,甚至是动物排泄的粪便里。

③为了满足各种不同的需求,它们的腿也在不断地进化。例如金龟子,它的腿像铲子一样,既可以挖掘,又可以把粪便包装成一个个小球儿。

④甲虫的数量要比任何其他昆虫的数量都多,甲虫是陆地的主人,它们的六条腿提供了充足的动力,使得它们可以快速爬行。据说产自南非的大王甲,在昆虫世界里比老虎可怕得多。它的速度比猎豹还要快,它的下颚可以紧紧地抓住猎物并且刺入猎物体内,吸干它的养分。当它饱餐一顿以后,那个猎物就只剩下一个空壳了,就像一只被遗弃的空瓶子。

⑤昆虫需要同等复杂的软件与其独特的硬件相配合,它们不仅有一个大脑,而且还有各自独立的中枢神经来控制每一对肢体。人类试图制造出结构与昆虫相类似的机器人,可以穿越各种崎岖不平的地面,但是这些机器人都没能超过昆虫。与昆虫的神经中枢相比,微处理器显得又大又笨,机器人的行走看上去东倒西歪,缺乏灵活性,而蟑螂却可以飞快地爬越各种障碍,它的速度可以达到每秒钟1米。

（根据中央电视台"人与自然"节目广播稿改写）

练 习

一、热身问题：

1. 你能用汉语说出哪些昆虫的名字？

2. 什么是昆虫？昆虫有什么特点？

二、听全文，回答问题，以下哪句话符合课文的意思（可以多选）：(B C)
  A. 世界上最先有了昆虫
  B. 昆虫在不断地进化
  C. 人类模仿昆虫造出了机器人

三、根据第一段内容，判断正误：
  (×) 1. 最早在空中飞翔的动物不是昆虫。
  (√) 2. 曾有几亿年的时间，天空中飞翔的只有昆虫。
  (√) 3. 昆虫的翅膀看起来很不结实。
  (√) 4. 大花蝶冬天会飞到几千公里以外的栖息地去。

四、根据第二、三段内容，选择正确答案：

1. 昆虫的翅膀有什么缺陷？
  A. 不善于飞翔   B. 很容易受伤 √
  C. 前翼很坚硬   D. 不能再进化

2. 进化后的甲虫有什么特点？
  A. 它们的翅膀结实了 √   B. 比其他飞虫更勇敢
  C. 很喜欢动物的粪便   D. 在地面容易受伤害

3. 谁的腿既可以挖掘又有其他用途？
  A. 甲虫   B. 飞虫
  C. 昆虫   D. 金龟子 √

五、根据第四段内容，判断正误：
  (×) 1. 甲虫很想做陆地的主人。
  (√) 2. 甲虫的六条腿很有劲儿。

(✕) 3. 南非的大王甲比老虎可怕。
(✓) 4. 大王甲的速度比猎豹还快。
(✕) 5. 大王甲就像一只被扔掉的空瓶子。

六、根据第五段内容,选择正确答案:

1. 昆虫的软件指什么?
    A. 大脑   B. 肢体   C. 中枢神经   D. 大脑、中枢神经 ✓

2. 昆虫的硬件指什么?
    A. 大脑   B. 肢体 ✓   C. 中枢神经   D. 大脑、中枢神经

3. 机器人的微处理器相当于昆虫的什么?
    A. 大脑   B. 肢体   C. 硬件   D. 神经中枢 ✓

七、听录音,选词填空:

1. 昆虫的翅膀十分脆弱,在地面(　　)受到损害,这是一个需要在结构上解决的问题。
    A. 极易 ✓   B. 奇异   C. 提议

2. 甲虫就可以飞到其他飞虫不敢到达的地方,例如在狭窄的地洞中生活,或把家(　　)树枝上、土壤里,甚至是动物排泄的粪便里。
    A. 潜在   B. 现在   C. 建在 ✓

3. 甲虫的数量要比任何其他昆虫的数量都多,甲虫是陆地的(　　),它们的六条腿提供了充足的动力,使得它们可以快速爬行。
    A. 主人 ✓   B. 主任   C. 富人

4. 人类试图制造出(　　)与昆虫相类似的机器人,可以穿越各种崎岖不平的地面,但是这些机器人都没能超过昆虫。
    A. 结果   B. 机构   C. 结构 ✓

5. 与昆虫的神经中枢相比,微处理器显得又大又笨,机器人的行走看上去东倒西歪,(　　)灵活性。
    A. 加法   B. 缺乏 ✓   C. 启发

第十八课 农民和土地

词语链

1. 额：(贷款额,总额,金额,销售额,总销售额) 音像制品：
   女：老师,咱们第十六课学了"贷款额"、"房价总额",我理解"额"的意思就是"金额"、"钱数",对吗？
   男：对,你还听说过什么带"额"的词吗？
   女：还有"销售额"。
   男：不错,你从哪儿听来的？
   女：昨天我去书店,书店的人说："这个月书的销售额增加了,音像制品的销售额下降了,总销售额没有下滑。"老师,"下滑"的反义词就是上涨吧？
   男：对呀。
   女：正好,那天我多买了几张DVD,给他们增加点销售额吧。
   回答问题：
   (1) 录音中用了哪些带"额"的词语？
   (2) 请举例说明什么是"音像制品"。

2. 儿童:(留守儿童) 父子： 老爷子： 农民:(农户) 粮食:(口粮)
   马兰：丽华,我是马兰。
   丽华：我一听就是你,正想给你打电话呢。我刚从咱们老家回来。
   马兰：30多年了,那儿变化大吗？
   丽华：太大了,大得我都快不认识了。咱们当初住的房子全新盖了,变成了养老院,旁边有个儿童活动中心。咱们的老队长已经96了,和他儿子,父子俩都在敬老院呢,他儿子也70多了。
   马兰：他儿子没孩子呀？
   丽华：没有,他们家就剩俩老爷子,没别人了,就都上敬老院了,不过他们身体还都行。
   马兰：哦,那那儿的农民日子过得好吗？

丽华：种地的农户少多了，不少人搬到城里去了，口粮也不吃分配的了，都买粮食吃。

马兰：为什么不吃自己种的粮食呀？

丽华：我想是生活水平提高了，现在是想吃什么买什么，不是种什么吃什么了。

马兰：我听说现在农村留守儿童特别多，咱们那儿怎么样？

丽华：也不少，父母到城里打工，就把孩子放在家里，有的跟爷爷奶奶，家里没有老人的，孩子大点儿就自己过。

马兰：这种父母不在身边的留守儿童真是个问题，孩子没人管，也没有父爱母爱。

回答问题：
(1) 对话的两个人曾经生活在哪里？
(2) "父子"是什么意思？是哪两个汉字？
(3) "老爷子"是什么意思？是哪几个汉字？
(4) "农民"和"农户"有什么区别？
(5) "不少人搬到城里去了，口粮也不吃分配的了，都买粮食吃"中的"口粮"和"粮食"有区别吗？汉字分别怎么写？
(6) 什么样的儿童是"留守儿童"？

3. 萝卜白菜各有所爱   权利：(无权)   除了：(除去)

男：妈妈，你听这流行歌曲多好，你非得听民歌，你就不能流行一次，时尚一次？

女：咱们萝卜白菜各有所爱，你喜欢流行歌曲你就听流行的，我喜欢听民歌我就听民歌，我不强迫你听民歌，你也无权改变我的爱好，对不对？

男：对对对，听民歌是您的权利。我不是希望您除了民歌，也接受点儿新鲜事物吗？

女：我除去民歌，什么也不喜欢。

回答问题：
(1) 妈妈和儿子的共同爱好是什么？
(2) "萝卜白菜各有所爱"是什么意思？
(3) "无权"是什么意思？是哪两个汉字？
(4) 你认为"除了"、"除去"意思有区别吗？

4. 上边: 销售:(销量) 销售:(售出,出售)
   女:上边发通知了,这种水停止销售了。
   男:谁说的?
   女:具体谁说的我也不知道,反正通知是上边发的。
   男:为什么呀?
   女:卫生检查不合格,细菌超标。
   男:哟,销量已经不小了。那已经售出的怎么办呀?
   女:网上、报纸上都发了消息,已经出售的,人家来了就给人家退或者换。
   回答问题:
   (1) 录音中提到的那种水为什么不能卖了?
   (2) "上边"是谁? 是哪两个汉字?
   (3) 录音中说了哪些和"销售"有关系的词?

5. 滑:(滑坡) 责任:(责任心,责任感) 足够:
   　　近几年,学校排名中,我们学校的名次在不断地往下滑,前年是第七名,去年是第十二名,今年是第十九名。校长又着急又生气,说教学质量滑坡的主要原因是教师缺乏责任心。做任何事没有责任感不行,如果不负责任或责任感不强,都不可能做好工作。
   　　对此,教师们有不同看法,他们认为自己的责任心已经足够强了,他们已经把时间、精力都花在了工作上,教学质量滑坡的主要原因,是家庭富裕的孩子越来越多,学生中比吃、比穿、比享受的风气越来越重,刻苦努力学习的风气已经没有了。
   回答问题:
   (1) 这段话的主要内容是什么?
   (2) 你认为"滑坡"是什么意思? 汉字怎么写?
   (3) 你认为"他是一个有责任心的父亲"和"他是一个有责任感的父亲"意思一样吗?
   (4) "责任心已经足够强了"中的"足够"是什么意思? 是哪两个汉字?

6. 随处可见:
   女:我想报个外语班,你知道哪里的好吗?
   男:新西方学校就不错。
   女:报名电话你知道吗?
   男:看广告呀。
   女:哪儿有广告呀?

男：随处可见。
回答问题：
(1) 女的想干什么？
(2) "随处可见"是什么意思？是哪几个汉字？

7. 讲述： 满头大汗：
　　妈妈有时候会给我讲述她和爸爸的恋爱故事：那时候，他们在同一所大学读书。有一天，妈妈从图书馆骑车回宿舍，身后追上来一个跑得满头大汗的小伙子，就是我爸。原来是爸爸捡到了妈妈丢在图书馆的学生证。从此他们就认识了，以后就有了他们一生的故事。
回答问题：
(1) 这段话讲的是什么事情？
(2) "讲述"的近义词是什么？
(3) "追上来一个跑得满头大汗的小伙子"中的"满头大汗"是什么意思？是哪几个汉字？

（一）

　　虽说萝卜白菜各有所爱，但在文化消费领域，喜爱土白菜的人却没有喜爱洋萝卜的人多。
　　据统计，市民月平均文化消费占总消费的20%，有些甚至达到了70%。然而，其中用于民族文化的消费却寥寥无几。在音像制品市场上，欧美及港台流行音乐占据了65%以上的市场份额，民族音乐的销量只有35%。图书市场上，每年各种新书的销售额约为12亿元，其中外文书为6亿元，而中国古典文化书籍只有9000万元，除去一些专业工作者，基本无人问津。

（根据北京电视台"北京特快"节目内容改写）

 练 习

根据录音内容选择正确答案：

1. "萝卜白菜各有所爱"是什么意思?
   A. 萝卜比白菜好　　　　　B. 白菜比萝卜强
   C. 萝卜白菜都好　　　　　D. 各人爱好不同 ✓

2. 市民文化消费的特点是什么?
   A. 70%市民喜欢民族文化　　B. 20%市民喜欢民族文化
   C. 民族文化作品消费量大　　D. 外来文化作品消费量大 ✓

3. 文化市场的特点是什么?
   A. 民族音乐销量少 ✓　　　 B. 民族音乐作品少
   C. 没人购买外文书　　　　 D. 古典文化受欢迎

（二）

　　北京的出租车司机能"侃"是有名的。那天我打的,道儿不远却听了一路故事。

　　司机是北京人,口才好,也特爱聊。他对我说,开出租什么样的事都可能碰上。有一次,一个老头儿上了他的车,他就问上哪儿,老头儿说:"我要去的地方,说了你也不会知道!"他说:"那总得有个地方吧?不然往哪儿开呀?"老头儿说:"八亩地儿,知道吗?你就从中日医院往北开吧,到那儿我再告诉你。"到了地方,他一看,这不就是小营吗?就说:"老爷子,您说小营不就完了?"老爷子还特犟,说:"我就管这儿叫八亩地儿!我家打我爷爷起就住这儿,我打小儿叫八亩地儿叫惯了,改不了口!"

　　敢情这是多少年前的地名,早不这么叫了,怪不得没人知道。

　　事情过去两个月,他又碰上一件事,一个80多岁的老太太,孤身一人从台湾来北京找亲戚,要去的地方正是"八亩地儿"。那天,火车站的出租车调度一连问了七八个司机,没一个人知道这八亩地儿在什么地方。老太太急了,对调度说:"你要是帮我找到认识这个地方的司机,我出100块钱!"问到他,正好他就知道。老太太乐坏了,掏出100块钱要给他。他说:"老太太,您要去的地方不太远,最多也就30几块。"旁边的司机都围上来问:"这八亩地儿到底是哪儿,也告诉我们呀,下次遇到要去的乘客好不犯难。"他就讲了老头儿的事,大伙儿说,那老头儿是成心逗闷子,这老太太可是早就离开了北京,光知道老地名。

到了小营一带,老太太傻了——这八亩地儿早不是原来的八亩地儿了。老太太一急又不知道把亲戚家的电话号码放哪儿了,这可怎么找呀!我那位好心的司机赶忙说:"您别急,再好好找找。"老太太翻了半天,急得满头大汗,终于找出了电话号码。司机又用手机和老太太的亲戚联系好,终于把老太太送到了家,老太太和她的亲戚那个谢呀!

司机的故事说完,我也到了。下车前我对司机说:"谢谢您了,师傅。您人好,故事也好!"

(根据庞旸《出租车上的故事》改写)

根据录音内容选择正确答案:

1. 北京出租司机有什么特点?
   A. 会编故事　　　　　B. 说话好听
   C. 特别能聊 ✓　　　　D. 心眼都好

2. 故事中的老爷子有什么特点?
   A. 很怀旧　　　　　　B. 很固执 ✓
   C. 会开玩笑　　　　　D. 记忆力好

3. 以下哪句话符合故事中的老太太?
   A. 有钱没处花　　　　B. 办事不聪明
   C. 成心难为人　　　　D. 特着急找人 ✓

农民和土地

① 自从中国有了农耕文明,也就有了农民与土地的话题。"地安则民安",一句话道出了土地在中国许多问题上举足轻重的地位。新中国成立几十年来,土地归谁所有,经历了几次剧变,中国经济也随之出现了几次起伏。

② 1949年以前,土地归私人所有,农民租种富裕地主的土地,农村穷的穷,富的富。新中国成立不久,政府把土地平均分配给所有农户,农民各自独立经营自己的小块农田,能在自由市场自由出售自己的产品。在土地改革中受益的农民热情高涨,解放后的五六年间,农业生产出现了蓬勃生机。

③ 1958年,农村实行了人民公社化。公社的规模平均为4000农户,农民个人不再拥有土地。他们集体劳动,集体分配,干活多少在分配中得不到体现。这种典型的大锅饭形式,这种过早否定家庭经济的做法显然不得民心。脱离实际的人民公社剥夺了农民的权利。农民自己不能决定在土地上种什么,更无权支配产品,甚至自己一年吃多少口粮都要上边说了算。于是,被捆绑住手脚的农民失去了生产积极性,农业生产停滞不前,甚至出现了滑坡。人民公社化导致的灾难性后果,就是农业不能为国家提供足够的粮食,更没有抗灾能力,以致在1959到1962年间,那场罕见的饥荒来临时,出现了很多非正常死亡的现象。

④ 贫困、饥饿中的农民,每时每刻都渴望能拥有自己的土地。《安徽"大包干"始末》给我们讲述了这么一个不是故事的故事:1961年,73岁的农民刘青兰,儿子有病不能劳动,别人见他生活困难,劝他去养老院安享晚年。这位伛偻的老人却提出,不想让国家白养活,如果公社同意,他就带儿子到山里去,一边种地,一边给儿子看病,生产有余就交粮给国家,不足也不要国家负责。公社同意

了他的请求。从此,父子俩走进了大山。他们用简陋的农具开了16亩荒地,秋天收了3300斤粮食,留下了口粮、种子、饲料,还交给公社1800斤粮食和养猪所得的60元钱。公社干部为之哗然。刘青兰建议:"最好把田包给社员种,不然,不少社员混工,没有责任心,生产搞不好!"这简单、朴实却包含着真理的话语,使领导们茅塞顿开。

⑤ 改革开放后,农村实行了土地承包制度,土地重新划给了各个家庭。集体化生产时随处可见的磨洋工现象消失了,农村、农民也由此逐步摆脱了贫困,走向了富裕。

今天农村的发展又面临着新的考验,贫富差距问题、留守儿童问题……我们也相信,旧的问题解决了,还会出现新的问题,这就是历史。

练 习

一、听全文,回答问题:
  1. 课文主要谈了什么问题?

  2. 你听得最清楚的是哪些词语?

二、根据第一段内容,判断正误:
  (√) 1. 农民与土地的问题在中国由来已久。
  (√) 2. 农民与土地的问题在中国历来就是个重要问题。
  (×) 3. 农民日子过好了,土地也就没问题了。
  (√) 4. 新中国成立几十年来,土地归谁所有,经历了几次大的变化。
  (√) 5. 土地政策的变化会影响中国经济。

三、根据第二、三段内容填表(只填句子序号即可):

不同时期中国农村土地所有制形式及生产、生活状况	
1949年以前	(2)
新中国成立不久	(3)(5)(9)(11)
1958年	(1)(4)(6)(8)(10)
1959年—1962年	(7)

25

(1) 集体劳动,集体分配,干活儿多少都一样。
(2) 农村贫富悬殊。
(3) 农民自己经营自己的农田。
(4) 实行不得民心的大锅饭制度。
(5) 土地平均分配给农户。
(6) 实行了人民公社化。
(7) 因饥荒而饿死了人。
(8) 农业生产停滞,甚至滑坡。
(9) 能自由出售自己的农产品。
(10) 农民个人不再拥有土地。
(11) 农业生产生机勃勃。

四、根据第四段内容,选择正确答案:

1. 刘青兰向公社请求什么?
   A. 进养老院生活　　　　　B. 先给儿子看病
   C. 不白吃国家的饭 √　　　D. 没粮时再找国家

2. 下列哪一项是刘青兰秋天上交给公社的?
   A. 60块钱 √　　　　　　 B. 几头猪
   C. 16亩地　　　　　　　 D. 3300斤粮食

3. 刘青兰认为人民公社带来的后果是什么?
   A. 把地包给农民种　　　　B. 社员出工不出力 √
   C. 生产不出好粮食　　　　D. 领导没有责任心

4. 刘青兰的故事说明什么?
   A. 刘青兰并没有老　　　　B. 大山里生活更好
   C. 农民应该有土地 √　　　D. 公社领导很愚蠢

五、根据第五段内容,回答问题:

1. 改革开放后,农村有了什么样的变化?

2. 农民生活怎么样?

3. 今天农村的问题是什么?

六、听录音,选词填空:
1. 1949年以前,土地归私人所有,农民租种富裕地主的土地,农村(　　),富的富。
   A. 亲的亲　　　　B. 穷的穷 ✓　　　　C. 行的行

2. 脱离实际的人民公社剥夺了农民的(　　)。农民自己不能决定在土地上种什么,更无权支配产品,甚至自己一年吃多少口粮都要上边说了算。
   A. 权利 ✓　　　　B. 全力　　　　C. 前例

3. 人民公社化导致的灾难性后果,就是农业不能为国家提供足够的粮食,更没有抗灾能力,(　　)在1959到1962年间,那场罕见的饥荒来临时,出现了很多非正常死亡的现象。
   A. 一致　　　　B. 以致 ✓　　　　C. 一直

4. 这位倔犟的老人提出,不想让国家白养活,如果公社同意,他就带儿子到山里去,一边种地,一边给儿子看病,生产(　　)就交粮给国家,不足也不要国家负责。
   A. 由于　　　　B. 犹豫　　　　C. 有余 ✓

第十九课 中国最后一个人民公社的求富实践

词语链

1. 场所： 体育馆： 体育场：(体育场馆) 人均：
   女：我们那里市民的体育运动场所比起以前多多了。
   男：是不是盖了好多体育馆、体育场？
   女：那倒不是，以前学校的体育场、体育馆都不对外开放，就供学校上体育课用，现在大、中、小学的体育场馆晚上、周末市民都可以去。
   男：你们那儿的人重视体育锻炼吗？
   女：我跟你说个数字吧，我们那儿现在市民花在体育运动上的支出占人均收入的2%。比如，月人均收入2000元，体育运动支出大约是40元，当然，还有人喜欢散步，就不用花钱，那就意味着，有的人花的钱超过2%。

   回答问题：
   (1) 这段对话的主要内容是什么？
   (2) 你认为"体育运动场所比起以前是多多了"中的"场所"是什么意思？是哪两个汉字？
   (3) "体育场馆"是什么意思？是哪几个汉字？
   (4) 举例说明"人均收入"是什么意思。是哪几个汉字？

2. 经济：(经济体制,计划经济,市场经济,个体经济,集体经济)
   改革开放以前，中国的经济体制和许多国家不同，实行的是计划经济。改革开放以后，走上了市场经济这条路，企业形式也随之有了很大变化，以前没有的私人企业、外资企业、合资企业多起来；个体经济、集体经济，各种经济形式可以说是五花八门，丰富多彩。

   回答问题：
   (1) 这段话的主要内容是什么？
   (2) 录音中用了哪些带"经济"的词语？试着写出来。

3. 点燃： 燃烧： 警察：(警匪片,警方) 唯一：

  男：你将来想干什么?
  女：我想当老师。老师的工作就像燃烧的蜡烛,点燃自己,照亮别人。
  男：蜡烛就是我们过生日的时候,插在蛋糕上,点着的那个亮的东西?
  女：对呀。
  男：你的比喻很浪漫。你呢,张小?
 张　小：我想当警察。
  男：你是独生子,是你们家唯一的孩子,警察的工作很危险,你妈妈同意吗?
 张　小：现在中国独生子女很多,什么工作都得有人去干呀。我从小就喜欢看警匪片,就是警察抓坏人的电影、电视剧。每次看警匪片的时候,我都发现我的思路跟警察一样聪明,跟坏人一样狡猾。我还发现,如果我编电视剧,我能把警方的故事编得更生动,所以我认为,我最适合当警察。

回答问题：
(1) 复述句子:"老师的工作就像燃烧的蜡烛,点燃自己,照亮别人。"
(2) 你能用"唯一"说一句话吗?
(3) "警匪片"是什么样的电影或电视剧?
(4) 你认为"警方"和"警察"有区别吗?

4. 山林： 现场： 全力： 扑救：

  三天前发生的山林大火,截止到新闻发布时仍在继续燃烧。火灾现场已有近千人全力投入扑救工作。由于气候干燥,而且据天气预报,未来几天没有降雨,这将给灭火工作带来很大困难。但是,现场扑救人员决心克服困难,争取把火灾的损失降到最低。

回答问题：
(1) 这段话的主要内容是什么?
(2) "火灾现场已有近千人全力投入扑救工作"中的"现场"是什么意思?是哪两个汉字?
(3) "全力投入扑救工作"中的"全力"是什么意思? 是哪两个汉字?
(4) 请说出"扑救"的近义词。

5. 燃烧：(烧毁) 直接： 间接： 失火：

  五天前发生的山林大火已被扑灭。大火在燃烧的五天中,共烧毁山林近万亩,造成直接经济损失近亿元,间接经济损失无法估计。目前,失火原因正在调查中。

回答问题:

(1) 请说出"失火"的近义词。

(2) "直接"的反义词是什么?"直接"、"间接"分别怎么写?

(3) 被烧毁的房屋还能住吗?

6. 转眼: 光秃秃: 小树:(树木,树苗)

　　转眼间,山林大火发生已有一个多月了,原来满是树木的山头,如今是光秃秃的一片,当地百姓正忙着抓紧植树季节补种树苗。未来几天,这里将普降春雨,这将有利于小树的成活。

　　据调查,一个多月前发生的这场山林大火,是吸烟者随手将烟头扔在了地上,点燃了路边的干草引发的。事件再一次提醒吸烟者,吸烟时一定要注意安全,烟头不要随手乱扔。

回答问题:

(1) 什么时候我们会用"转眼"这个词?"转眼"是哪两个汉字?

(2) "原来满是树木的山头,如今是光秃秃的一片"中的"光秃秃"是什么意思?

(3) 录音中用了哪些和"树"有关的词语?

7. 底、末:(年底,年末)　终:(年终,终点站,终审判决)

　留学生:老师,我坐车的时候老听说"这趟车的终点站是动物园"什么的,"终点站"就是最后一站,那"终"就是最后的意思吧?

　老　师:对呀。那我要是说"年终",你也能懂吧?

　留学生:就是"年底"、"年末"。

　老　师:你还知道可以这么理解的词吗?

　留学生:前几天我看了一个电视剧,讲的是打官司的事儿,有一审判决、二审判决,后来是终审判决。终审判决就是最后的判决了吧?

　老　师:对。

回答问题:

(1) 车到了终点站,还会继续往前开吗?为什么?

(2) 请说出"年终"的同义词。

(3) 录音中说了哪些带"终"的词语?

8. 返：(返回)

　女：你明天走，什么时候回来呀？

　男：明天，15号吧？我上午11:00的火车，后天下午6:00到。到了以后的第二天，就是17号中午往回返，18号晚上就回来了。

　女：那就是说，你15号出发，18号返回，请假4天。

　回答问题：

　(1) 男的要干什么？

　(2) "返回"是什么意思？是哪两个汉字？

9. 色盲：(文盲)

　女：我是色盲。

　男：那你可不能开车，红灯绿灯看不出来可不行。

　女：是呀，你现在穿的什么颜色的衣服我就不知道，我看着都一样。

　男：真遗憾，你眼中的世界多不丰富呀！唉，你不是文盲吧，前边那牌子写的什么字，知道吗？

　女：开玩笑，现在有几个文盲呀！

　回答问题：

　(1) 女的说自己是什么？

　(2) 什么是"色盲"？

　(3) "文盲"是什么意思？

10. 史无前例：　安全：(安全感)

　男：这次山体滑坡造成的灾难可以说是史无前例，有文字记载以来，没有听说过有这么大的灾难。转眼间，好几个村镇就没有了。

　女：是呀。那个地方一直就灾难多发，又是地震，又是滑坡，没几年就来一次。住在那儿，一点儿安全感也没有，那儿就不该再住人了。

　男：听说这回就不想再在那儿盖房子了。

　女：是啊，还是找安全的地方住吧，这回直接经济损失就好多个亿，间接损失就更甭提了。

　回答问题：

　(1) 对话的主要内容是什么？

　(2) "史无前例"是什么意思？是哪几个汉字？

　(3) "一点儿安全感也没有"是什么意思？

11. 亲属：部位：回天无力：
   医生：病人的亲属来了吗？
   女：我,我是他女儿。
   医生：你父亲受伤的部位很麻烦,脑部受伤,昏迷原因是脑出血,必须立刻手术。
   女：大夫,不做手术行吗？我父亲心脏不太好。
   医生：这个我们知道。其实手术风险也很大,不过不做手术活下来的可能性几乎为零,而且,手术还得赶快做,再耽误的话,我们也就回天无力了。

回答问题：
(1) 这段对话可能发生在什么地方？
(2) 什么人可以算是病人的亲属？
(3) 女孩儿的父亲什么部位受伤了？"部位"是哪两个汉字？
(4) 想一想,什么时候可以用"回天无力"这个词。

（一）

男：尽管喜爱体育运动的大有人在,而多数北京人在体育锻炼上却只能称作动口不动手的谦谦君子。

女：最近有人做了一项调查,87%的被调查者认为体育锻炼十分重要；93.3%的人至少买过一件运动器材；去年一年就有84.9%的人在看比赛、看体育报或者在使用体育场馆方面花过钱。

男：这充分显示出,北京人对体育锻炼还是高度重视的。

女：但是,被调查者中能经常将体育锻炼付诸行动的仅占三分之一。

男：看来,真让北京人在体育锻炼方面不做只动口不动手的谦谦君子,还不是那么容易的事。

女：那些不锻炼者无一不强调没有锻炼场所,或是有场所但价格高,开放时间不对,路程远,人多项目少等客观因素。

男：除了嘴之外，想加强北京人身体其他部位的锻炼，看来至少在体育设施等硬件方面还要让他们挑不出眼来。

(根据北京电视台"北京特快"节目内容改写)

根据录音内容选择正确答案：

1. 北京人在锻炼上的特点是什么？
   A. 非常谦虚　　　　　　　B. 经常锻炼
   C. 只说不做 √　　　　　　D. 不够重视

2. 喜欢体育运动的人多不多？
   A. 很多 √　　　　　　　　B. 不多
   C. 很少　　　　　　　　　D. 凑合

3. 不参加体育锻炼人的理由不包括什么？
   A. 价格不够理想　　　　　B. 上班路程太远 √
   C. 没有锻炼的地方　　　　D. 没有足够的项目

4. "挑不出眼"是什么意思？
   A. 找出毛病来　　　　　　B. 允许随便挑
   C. 选择余地大　　　　　　D. 找不出毛病 √

(二)

八月底，天气依然炎热，这天，邱天石和周心龙帮他人割完稻谷后已是晚上9时，两人一前一后，举着火把往家赶，火把燃尽时，邱天石点燃另一支火把，将尚未熄灭的火把随手扔在路上，两人继续赶路，等到发现山林失火，赶回扑救，已然回天无力。

这次火灾烧毁树木9000多棵，直接经济损失5万余元，间接损失17万余元，这是这里33年来唯一的一次森林火灾。

失火当天，邱天石、周心龙被警方羁押，之后，法院以失火罪一审分别判处邱天石、周心龙有期徒刑3年半和3年。两人上诉后，在中级法院审理过程中表示真诚悔罪，愿全力弥补损失，提出愿将烧毁的山林全部种上树苗，还要请全家人和所有亲属一起完成种树工作。邱天石、周心龙的亲属也向审判人员表示，愿尽力帮助种树。两人所在村子的干部也提出，邱天石、周心龙是贫困户，二人的妻子也都丧失了劳动能力，如果两人坐牢的话，两个家庭就更惨了。

鉴于两人都是年过六旬的文盲，发现失火后曾返回现场扑救，之后认罪态度好，中级法院做出该院史无前例的终审判决：改判邱天石有期徒刑3年，缓刑4年；改判周心龙有期徒刑3年，缓刑3年。同时责令两人回家后在着过火的山上种树，将功补过。

转眼就到了3月，一场春雨过后，64岁的邱天石和67岁的周心龙带着各自的亲戚一道来到被火烧得光秃秃的山上来种树，村里的干部也来帮忙，前来植树的人足有200多，两位老人也干得格外卖力。山头全部种上树苗后，法院来人进行现场验收，他们告诉两位老人，不光要种上树，还要看护好树苗，给树苗浇水，保证绝大多数树苗成活。

(根据《文摘周报》文章改写)

根据录音内容选择正确答案：

1. 邱天石、周心龙为什么被判刑？
   A. 拿着火把赶路　　　　　B. 随手乱扔东西
   C. 故意点燃了山火　　　　D. 引发了森林火灾 ✓

2. 一审判决和终审判决有什么区别？
   A. 一审终审没变化　　　　B. 终审加重了刑罚
   C. 终审改判为无罪　　　　D. 终审减轻了刑罚 ✓

3. 以下哪一项不符合邱天石、周心龙的情况？
   A. 和村干部关系好 ✓　　　B. 愿全力弥补损失
   C. 家庭生活很困难　　　　D. 认罪态度特别好

中国最后一个人民公社的求富实践

① 改革开放之后,人民公社这种被认为有"大锅饭"之弊的制度在中国消失了,代之以承包制度。而河北有个周家庄,人民公社制度却保留至今,它也是中国唯一保留着人民公社制度的乡镇。

那里的许多社员仍然依赖着集体计划经济生活。集体劳动、统一分配是周家庄的主要劳动形态。2005年的财经数字显示,周家庄人民公社人均财政贡献名列全市第一,高出了全市的农民人均收入,也高出了全国农民人均收入。

② 在周家庄,不管你是乡长、队长、看大门的,还是下地干活儿的,每次出工,都有人给你记上,这样全年下来,你干了多少天活儿就有了明确的记录。年底,根据全队总收入就可以算出一个人干一天活儿是多少钱。社员张顺全所在的队,2005年平均每天能挣35.5元,张顺全一共干了340天活儿,纯收入大约12000元。今天的周家庄,和以前人民公社的"大锅饭"还不太一样,每项工作所达到的要求都有明确的规定,达不到要求是不行的。

即使到现在,还有不少周家庄人觉得,集体经济给他们带来了安全感。社员梁志民说,种子、化肥、农药,集体采购,不用自己花钱,也不用自己操心。他们亲眼看到分了地的农民,不光大事小事要自己跑,连农机具也要自己购买。

③ 周家庄的社员可以享受10项福利:从1981年开始,周家庄家家户户用上了免费的自来水;1982年,年满65岁可以享受养老金;对孤寡老人也有特殊照顾;孩子上学也是免费的。

周家庄的村镇建设有统一的20年规划,从1982年到2002年,全乡房屋改造全部完成,对于家中有困难的,公社提供无息贷款。

周家庄的福利,靠的是公社9家集体企业的收入。2005年,周家庄农业纯收入2121万元,周家庄制药厂一家的纯收入就达到

2549万元。农民在厂里上班挣的也是工分,年底分红。

④ 公社也会考虑让每家既要有人在企业上班,也有人在地里干活。实际上,这里没有很穷的人,也没有很富的人。

周家庄允许个体经济自由发展,如果你不参加公社的集体劳动,男的每年向公社交1500元,女的每年交1000元,就可以享受公社的各种福利,什么时候你又想回到集体中来了,公社还会欢迎你。

(根据《文摘周报》同名文章改写)

练 习

一、听全文,回答问题,以下哪句话符合课文的意思:(C)
   A. 改革开放以后中国的人民公社彻底消失了。
   B. 河北省今天还在实行人民公社制度。
   C. 今天周家庄的人民公社和以前的不完全一样。

二、根据第一段内容,判断正误:
   (✗) 1. 人民公社制度下,吃饭不是问题。
   (✗) 2. 大锅饭是人民公社制度的优势之一。
   (✓) 3. 改革开放以后承包制代替了人民公社。
   (✓) 4. 今天,周家庄实行集体劳动,集体分配。
   (✓) 5. 2005年,周家庄农民的收入比全国农民人均收入高。

三、根据第二段内容,判断正误:
   (✓) 1. 周家庄的每一个人都是干一天的活儿拿一天的钱。
   (✗) 2. 今天周家庄的大锅饭和以前没什么区别。
   (✗) 3. 今天的周家庄仍然可以出工不出力。
   (✓) 4. 今天在周家庄混工是混不下去了。
   (✓) 5. 周家庄的社员比承包制下的农民省心。

四、根据第三段内容,判断正误:
   (✓) 1. 参加公社劳动的社员可以享受周家庄的福利。
   (✓) 2. 周家庄福利包括吃水不花钱。
   (✗) 3. 周家庄给每家都白盖了房子。

（✘）4. 周家庄的集体企业享受着国家的特殊待遇。
  （✓）5. 周家庄集体企业员工和社员待遇一样。

五、根据第四段内容，判断正误：
  （✘）1. 周家庄社员去集体企业上班还是种地，完全自己决定。
  （✘）2. 在周家庄，完全没有贫富差距。
  （✓）3. 周家庄不存在贫富悬殊的问题。
  （✓）4. 周家庄允许个体经济存在。
  （✘）5. 选择个体经济就不能享受公社的福利。
  （✓）6. 做不做周家庄社员，可以自由选择。

六、讨论：
  1. 改革开放前的人民公社和周家庄的人民公社区别在哪里？

  2. 你认为在农村实行什么样的制度是最理想的？

第二十课　婚姻那座城

词语链

1. 喜:(大喜,喜事)　式:(中式,西式,老式,新式,中西式结合)　新:(新郎,新娘)

女甲：呀,小王穿了件这么漂亮的新衣服,怎么回事呀,从来也没见你这么时髦过呀。

女乙：刚买的,明天参加婚礼。

女甲：挺贵的吧? 又不是你结婚,干吗花这么多钱买衣服?

女乙：人家也是大喜的日子,我还不应该打扮打扮啊?

男：对,谁结婚都是喜事,应该打扮。哎,什么样的婚礼呀?中式还是西式,老式还是新式?

女乙：听说是中西式结合,新老式结合。

女甲：有意思,那得多麻烦呀?

女乙：新郎新娘说了,要按他们的意思,根本不举行婚礼,又费钱又费时间,还累,领了结婚证就是结婚了。两家父母说,婚礼是两个人新生活的开始,办个好婚礼,也算给新生活开个好头儿。新郎新娘说,那就按两家家长的意思办,结果就弄成了中西式结合,新老式结合。

男：要我说,把亲戚朋友都请来,简简单单办个婚礼,大家高高兴兴的就成了。这么浪费纯粹是开了个坏头儿。

女甲：现在简简单单的也有,搞的热热闹闹的也大有人在。那是人家的自由。

女乙：跟咱们那会儿是不一样了。咱们那会儿大办婚礼的没多少,都是简简单单的,请亲朋好友吃顿饭的也不多,领了证就算结婚的可是大有人在。

男：那当然了,咱们那会儿人多了吃饭也没那么多饭票呀。

回答问题：

(1) 请举例说明:什么日子算"大喜的日子"? 什么事算"喜事"?

(2) 录音中的新郎、新娘会举行什么样的婚礼?

(3)"开个好头儿"、"开个坏头儿"是什么意思?

2. ……劲儿:(高兴劲儿,难受劲儿) 喜怒哀乐:
   女:看你那高兴劲儿,有什么喜事呀?
   男:都一年了,我的难受劲儿你就没看见。
   女:不敢问你呀,你那儿正难受呢,我还问,你不是更难受了吗。今天你高兴,咱就问问。
   男:高兴、难受,都是为孩子呗。他高考,我们全家都跟着着急。平常考试,他成绩差点儿我是真难受啊。这回好了,高考结束了,超常发挥。今天刚知道,成绩还不错,我还不高兴高兴啊!我这人不行,喜怒哀乐全写脸上。
   女:这样挺好,看见你高兴,我们就跟着分享分享;看见你难受,我们能劝就劝劝,劝不了,就不吭声了。一个人要是喜怒哀乐别人都看不出来,多可怕呀!

回答问题:
(1)"看你那高兴劲儿"是什么意思?你能模仿这个句子说一句话吗?
(2)"喜怒哀乐"指什么?是哪几个汉字?

3. 合适:(合脚,合身,合体)
   顾   客:这双鞋有点儿大,不太合适,我要个小一号的。
   售 货 员:您试试这双。
   顾   客:这双大小合适,就是有点儿肥,还是不合脚。
   售 货 员:这双呢?
   顾   客:这双又有点儿瘦,真不好意思,都试三双了。
   售 货 员:没关系,鞋就是得穿着合适,大了小了肥了瘦了都不行。您再试试这双。
   顾   客:这双好,特别合脚,谢谢您啊!
   售 货 员:您这件衣服怎么这么合身呐,不肥不瘦的,特别合体。在哪儿买的?
   顾   客:不是买的,是做的。我觉得自己做的合体,穿着也舒服。

回答问题:
(1)这段对话最有可能发生在什么地方?
(2)鞋不大不小怎么说?是哪两个汉字?
(3)衣服不大不小,不肥不瘦怎么说?你能试着写出汉字吗?

4. 春天:(早春,春风,春游) 飞舞: 秋天:(金秋,秋游)

甲:我喜欢春天,特别是早春。冬天刚刚过去,春天刚刚到来。太阳晒在身上暖暖的,春风轻轻地吹,小草、树叶嫩绿嫩绿的,河上的冰化了,地上的花也开了。让人觉得生活特别有希望。

乙:我喜欢夏天,热是热,可是可以穿裙子,穿短裤,穿T恤。我就不喜欢冬天,穿好多衣服,又厚又笨,干什么都不方便。

丙:我就喜欢冬天。冬天一下雪,到处都是白的,别提多漂亮了,雪花在天空飞舞,多浪漫呀!

丁:我喜欢秋天。大伙儿都把秋天叫"金秋",是不是因为秋天是收获的季节啊?

甲:这个不太清楚,不过秋天是漂亮,树叶有的变成了红色,有的变成了黄色,还有的是绿的,秋天的颜色特别丰富。

丁:所以呀,我觉得秋游比春游更浪漫。

回答问题:

(1)"早春"是什么时候?录音中还说了什么带"春"的词?你能试着写出汉字吗?

(2)"秋天"还叫什么?是哪两个汉字?

(3)"秋游"是什么意思?是哪两个汉字?

(4)你喜欢下雪吗?说一说下雪时的情景,请用上"飞舞"这个词。

5. 成年人: 交往: 亲密:

我和乐乐从小就要好。那时候,我们天天在一起玩儿,后来上幼儿园、小学、中学,我们都是同学,只有大学,我们不在同一所学校。毕业以后,我们又在同一个单位上班。成了成年人,我们的友谊更深了。如今,我们交往已经快40年了,一直都是最亲密的朋友。

回答问题:

(1)"我们"交往多少年了?"交往"是哪两个汉字?

(2)你认为多少岁就是成年人了?"成年人"是哪几个汉字?

6. 高调: 低调:

女:老张和他妻子特别不一样。老张做人做事喜欢高调,干什么都嚷嚷着干,恐怕别人不知道,做人也很张扬,有必要没必要说的事都要到处说,说得谁都知道了才行。他妻子就和他正好相反,干什么都特别低调。其实老张的妻子比老张能干,课也比老张讲得好,人家就是踏踏实实干自己的。老张一当上教授可不得了,那骄傲劲儿,好像全世

界就他一个教授。

男：现在的人高调的多，原来讲究做人谨慎，说话谦虚，现在可不行，你太低调了，别人就觉得你没本事。

回答问题：

(1) 这段对话在讨论什么问题？
(2) 你喜欢高调的人还是喜欢低调的人？"高调"、"低调"怎么写？

7. 脸盆： 拿不出手： 享受:(享用不尽) 代代相传：

女：你们现在也太过分了吧？我和你爸结婚那会儿，送个脸盆就行，我们俩结完婚，屋里十好几个脸盆，用了好多年，别人结婚还送人。你们这会儿可好，动不动就得送钱。

男：妈，您真会开玩笑，都什么年代了。现在钱少了都拿不出手，没面子，还送脸盆呢，还不让人笑话死！

女：我要是你，别人都送钱，我就不送。送点儿精品图书什么的，多有品位。什么时候一看书，就想起来是你送的，一辈子享用不尽。

男：您真逗，您喜欢看书，别人结婚也让人家看书呀，哪儿有一辈子享受不完的东西呀！

女：当然有了，我喜欢历史，一套《史记》就是我终生享用不尽的精神食粮，比什么都好，不光我看，你不是也看吗？将来你的孩子还能看，还能代代相传呢。

回答问题：

(1) 男的碰到了什么事？
(2) 你平常用脸盆吗？你有饭盆吗？
(3) 礼物"拿不出手"可能是什么原因？"拿不出手"是哪几个汉字？
(4) "享用不尽"是什么意思？是哪几个汉字？
(5) "代代相传"是什么意思？

(一)

女：这就是你给人家买的礼物？
男：是呀。
女：人家大喜的日子，就送人家这个？连点儿喜庆劲儿都没有。
男：你也太赶不上形势了，这个现在最时髦了，精神食粮，一辈子享用不尽。再说，现在哪儿还有送什么枕巾、脸盆、暖壶的。
女：就这么两本，也太拿不出手了吧？
男：这是精品，有保存价值。
女：多少钱？
男：你猜。
女：那我得先看看。哟，这本是云冈的，这本是敦煌的，嗯，不愧是精品。
男：其实我买这个主要是那新郎整天迷文物，咱没真的，拿假的凑和凑和呗。
女：我看还不得四五百块？
男：算你有眼力。

根据录音内容选择正确答案：

1. 男的为什么要送人家礼物？
   A. 有人要结婚 √　　　　B. 朋友生小孩
   C. 录音中没说　　　　　D. 需要拉关系

2. 男的买的什么礼物？
   A. 吃的　　　　　　　　B. 画册 √
   C. 文物　　　　　　　　D. 脸盆

3. 女的认为礼物质量怎么样？
   A. 非常不好　　　　　　　　B. 拿不出手
   C. 的确很好 √　　　　　　　D. 还算凑合

4. 关于价钱，女的猜得对不对？
   A. 差得很远　　　　　　　　B. 基本正确 √
   C. 录音没说　　　　　　　　D. 完全不对

（二）

记　者：中国的婚俗文化历史悠久，一直以来中国人办婚礼都是根据传统习俗，把中式婚礼办得热热闹闹的。可是，如今在年轻人中隆重操办婚礼的似乎越来越少了，简简单单领个证，请亲戚朋友吃顿饭就算结了婚的大有人在。对于婚礼，如今形成了高调办婚礼和低调结婚两种截然不同的态度。究竟隆重好，还是低调好呢？咱们听听年轻人怎么说。

女　甲：婚礼一生只有一次，体验一下传统婚俗的魅力，也为自己的婚姻开个好头儿，当然要好好地操办一下了。传统的婚礼看起来非常麻烦，但是其中的每一个细节都有特殊含义，都是很有讲究的。中国人代代相传的传统婚俗和各种细节会让你觉得非常有趣。

男　　：让老人满意，给亲戚朋友个交代，我当初就是这么想的。要是按我和太太的想法，婚礼越简单越好，但是想到家里的老人，最终还是选择隆重操办。我是东北人，太太是广州人，结婚时我也不太了解广州的习俗，整个筹备过程干脆就让太太的父母一手操办。当时我和太太说好了，这场婚礼，我们俩就听父母的，父母让干什么我们就干什么。不过，广州人办婚礼真够讲究的，婚礼过后我和太太累得够呛，整整睡了一天。

女　乙：说老实话，不按传统方式操办婚礼是从实际考虑。一来是我和我的准老公工作比较忙；二来，传统婚礼耗时耗力，也浪费金钱，对经济刚刚稳定的年轻人来说不是一个小数

字。我们将来一定会选择低调办婚礼,比如说,领了结婚证以后,用电话告诉亲朋好友就算完事了。

女 丙:婚姻是两个人的事情,并不需要以某种隆重的形式告诉大家。我们将来一定会策划一次浪漫的婚礼,买有意义的结婚礼物或者到某个地方去旅行,我只希望婚礼是属于我们两个人的。

根据录音内容选择正确答案:

1. 中国传统婚礼是什么样的?
   A. 大操大办,热热闹闹 ✓   B. 高调低调,各有千秋
   C. 以吃为主,不怕麻烦   D. 形式特殊,趣味性强

2. 当初男士的婚礼是怎么办的?
   A. 按老人的意愿办 ✓   B. 婚礼不是太讲究
   C. 婚礼由妻子做主   D. 跟亲戚们说清楚

3. 最后一位女士向往的是什么样的婚礼?
   A. 既低调又热闹   B. 既省钱又隆重
   C. 光领证就行了   D. 自己高兴就行 ✓

4. 这段对话讨论的是什么问题?
   A. 婚俗中没有代沟   B. 什么样的婚礼好 ✓
   C. 婚礼得开个好头儿   D. 婚俗文化历史悠久

婚姻那座城

① 一项调查说,目前某城市选择不结婚的成年人将近50万,其中女性占6成以上。社会学者调查分析发现,女性不结婚者中,

经济条件优越,既美貌又事业有成,有房有车的占到70%以上;另有20%是事业上很有发展,经济条件也不错,长相一般,但她们对结婚的要求比较高;还有10%的女性,她们在恋爱过程中受到过挫折,看到一些女性选择不结婚,也就跟起风来。

② 我的一位大学同学有一个亲密男友,两人已经交往5年了,关系很好,可就是谁也不提结婚的事。其实现代社会类似我同学这样的都市女性不少,她们不结婚的理由五花八门:什么不想为了一棵树放弃整座森林;怕失去自由;怕被孩子老公拴住;讨厌繁重的家庭琐事等等。

③ 一个网络作家曾说过这么一段话:"独身生活是一张又轻又薄的纸,家庭生活是一本厚重的书。我们可以在那张纸上精彩浪漫一回,可是如果整本书都是惊险的情节,读书的人也会累死。在纸与书之间你选择什么?"看到这段话时我曾经想,为什么我们要让整本书都是惊险的情节呢?难道我们不能让书中的情节有时如春风徐徐,有时如夏日雨后的彩虹,有时如天高气爽的金秋,有时如雪花飞舞的浪漫冬季,我们是可以努力创造生活的呀!果真如此,结婚还可怕吗?

④ 尽管结婚会失去一些东西,不结婚也不一定能够获得全部:婚姻是两颗心共同向往的地方,是疲倦的身体可以放松休息的地方,是唯一可以保存你全部喜怒哀乐的地方。有谁能说,自己的心从来不想回家?自己的情感从来不愿与人分享?没有婚姻的人生是不完整的,没有做父亲、母亲的经历也是人生的一大憾事。因为,婚姻带给人们精神与物质的许多东西,未经历者是无法想象的。

⑤ 其实,婚姻像一双鞋,合适不合适只有自己知道。如果你拒绝穿鞋,也许避免了因为鞋不合脚而把脚磨破,但也可能因为你没穿鞋而踩在钉子上。

幸福的婚姻生活是治疗"恐婚症"的最好方法,想不结婚的人就趁着没结婚的这几年,赶紧培养一下自己的责任心吧,否则你会难以承受婚姻之重。

(根据振伍同名文章改写)

一、听全文,回答问题:

1. 录音中对于是否应该结婚,谈了哪些观点?

2. 什么叫"恐婚症"?

二、根据第一段内容,选择正确答案:

1. 根据课文,有多少女性选择独身?
   - A. 大约 50 万人
   - B. 大约 30 万人 √
   - C. 城市人口的 60%
   - D. 城市女性的 60%

2. 关于女性独身的原因及比例,以下哪幅图表正确?

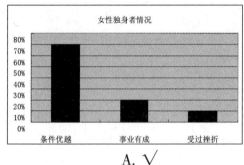

A. √   B.

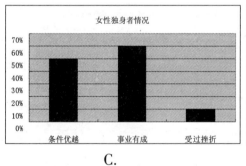   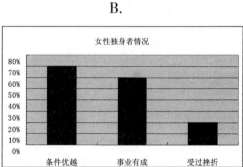

C.   D.

3. "跟风"是什么意思?
   - A. 跟着大家走
   - B. 跟着潮流走 √
   - C. 跟着正确的走
   - D. 时刻会有变化

三、根据第二段内容,判断正误:
(√) 1. 都市女性只谈恋爱不结婚的不少。
(×) 2. 都市女性不结婚都有充足的理由。
(√) 3. 都市女性怕结婚失去自由。
(×) 4. 都市女性讨厌丈夫孩子。
(√) 5. 都市女性讨厌烦琐的家务事。

四、根据第三段内容填表(只填句子序号即可):

网络作家是如何描述独身生活与家庭生活的?	
独身生活	(1)(2)
家庭生活	(3)(4)

(1) 我们可以在那张纸上精彩浪漫一回。
(2) 独身生活是一张又轻又薄的纸。
(3) 家庭生活是一本厚重的书。
(4) 如果整本书都是惊险的情节,读书的人也会累死。

五、根据第三段内容,选择正确答案:
1. 网络作家对于结婚是什么观点?
　　A. 不应该结婚　　　　　　　　B. 当然该结婚
　　C. 没说他的观点 √　　　　　　D. 结婚并不可怕

2. 下面哪项最符合本段所表达的观点?
　　A. 夏天结婚生活就像彩虹　　　B. 春天是结婚最美好的季节
　　C. 美好的婚姻生活可以创造 √　D. 秋天、冬天结婚也很浪漫

六、根据第四、五段内容讨论:
1. 婚姻并不全是浪漫,结婚有得有失,你同意这种观点吗?为什么?
2. 结婚会得到什么?失去什么?
3. 对"婚姻需要责任心,需要承受"的说法,你怎么看?
4. 你认为怎样能让家庭生活永远保持浪漫?

七、听录音,选词填空:
　　尽管结婚会(　　)一些东西,不结婚也不一定能够获得全部:婚姻是

两( )心共同向往的地方,是疲倦的身体可以放松休息的地方,是唯一可以保存你全部喜怒哀乐的地方。有谁能说,自己的心( )不想回家?自己的情感从来不愿与人分享?没有婚姻的人生是不( )的,没有做父亲、母亲的( )也是人生的一大憾事。因为,婚姻带给人们精神与物质的许多东西,未经历者是无法想象的。

① A. 拾取　　　B. 吸取　　　C. 失去 ✓
② A. 颗 ✓　　　B. 个　　　　C. 克
③ A. 重来　　　B. 从来 ✓　　C. 现在
④ A. 完成　　　B. 完整 ✓　　C. 欢迎
⑤ A. 经历 ✓　　B. 尽力　　　C. 精力

第二十一课 "养虎为患"的老板

词语链

1. 内向： 恰巧： 外向： 默默： 鸡毛蒜皮： 回嘴：

我的朋友李华是个人见人爱的女孩儿。她话不多,性格内向,我和她性格恰巧相反,外向,爱说话。我们俩在一起的时候,总是我没完没了地说,她在旁边默默地听。

李华脾气好,我从来没见过她着急、生气。李华的妈妈可是我见过的家长中脾气最坏,最爱唠叨的,有时候为了一点儿鸡毛蒜皮的小事就发火,又吵又闹。这时候,李华就默默地看着她妈妈,从不回嘴,直到她妈妈吵完了,闹完了,不再生气了。

回答问题：
(1) 李华的性格特点是什么？"内向"是哪两个汉字？
(2) 请说出"内向"的反义词,汉字怎么写？
(3) 请说出"恰巧"的近义词。
(4) 什么样的事是"鸡毛蒜皮"的事？
(5) 李华妈妈吵闹时,"李华就默默地看着她妈妈"中的"默默"是什么意思？
(6) 李华妈妈吵闹时,李华"从不回嘴"中的"回嘴"是什么意思？是哪两个汉字？

2. 养：(放养)　禽：(家禽,禽类)　珍稀： 海外： 直觉：

女：听说你开了个养鸡场？
男：确切地说,我养的是家禽,我养了鸡、鸭、火鸡、鸽子、孔雀。
女：呀,还有珍稀禽类呢。
男：对呀,又珍贵,又稀有。我的火鸡品种特别好,是从海外引进的。
女：洋品种？
男：对。那年我出国旅行,到一位海外朋友家做客,他的农场里恰巧养着火鸡。那天朋友就用他养的火鸡肉招待我,我觉得特别好吃,就想办法引进了。

女：中国人有吃火鸡的吗?
男：有也是极少数,可是我想只要好吃,就会有人接受,直觉告诉我,我不会失败。
女：你可是挺有意思的,不做市场调查,就凭直觉投资?
男：市场调查怎么做呀,人家都没吃过的东西,你问人家愿意不愿意吃?人家也没法回答呀。
女：也是,只能靠直觉。听说你的家禽都是放养?
男：对呀,我承包了山下的一大片地,这些鸡呀鸭的,可以在那里随便跑。这种方法养的禽类长得比较慢,可是在市场上更受欢迎。

回答问题:
(1) 试着用汉语说出一些家禽的名字。
(2) 举例说明"珍稀禽类"有哪些。
(3) 男的的火鸡是哪里的品种?"海外"是哪两个汉字?
(4) "直觉"是什么意思?"错觉"呢?你能试着写出汉字吗?
(5) 用什么方法养的禽类在市场上更受欢迎?"放养"是哪两个汉字?

3. 一贫如洗: 豪华: 轿车: 不合: 破裂: 非法: 同居:
　　这是一个引人深思的故事:
　　赵强和南南自由恋爱后结了婚,因为双方家里生活都不富裕,刚结婚时,他们的小家一贫如洗,两个人决心白手起家开始新的生活。
　　他们一起来到遥远的北京打工。经过十几年的积累,他们有了自己的公司,买了房子,后来又买了高档豪华轿车,总之,有钱人有的他们都有了。可是这时候,他们的感情却出现了问题。最开始是赵强老听着南南说话别扭,并为一些鸡毛蒜皮的小事和南南吵架。后来赵强不高兴了就动手,还提出二人感情不合,婚姻基础已经破裂,还是离婚的好。南南想不明白,为什么两个人穷得什么都没有的时候那么和谐,现在日子过好了,丈夫就要和自己离婚?
　　不久南南发现,赵强有了新的女友,并且已经非法同居。南南感到特别委屈。

回答问题:
(1) "一贫如洗"是什么意思?
(2) "豪华轿车"的价格怎么样?还有什么可以用"豪华"形容?
(3) "情感不和"和"感情和谐"在意思上有什么联系?
(4) 你认为夫妻感情破裂后,应该怎么办?
(5) 什么叫"非法同居"?

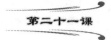

4. 老虎:(小虎,幼虎,虎妈妈,虎宝宝) 奶粉:

不久前,野生动物园的虎妞产下了两只可爱的小老虎。虎妞是第一次当妈妈,也还不会当妈妈,两只小虎一出生,她就到处跑着去玩儿,遗弃了两只幼虎。饲养员没有办法,只好代虎妞承担起喂养幼虎的工作,他们开始给幼虎吃奶粉,后来又找来一只特别有爱心的狗代替虎妈妈给幼虎喂奶。幼虎稍微大一点儿,他们就天天为幼虎精心配制一日三餐。如今,两只虎宝宝已经长大了不少,而且活泼可爱,经常一起玩耍、打闹。

回答问题:

(1) 这段话的主要内容是什么?
(2) 请解释"小虎、幼虎、虎妈妈、虎宝宝"各是什么样的虎?
(3) "奶粉"是用什么做的?

5. 景点: 观赏: 连年: 亏损: 寻求:

女:这就是动画城?我最不喜欢这种人造的旅游景点,粗制滥造,一点儿观赏性都没有,实在没什么可看的。

男:其实跟咱们想法一样的人不少。我早就听说这个动画城盖起来之后根本没什么人来,今天一看,果然如此。据说,周末也就是零星的几个家长带着孩子来,所以开业以后就连年亏损,没赚过什么钱,而且,一直也找不出扭亏为盈的办法来。

女:根本就不可能有什么好办法,要是寻求解决问题的办法,只有一个字——拆。

回答问题:

(1) 你认为世界上有成功的"人造的旅游景点"吗?如果有,是哪里?"景点"是哪两个汉字?
(2) "观赏"是什么意思?是哪两个汉字?
(3) "亏损"的反义词是什么?"连年亏损"是什么意思?
(4) "寻求解决办法"中的"寻求"是什么意思?是哪两个汉字?

6. 过错:

女:我觉得现在的交通法规里有一条特别不合理,就是汽车要是撞了人,无过错也得赔偿。这样走路的不是更可以不遵守交通规则了吗?反正汽车不敢撞他,因为即使汽车一点错误没有,撞了人也得赔啊。

男:这条主要是考虑和汽车比,人是弱者。我想,即使有这么一条,行人也不一定就无视交通规则吧,那不是拿自己的生命开玩笑吗!

女:不信你上街看看去,走路的、骑车的,有几个人按灯走啊?红灯不红灯

51

的根本不管,就跟没看见一样,有时候我真怀疑他们是不是都色盲了。
回答问题:
(1) 这段对话讨论的是什么问题?
(2) "过错"的同义词是什么?"过错"是哪两个汉字?

7. 案子:(案发,案件,案例)
　　警察老张说,他经历过这么一个案子:
　　女孩儿明明结婚不到一个月,丈夫李三就被警察带走了,因为李三曾经参与抢劫。
　　事情发生在一年多以前,李三和他的一个哥们儿骑着摩托车抢过几个步行女子的提包。后来,李三害怕就不干了,他以为不干了就没事儿了。之后他认识了明明,跟明明恋爱、结婚。他从来也没想过自己以前实际上已经犯下了抢劫罪。案发后,他很后悔,觉得对不起新婚的妻子。李三的案件说明,不懂法是会出大问题的,而现实生活中,类似的案例并不少见。
回答问题:
(1) 李三为什么后悔?
(2) 将 A、B、C、D 四个词填在与它们意思对应的表格中:

案件发生	违法的事件	某种案件的例子
B	A C	D

A. 案子　　　B. 案发　　　C. 案件　　D. 案例

8. 死路: 尽快:
　　他知道自己得了癌症以后,就觉得面前只有死路一条了。不管医生怎么说要尽快手术,他就是不听,绝望地说癌症根本就没法治,治也是死,不治也是死,还治它干吗?
回答问题:
(1) 请用最简单的话说明"他"对待癌症的态度。
(2) "死路"的反义词是什么?"死路"是哪两个汉字?
(3) "尽快"是什么意思?是哪两个汉字?

（一）

在法院，一桩故意杀人未遂案引起了很多人的深思。罪犯是一个41岁的中年妇女，在某大商场当会计。她叫林起芳，在同事和朋友眼中，她工作认真负责，为人温和善良，是一个典型的贤妻良母。

林起芳和丈夫萧某是通过恋爱自愿结婚的。七年后，由于房子拆迁，为了要房，他们协议离婚，但此时感情尚未破裂，此后他们一直同居，儿子也和他们同住。他们的婚姻真正出问题是几年以后，丈夫开始打她、骂她、侮辱她。丈夫萧某是这样解释自己的行为的："我们其实并没有什么利害冲突，关系不好主要是为一些鸡毛蒜皮的小事。时间长了，我看见她就烦。有时我心情不好就打骂她，她从不回嘴，我还经常恐吓她，烧她照片，撕她衣服，毁掉她喜欢的东西，她总是默默忍受。"

性情温和、性格内向的林起芳从未想过反抗和寻求保护，为了11岁的儿子，她想就这样把这个家庭维持下去算了。面对她的忍让，丈夫却更加变本加厉，于是就引出了这桩案子。

案发后，林起芳的朋友、同事非常震惊，她所在商场的领导和同事联名向法院写了请愿书，对她受到丈夫长期虐待深感不平，要求从轻惩处。

（根据《北京晚报·不靠法律食恶果》改写）

根据录音内容选择正确答案：
1. 林起芳是干什么工作的？
   A. 管理房子　　B. 商场主管　　C. 财务工作 ✓　　D. 录音没说

2. 他们的婚姻出现问题的原因是什么?
   A. 妻子太能忍耐　　　　　B. 没有钱买房子
   C. 丈夫烧妻子照片　　　　D. 鸡毛蒜皮的小事 ✓

3. 丈夫打骂妻子时,妻子怎样?
   A. 跟丈夫讲理　　　　　　B. 一直在忍耐 ✓
   C. 撕丈夫衣服　　　　　　D. 努力寻求保护

4. 面对妻子的做法,丈夫怎样?
   A. 有些后悔　　B. 变得更凶 ✓　　C. 想杀了妻子　　D. 开始打孩子

5. 林起芳的领导、同事为什么给法院写请愿书?
   A. 事情令他们吃惊　　　　B. 她丈夫已经死了
   C. 林起芳为人温和　　　　D. 为林起芳抱不平 ✓

(二)

随着改革开放程度的提高,中国法律已同世界各国法律一样,把离婚自由遵从为原则之一。可是今天,人们又开始怀疑:离婚自由是否应有限度?能不能在任何时候一厢情愿地想离就离?

有个老头儿,仗着有些地位和金钱,近年来几乎一年换一个老婆,每出一些钱就可以娶到一个贫穷但年轻的姑娘,不久就以"感情不和"为理由离了再娶。当地人很气愤,反映到全国妇联,可谁拿他也没办法。

钟庚琦女士的离婚案同样引人深思。十多年前,钟庚琦在报上看到残疾青年赵明川植树造林的事迹十分感动,与他通了三年信后,不顾家人反对,与一贫如洗的赵明川结了婚。婚后他俩进山开荒、承包果园,抚育孩子、照顾老人,经过六年的努力,开始富裕起来。致富后赵明川多次与其他女人公开同居,甚至以夫妻相称,并多次把钟庚琦绑起来抽打,甚至将她赶出家门。钟庚琦有家不能回,只求尽快离婚。赵明川便收买了一些人,制造伪证,转移财产。最后摆在钟庚琦面前的竟是一条死路:官司赢的机会极小,生活没有着落,她又有病。

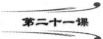

法律工作者也在思考这些问题。有人提出：对一方重婚、非法同居，对有虐待、遗弃行为的，对恶习不改、不尽家庭义务的，判决时应给无过错一方"适当的照顾"。但一位正在经历离婚诉讼的女士说："这'适当的照顾'的说法让人觉得很无力。"

（根据田鹰文章摘编）

根据录音内容选择正确答案：

1. 面对离婚自由的原则，人们有什么疑虑？
　　A. 别的国家也自由吗？　　　　B. 什么时候离婚合适？
　　C. 自由的原则真的对吗？　　　D. 一方想离婚就能离吗？√

2. 文中的老头儿离婚的借口是什么？
　　A. 夫妻感情不好 √　　　　　B. 女方地位太低
　　C. 女方家里太穷　　　　　　D. 全国妇联不管

3. 钟庚琦与赵明川富裕起来离不开以下哪一项？
　　A. 钟庚琦的努力 √　　　　　B. 果园效益特好
　　C. 夫妻感情基础好　　　　　D. 家里老人的照顾

4. 赵明川做了以下哪件事？
　　A. 天天都不回家　　　　　　B. 让人欺负妻子
　　C. 与第三者同居 √　　　　　D. 希望尽快离婚

5. 为什么法律工作者提出，离婚案应给无过错方适当的照顾？
　　A. 离婚案都是男方的错　　　B. 离婚中女性都是弱者
　　C. 自由离婚根本不应该　　　D. 有的离婚案确有不公 √

"养虎为患"的老板

① 周伟森小学三年级时,因家庭贫困,被迫辍学。之后他以养鸭为生。再之后他改行养蛇,当年就养了50万条。

1988年,国家出台了《野生动物保护法》,鼓励个人和集体驯养野生保护动物。直觉告诉他,养虎可以赚大钱,因为老虎的药用功能远远超过蛇。于是,他从各地动物园引进了12只老虎,尝试着饲养。老虎的胃口很大,一只虎一年就要吃掉3万多块钱的伙食,恰巧这时,周伟森两个海外的叔叔投入了一笔资金,周伟森又购进了70多只老虎,并请来几名饲养专家。

1993年,周伟森养虎成绩突出,上边又批准他建立一个以饲养濒危野生动物和老虎的科研发展基地。但是就在当年,国家发布了禁止虎骨贸易、禁止用虎骨做药的通知。当时周伟森错误地以为,这个通知可能只是一阵风,不会执行多长时间,因为1988年的《野生动物保护法》中明明写着,对野生动物可以"积极驯养繁殖","合理开发利用"。

既然老虎暂时不能药用,就先让人们观赏吧。周伟森在叔叔的支持下,又投入了3亿元,增添了黑熊、狮子和各种珍稀禽类。很快,他的熊虎山庄成了重要景点之一,门票80元一张。

② 1997年周伟森有500多只老虎,熊虎山庄日子还可以凑合着过。2000年,山庄老虎的数量增加到900只,周伟森经济上开始捉襟见肘,他希望得到允许把10只老虎放归山林,但林业厅担心老虎会伤人,没有批准。

2002年,山庄又有168只小虎出生,真把周伟森愁坏了。他为小虎们想尽了办法,比如,把几百只老虎出租到全国各地的动物园去"打工",为小虎赚点奶粉钱,也可以腾出点空间给幼虎住。

周伟森日子越过越拮据:熊虎山庄连年亏损,到2003年亏损达3000万。

周伟森想把老虎送给国家,但国家一没有专门的养虎资金,二没有放养场地,怎么可能接受周伟森的捐赠呢?

周伟森开始变卖财产,他卖了运输船队,卖了酒厂,又卖了自己的豪华轿车,这些东西都变成了"肉饲料"送进了虎口。

现在周伟森的山庄有1300多只老虎,放了不行,杀了不行,饿死也犯法。周伟森彻底明白了中国人常说的"养虎为患"、"骑虎难下"是怎么回事了。

(根据徐钟《"养虎为患"的亿万富翁》改写)

练 习

一、听全文,回答问题:
1. 这篇课文讲的是一个什么故事?

2. 周伟森最后有多少只老虎?

二、根据第一段内容,选择正确答案:
1. 关于周伟森的经历,以下哪一项正确?
  A. 他只上过三年学 √ B. 养蛇就赚了50万
  C. 从小就喜欢鸭子 D. 因养鸭子变穷了

2. 周伟森为什么改养老虎了?
  A. 他得到了一批老虎 B. 他认识养虎的专家
  C. 他想开野生动物园 D. 老虎的药用价值高 √

3. 1993年哪件事对周伟森影响极大?
  A. 周伟森建起了野生动物园 B. 周伟森老虎养得比别人好
  C. 国家不允许用虎骨做药了 √ D. 周伟森有了老虎研究基地

4. 周伟森犯了一个什么错误?
  A. 认为1988年的法律比较好 B. 认为国家的通知不是一阵风
  C. 认为国家的法规只是开玩笑 D. 认为以后还可以用虎骨做药 √

5. 周伟森将动物改为观赏的原因是什么?
   A. 门票很有吸引力　　　　　B. 老虎不能够药用 ✓
   C. 观赏动物受欢迎　　　　　D. 他的珍稀动物多

三、根据第二段内容,选择正确答案:

1. 2000年,周伟森为什么想把老虎放归山林?
   A. 老虎伤人了　　　　　　　B. 他养不起了 ✓
   C. 老虎长得太快　　　　　　D. 老虎喜欢山林

2. 周伟森为什么事愁坏了?
   A. 熊虎山庄连年亏损 ✓　　　B. 老虎不愿意出去打工
   C. 老虎吃的奶粉买不到　　　D. 幼虎嫌山林地方太小

3. 国家为什么不要周伟森的老虎?
   A. 国家养老虎没有用　　　　B. 老虎喜欢熊虎山庄
   C. 国家没地方放养老虎 ✓　　D. 国家没有捐赠的规定

4. 周伟森为什么变卖财产?
   A. 要船队不如养老虎　　　　B. 解决老虎吃饭问题 ✓
   C. 豪华轿车对他没用　　　　D. 饲料价格越来越贵

四、听录音,选词填空:

1. 他从各地动物园引进了12只老虎,(　　)着饲养。
   A. 尝试 ✓　　　　B. 常事　　　　C. 强使

2. 周伟森在叔叔的(　　)下,又投入了3亿元,增添了黑熊、狮子和各种(　　)禽类。很快,他的熊虎山庄成了重要景点之一,门票80元一张。
   ① A. 指使　　　　B. 支持 ✓　　　C. 自私
   ② A. 珍稀 ✓　　　B. 珍惜　　　　C. 真鸡

3. 1988年的《野生动物保护法》中明明写着,对野生动物可以"积极驯养繁殖","(　　)开发利用"。
   A. 隔离　　　　　B. 合力　　　　C. 合理 ✓

五、讨论：

1. 为什么说周伟森"养虎为患"？
2. 为什么说周伟森"骑虎难下"？
3. 试举例说明"骑虎难下"可以用在什么地方。

第二十二课　友谊重于金钱

词语链

1. 销售：(销售工作,销售人员,销售部门,销售部,降价销售,销售情况)
　　　　我做销售工作已经十几年了,我敢自豪地说,我是一名优秀的销售人员。我们公司的销售部门有几十个人,上至销售部经理,下到每一位员工,工作都很努力,因为大家知道,公司效益的好坏,和我们的工作太有关系了。销售也要讲策略,包括如何宣传产品,什么时候降价销售,这些都会直接影响到销售情况。
回答问题：
(1) 说话人是干什么工作的？
(2) 录音中说了哪些带"销售"的词语？

2. 慢：(慢性病,慢性病人,慢性子)　急：(急性病,急性子)　肥胖：
留学生甲：我听说现在很多国家慢性病人越来越多了,发病年龄还越来越小。
留学生乙：比如说？
留学生甲：比如说高血压,我的一个朋友,30多岁就高血压了;再比如说儿童糖尿病,以前这些病差不多都是老年人得的。
留学生乙：老师,肥胖算慢性病吗？
老　　师：我想如果肥胖太厉害,影响正常工作、正常生活,也应该算吧？
留学生乙：是慢性病可怕,还是急性病可怕？
老　　师：我看还是急性病、慢性病都别得。
留学生甲：嗯,平时要多注意身体。不过我倒是不怕慢性病,我就怕人慢性子。慢性子慢起来可真不得了,我妹妹就是慢性子,干什么都不着急,和她在一块我都快疯了。
留学生乙：太急了也不行啊,急性子太急,做事之前不好好儿想,有时候会把事情办坏。
老　　师：人要是发现某种性格不好,就应该每时每刻告诫自己,控制自

60

己。当然这么活着也挺累的。

回答问题：
(1) 这段对话主要谈了什么问题？
(2) "慢性病"的反义词是什么？你能试着写出汉字吗？
(3) "慢性子"的反义词是什么？你能试着写出汉字吗？
(4) 你认为"肥胖"算病吗？

3. 过剩：(营养过剩，产品过剩，劳动力过剩)
　　我突然发现，我生活在一个什么都"过剩"的环境里。我们身边的胖人越来越多，甚至肥胖成了一个社会问题，毫无疑问，这和生活好了，营养过剩有关；有时候，我们到了商店，看到商店在千方百计地促销、打折、降价，从吃的到用的，毫无疑问，这是产品过剩的结果；中国有13亿人，劳动力过剩也是个大问题。

回答问题：
(1) 这段话主要谈的是什么问题？
(2) 造成"肥胖"的主要原因是什么？
(3) "产品过剩"的结果是什么？
(4) "劳动力过剩"的结果是什么？

4. 天敌：　女儿：(女婿)　愁：(发愁，烦愁)
女甲：都说猫和老鼠是天敌，我看你们家女儿和女婿倒是一对真正的天敌。我在他们楼下，天天听他们俩打架，倒是不动手，不过整天吵。
女乙：我也发愁，整天这么吵也伤感情呀，再说，他们的孩子还小，对孩子影响也不好。我跟他们说，干脆离婚算了，他们俩还不离。
女甲：为什么呀？整天这么打，他们自己不烦呀？
女乙：怎么不烦呀，不光烦，还愁呢。烦愁之余，俩人也心平气和地讨论过，都觉得对方心眼儿好，不想离。打架的原因呀，就是一个急性子，一个慢性子，急的太急，慢的太慢。
女甲：那就是性格不合呗，告诉他们婚姻得经营，互相多体谅对方，也克服克服自己，既然不离，就好好过，家庭也得讲究和谐呀。

回答问题：
(1) 这段对话的主要内容是什么？
(2) 举例说明什么是"天敌"？是哪两个汉字？
(3) 录音中怎么称呼女儿的丈夫？
(4) 录音中说了哪些带"烦"和"愁"的词？你能试着写出汉字吗？

5. 正巧：付：(首付)
   女：晓光,有点儿事求你,我还挺不好意思开口的,你能帮我就帮,不能帮也没关系。
   男：什么事,说吧。
   女：我有点儿急用,你能不能借我点儿钱呀?
   男：多少呀?
   女：五六万,不方便的话,少点儿也行。
   男：咱们那么多年的好朋友,我还真不是不帮你。正巧,我儿子刚买房,我给他付的首付,房价总共120多万,我给他付了25万。所以呀,手头儿还真是有点儿紧,没那么多,一万两万的还行。
   女：那就两万吧,我再上别处去借点儿,这也很感谢你了。
   男：那明天我给你拿来?
   女：我晚上上你们家去取吧,我再给你打个借条。
   回答问题：
   (1) 这段对话的主要内容是什么?
   (2) 请说出"正巧"的近义词。"正巧"是哪两个汉字?
   (3) 录音中,买房子第一次付的款项叫什么?是哪两个汉字?

6. 落空： 好转：
   女甲：今年年底奖金就不发啦,真让人失望! 我都看好了。商店有件大衣,我特喜欢,本来想发了钱就去买,还给我妈看好了一件毛衣。这下可好,全落空了。
   女乙：这不是经济危机嘛?奖金没了也不是咱们一个公司,好多公司还裁员呢,你我没丢了工作就不错了。再说,你大衣也不少了,起码有三四件吧,今年就甭买了,公司情况好转了你再买,那时候说不定还有更好看的呢。
   女甲：想买也买不了呀,只能盼着经济危机快点儿过去喽。
   回答问题：
   (1) 奖金不发,想买衣服的女士的打算就会怎么样?"落空"是哪两个汉字?
   (2) "公司情况好转了你再买"中的"好转"是什么意思?是哪两个汉字?

7. 健康、身体：(健身,健身房,健身俱乐部,健身器) 强壮：
   男甲：好久不见啦,听说你改行,不做网站,开健身房啦?
   男乙：我那不叫健身房,叫健身俱乐部。
   男甲：不一样吗,没什么本质区别吧?怎么想起来的,说改就改了?

男乙：现在做网站的差不多都是年轻人。刚到我们那儿的时候，一个个身体特健康，特强壮，干活儿也玩儿命，没几年，差不多都得了颈椎病，腰也不好了。

男甲：就是整天在电脑前头坐的。

男乙：这伙儿人还整天着急买房子，弄得身心疲惫。我就想，身体不好，什么都谈不上，就开了个健身俱乐部。我们那儿有健身教练，有心理医生，当然还有各种健身器。大家平常可以来这交流、锻炼，周末，俱乐部会组织郊游、登山之类的活动，希望给大家身体健康提供方便条件。

男甲：这想法不错。你们那儿会员多吗？

男乙：已经有好几百了。

回答问题：

(1) 你认为"锻炼"和"健身"有区别吗？"健身"是哪两个汉字？
(2) 录音中用了哪些带"健身"的词语？
(3) 请说出"强壮"的近义词。

（一）

女：栗增祥的女婿周伯威是厂里销售部门一位普通的销售人员，他每月销售汽车的数量将直接反映在当月的具体收入上，月工资差额高达上千元。像这样的情况不仅存在于汽车行业，也存在于各种不同的行业内部的职工之间。

男：所以在市场经济条件下，个人收入、工资的差异和计划体制下是完全不一样的啊，不再取决于你的年龄、资历，不是熬年头儿了，而是要取决于市场，取决于市场对企业的影响，取决于你个人在市场中的位置，取决于你在劳动力市场中选择了什么样的职业。

（选自中央电视台"生活"节目）

根据录音内容选择正确答案：

1. 栗增祥和周伯威是什么关系？
   A. 工厂的同事　　　　　　B. 卖主和买主
   C. 丈夫的女儿　　　　　　D. 岳父和女婿 ✓

2. 周伯威干的是什么工作？
   A. 会计　　　　　　　　　B. 企业家
   C. 卖汽车 ✓　　　　　　　D. 开汽车

3. 周伯威收入特点是什么？
   A. 比汽车行业工资高　　　B. 比其他行业收入多
   C. 比他的岳父挣得多 ✓　　D. 每月工资不固定

4. 计划经济体制下，决定工资多少的因素是什么？
   A. 工作的表现　　　　　　B. 企业的状况
   C. 职业的不同　　　　　　D. 资格和经历 ✓

5. 市场经济体制下，什么因素直接影响收入？
   A. 你的资历深不深　　　　B. 你的年龄有多大
   C. 住在哪里非常重要　　　D. 你选择了什么职业 ✓

（二）

　　"富贵病"，词典上的解释是需要长期休养、滋补、调理的某些慢性病。可今天人们却把肥胖、糖尿病等因为营养过剩造成的疾病称为富贵病了。现实中的新解和词典上的旧释风马牛不相及。人，可真是会开玩笑！

　　有人用猴子做实验：一半想吃多少吃多少，另一半限制饮食。结果摄入热量低的一组猴子聪明、活泼、衰老慢。

　　一群鹿没有了天敌，过着舒服的日子，结果开始体质衰弱、行动迟缓、时而疾病流行。于是,人们往鹿群中引进了狼,不久,鹿们迅速强壮起来。

那么,人类用来对付自己的"狼"在哪儿呢?

如果我们查一查确保健康的膳食资料,听一听中医的忠告,会发现只有蔬菜、水果才是最好的东西,可这几乎是人类用四条腿走路时就开始食用的最基本的食物。不要忘了,人类是会"制造"的动物。人类制造出的美味越来越精,越来越美,又以色、香、味来诱惑你;人类发明了汽车、电视、健身器,如今又发明了电脑,而这些东西无一不在制造着人类的苦难。

我敢说,人类早晚有一天会研究出一种"全营养素",只需早一粒,晚一粒,就解决全部问题了。到那时,世界上恐怕就剩下两种职业了:一是全营养素厂,一是健身健心工具厂。果真如此,生命的意义何在?

(根据屈岩《怪圈——富贵病》一文改写)

 练 习

根据录音内容选择正确答案:

1. 按词典的解释,得富贵病的原因是什么?
   A. 营养缺乏 √　　　　　　　B. 营养过剩
   C. 心态不好　　　　　　　　D. 缺乏锻炼

2. "富贵病"一词,今天人们常说的意思和词典有什么关系?
   A. 有一些联系　　　　　　　B. 根本没关系 √
   C. 意思大致一样　　　　　　D. 意思完全一样

3. 猴子和鹿的实验告诉我们,在什么条件下,它们失去了健康?
   A. 与天敌共生存　　　　　　B. 不让它们吃饱
   C. 过舒服的日子 √　　　　　D. 吃低热量食物

4. 什么样的食物对人的健康有益?
   A. 能引起食欲的食物　　　　B. 精致又好吃的食物
   C. 色香味俱全的食物　　　　D. 最基本、简单的食物 √

5. 作者认为人类生存中不能缺少什么?
   A. 享受　　　　　　　　B. "苦难" √
   C. 舒服　　　　　　　　D. 省力

友谊重于金钱

① 生活中人难免会遇到手头紧的时候。记得五年以前的夏天,是我人生中第一次买房子,而且还是一次性支付房款,几乎花掉了我所有的积蓄。三室二厅,房间宽敞明亮。那时,我喜悦的心情可想而知。接下来,就要考虑怎样才能把新房子装饰得更加温馨,更加称心如意。我算了一下,装修怎么也得十几万,这下可把我难住了。想来想去,想起两年以前借给朋友的两笔钱,如果朋友能把钱还给我,装修问题不就迎刃而解了吗?我马上拨通了一位朋友的电话,朋友说:"真对不起,正巧我也刚买完房,只付了首付,现在正为每月还贷款发愁呢。"我听后忙说:"没关系,我另想办法。"然后,我又给另一位朋友拨通了电话,得到的答复却同样让我失望,原来,朋友刚把儿子送到外国去念书,花钱就像流水一样,现在,朋友正为生活着急呢,哪里还谈得上还钱!

唉,真是借钱容易,还钱难呐!怪不得如今社会上流行一句话:"借钱的时候是孙子,还钱的时候是大爷。"可我那两位朋友还不至于是那种人吧?

② 装修计划落空了,看着空空的新房,不知如何是好。

烦愁之余,拿起了一本闲书,其中的一段文字好像是说给我听的:作者当年留学美国,生活十分困难,曾接受胡适先生400美元的资助。他经济状况稍有好转,就把400美元还给了胡适先生。胡适在给他的信中写道:"谢谢你寄来的钱和信笺。其实你不应该这么着急还钱,我借出去的钱从不盼望收回。因为我知道借出去的钱总是'一本万利',永远有利息在人间。"

看到这段话,我心中豁然开朗:人,能把友谊看得这么重,把金钱看得这么轻,确实难得。胡适先生的胸怀是如此开阔,令我钦佩不已。每个人都会有碰到困难的时候,朋友遇到困难,我们在伸出援助之手帮助他的时候,也是在完善自己。用宽容之心对待别人,自己也会收获快乐。

(根据《北京晚报》董正、王勇《享受人间》改写)

胡适(1891—1962):著名学者,现代诗人、文学家、"五四"文学革命的倡导者。1910年至1917年在美国读书,回国后在北京大学任教,曾任北京大学校长。1949年前夕,他离开大陆,去了美国,后到台湾,在台湾病逝。一生著作颇多。

 练 习

一、听全文,回答问题,以下哪句话符合课文的意思(可以多选):(A C)

A. 我买了新房子。
B. 我的孩子出国去读书了。
C. 我看了一本书,对我很有启发。

二、根据第一段内容,判断正误:

(✗) 1. 生活中碰到缺钱的时候可不容易。
(✓) 2. 我第一次买房子花光了所有的存款。
(✓) 3. 看着新房子,我特别高兴。
(✗) 4. 新房子装修好后,我更高兴了。
(✗) 5. 我装修房子欠下了十几万块钱。
(✗) 6. 我想起来,可以找两位朋友借钱。
(✓) 7. 第一位朋友刚买了房子不富裕。
(✓) 8. 第二位朋友手头也不宽裕。
(✓) 9. 借给别人钱容易,让别人还钱就难了。
(✗) 10. 跟别人借钱容易,还钱的时候就该发愁了。
(✓) 11. 作者不敢肯定他的朋友是不是借钱不还的人。

三、根据第二段内容,选择正确答案:

1. 关于那本书里的内容,以下哪句话正确?
   A. 写的是美国人的事　　　　B. 胡适向别人借过钱
   C. 别人向胡适借过钱 ✓　　　D. 胡适为钱的事很着急

2. 胡适借钱的时候怎么想?
   A. 不盼望别人还 ✓　　　　　B. 希望别人早还
   C. 希望能收利息　　　　　　D. 希望多收利息

3. 看完书,本文作者明白了什么?
   A. 善待别人,自己也快乐 ✓　B. 自己有困难,别人会帮助
   C. 心胸开阔,别人才会佩服　D. 认为金钱重于友谊的人少

四、听录音,选词填空:

1. 朋友刚把儿子送到外国去念书,花钱就像(　　)一样,现在,朋友正为生活着急呢,哪里还谈得上还钱!
   A. 秋水　　　　B. 酒水　　　　C. 流水 ✓

2. (　　)之余,拿起了一本闲书,其中的一段文字好像是说给我听的。
   A. 烦愁 ✓　　　B. 发愁　　　　C. 犯愁

3. 胡适先生的(　　)是如此开阔,令我钦佩不已。每个人都会有碰到困难的时候,朋友遇到困难,我们在伸出援助之手帮助他的时候,也是在完善自己。用宽容之心对待别人,自己也会收获快乐。
   A. 胸怀 ✓　　　B. 心怀　　　　C. 襟怀

五、讨论:

1. 你有过向别人借钱或者把钱借给别人的经历吗?借钱时你怎么想?
2. 如果别人借了你的钱不还了,你会怎么想?会怎么办?
3. 社会上流行的"借钱的时候是孙子,还钱的时候是大爷",这句话是什么意思?

第二十三课 离奇官司

词语链

1. 交通、警察:(交警)　医院:(医药费)　受伤:

   女：昨天我看见一起交通事故。
   男：怎么回事呀？
   女：一个男的酒后开车,撞了三个人,当时就死了一个,另外两个送医院了,伤得挺重的,估计医药费少花不了。
   男：酒后开车的受伤了吗？
   女：他倒没事,不过醉得够呛,交警来的时候,他在车里愣是睡着了。
   男：当警察就不容易,当交警更难。整天说不许酒后开车,还是有人这么干。

   回答问题：
   (1) 这段对话说的是什么事？
   (2) "警察"和"交警"有什么区别？
   (3) "医药费"是什么钱？是哪几个汉字？
   (4) 撞人的司机受伤了吗？"受伤"是哪两个汉字？

2. 主:(失主,车主,房主,买主,卖主)　偷:(小偷)

   留学生：老师,"失主"是什么意思呀？我今天坐公共汽车,钱包被小偷偷了,我当时不知道。车上正好有个警察,把小偷抓住了,问钱包是谁的,我一看是我的。后来警察让我跟他一块儿到派出所做记录。做记录的时候说什么"失主",那意思"失主"是我。咱们学过"车主"、"房主",这我都懂,"失主"我怎么不明白呀。
   老　师：“车主"、"房主"和"失主"是不太一样。"车主"、"房主"的"主"是"主人"的意思,"失主"是"丢东西的人",咱们不是学过"买主"、"卖主"吗？
   留学生：汉语一个字经常有好几个意思,唉,又有趣,又麻烦。
   老　师：其实你已经知道了很多汉语词汇,碰到新词要善于动脑子,把你知道的词和新词联系起来理解,有时候这个新词你就能明白了。

回答问题：
(1) "失主"是什么意思？是哪两个汉字？
(2) 录音中还说了什么"主"？
(3) "小偷"最怕什么人？

3. 老家：
男：各位过年好，给你们拜年啦！
女甲：刚从老家回来？家里人都好吧？
女乙：你老家是哪儿呀？
男：东北。现在正是冷的时候，我在南方待得都不适应了，到家就感冒了，又打针又吃药的，花了不少医药费。
女甲：那以后就别春节回家啦，改夏天回去，准不感冒。
男：那哪儿行啊，咱们中华民族讲究的就是春节团圆，全家人都盼我回去呢，不能让我爸我妈失望啊。

回答问题：
(1) 男的春节去哪儿了？
(2) 男的的老家是哪里？"老家"是哪两个汉字？

4. 丢：(丢失)
广播：旅客同志们请注意，有人捡到了一个钱包，请丢失者到一楼服务台领取。
女：哎，看看你钱包丢没丢，有人捡了一钱包。
男：没丢，我装衣服里边了。

回答问题：
(1) 以上谈话内容有可能发生在什么地方？
(2) 请说出"丢失"的近义词。"丢失"是哪两个汉字？

5. 流行：(流行色)　跟：(跟风，跟着，跟随)　喜好：
女甲：呀，一年不见，你变化够大的，什么流行穿什么，我都快不认识你了。
女乙：还说我呢，看看你，不也是一身流行色吗？
女甲：是吗？我这是流行色？
女乙：当然了，你没看一个月前的时装发布会吗？今年春天流行淡绿色，看你这一身淡绿，不正是流行色嘛！
女甲：我还真不知道今年春天流行淡绿色，就是当时喜欢这套衣服。你也挺跟风呀，我前些天看电视说最近流行中性打扮，不少女明星男装打扮，看着特精神。最近大伙儿都跟着穿，你也跟，是不是？

女乙：咱们也得跟随潮流呀。咳,也就是现在年轻,跟跟风,时髦一下子。
女甲：话可别这么说,咱们老了也得跟风,穿得时髦心情好,我希望这是咱俩一辈子的喜好。

回答问题：
(1) "流行色"一词是什么意思？
(2) 女的穿的流行色是什么颜色？
(3) "跟风"是什么意思？你能试着写出汉字吗？
(4) 请说出"喜好"的近义词。

6. 追：(追赶)　名牌：　品牌：
女：儿子,你是个大学生了,妈妈真希望你把主要精力放在学习上,不要整天想着穿名牌,追时髦。
男：妈妈,您都管了我那么多年了,现在我都是成年人了,您还不放心呐。
女：我是怕你该学习的时候不好好儿学习,浪费了宝贵的时间,将来没有真本领,就会大把大把花钱,那哪行啊。
男：您就放心吧,您的话我都背下来了：世界上那么多大品牌,中国自己的太少,我应该好好儿学习专业,追赶世界先进水平的重任就得靠我们了。对不对？

回答问题：
(1) 你最熟悉的品牌是什么？你觉得"品牌"和"牌子"有区别吗？
(2) "追赶世界先进水平"是什么意思？"追赶"是哪两个汉字？

7. 车：(小汽车,公共汽车,货车)　车轮：(前轮,后轮)
男：现在私人小汽车的设计有了比较大的变化；豪华轿车的风格也更丰富多样了；公共汽车的变化主要是玻璃窗大了,这样坐在车里视线比较好,舒适度也提高了；只有货车,设计上变化不大。
女：货车从外观看变化不大,可是性能比以前提高了。你看这款车的车轮,前轮、后轮都很结实耐用,还有,车速也比以前快了。

回答问题：
(1) 对话中都说到了什么车？
(2) 根据车轮所处的部位,可以把车轮分为哪两种？

8. 街：(街头,大街)　独具特色：
我喜欢晚上逛街。一到晚上,街头的彩灯就亮了,五颜六色,把大街装饰得热热闹闹的。
我尤其喜欢看餐馆儿门前的彩灯,看得出,设计者总想让自己的设计和别人的不一样。我最喜欢的是一家冰淇淋店的彩灯,那是一个笑嘻嘻的雪人,夏天让你觉得凉爽,冬天让你觉得浪漫,雪人的四周是闪闪的星星,整个设计独具特色。
回答问题:
(1) 录音中的"我"喜欢什么?
(2) 录音中说了哪些带"街"的词?你能试着写出汉字吗?
(3) "独具特色"是什么意思?是哪几个汉字?

9. 勇于: 苦于:
   这是一群勇于创新的年轻人。一年前,他们创办了自己的公司,希望在环保方面有所发展,但是苦于资金不足,公司始终发展得不是很好。现在有人看好他们的技术,打算为他们的研究投入大量经费。这回,他们的公司大有希望了。
回答问题:
(1) 这群年轻人的公司是搞什么技术的?
(2) 录音中除了"勇于",还说了什么带"于"的词?你能试着写出汉字吗?

(一)

随着时代的变化和时尚步伐的加快,流行色每个季节都在推陈出新。有人愿意跟随潮流,有些人则坚持自己的喜好,从不跟风。流行色到底要不要跟随呢?

"流行"从来都不是坐在屋子里想出来的。流行,一定有它流行的道理,而追求流行的人,则需要保持一种年轻的心态,强调对流行的追求速度。所以,追求流行经常是年轻人的事,同时也不是件容易的事。它需要有时间,有精力,想在服装上追求品牌、品质、追求时尚潮流,没有大把大把的银子也是不行的。记得一位著名的男明星,总喜欢穿一身黑色的衣服。有一次记者问他,为什么总是穿黑色衣服。他回答,其实也很想跟跟风,尝试不同的流行色,但苦于工作忙碌,没时间了解更多的信息,所以就总是一身黑色。这也说明,追求时髦,跟风,尝试流行是需要条件的。

根据录音内容选择正确答案:

1. 以下哪一项是流行色的特点?
   A. 有些人喜欢　　　　　B. 有人不喜欢
   C. 变化越来越快　　　　D. 每个季节都变 √

2. 下列哪项是追求流行的条件之一?
   A. 懂得流行的道理　　　B. 经济条件比较好 √
   C. 有最流行的速度　　　D. 品牌知识很超前

3. 录音中提到的男明星为什么老穿黑衣服?
   A. 黑色一直在流行　　　B. 他没时间洗衣服
   C. 不知道什么流行 √　　D. 他不喜欢流行色

(二)

包装是一种时尚。

有很长一段时间我们根本不知道包装为何物,信仰的是货真价实、童叟无欺、酒香不怕巷子深。而今,现代都市生活从根本上改变了大众的日常消费习惯。面对日益丰富的商品,人们越来越丧失直接判断的能力,越来越依赖于说的比唱的还好听的广告来决定是否完成这次消费行动。有人做过调查,绝大多数观众都是根据报纸、电视以及街头巨大的广告牌来选择看哪一部电影的。

如今,重要的不是"酒"的质量,而是"包装"的技巧,如果不经过一番独具特色的"包装","酒"再好,也有可能被淹没在巷子深处。

电影也有包装,一部名叫《红天鹅》的影片能在市场上卖个相当不错的价钱,恰恰得益于"请观众参与修改"对影片的包装。

这种包装的风气同样盛行于出版界。《廊桥遗梦》卖得不错,马上就有人借鸡下蛋,说《长岛春梦》是它的下集。

我总想,这些整天玩弄包装把戏的人,当听到消费了你们的商品,看了你们的电影或是别的什么之后的抱怨时,心中是否不安?

(根据解玺璋《包装的喜剧》一文改写)

根据录音内容选择正确答案:

1. 很久以来的市场规则是什么?
   A. 都卖散装货 B. 以诚信为本 ✓
   C. 好酒不先卖 D. 被骗不新鲜

2. 作者认为广告的特点是什么?
   A. 说的好 B. 唱的好
   C. 言过其实 ✓ D. 水平很高

3. 关于广告对消费者的影响,调查结果怎样?
   A. 广告直接影响消费 ✓ B. 对电影广告很满意
   C. 认为广告不太好听 D. 希望书也多做广告

4. 今天的商品销售中,人们把什么看成是最重要的?
   A. 商品质量 B. 商品包装 ✓
   C. 百姓参与拍电影 D. 书和鸡蛋搭着卖

5. 本文作者对"包装"持什么态度?
   A. 坚决支持 B. 坚决反对 ✓
   C. 心中不安 D. 整天抱怨

离奇官司

① 小杨到银行办事。事情办完了,一回头发现她放在银行外面的自行车没了,这时她看见一位年轻妇女正骑着她的自行车离去。

小杨赶紧从银行跑出来,边追边喊,偷车人却越骑越快,越骑越远。小杨看看追不上了,想放弃,路上的人告诉她说:雇摩托车,追得上的。于是小杨雇了一辆摩托继续追赶。快到前面的路口时,看看失主越来越近,偷车人为了躲开她,上了机动车道,正好撞上了一辆同方向行驶的大货车。偷车人倒在货车的后轮下,昏迷了过去。之后,被送到了医院,身上多处骨折,一住就是四个月。

半年过去了,小杨早把丢车的事忘光了,没想到的是,她这时收到了法院的通知。她被偷车人告了。同时被告的还有货车司机和货车车主。偷车人要求赔偿医药费等,共94000多元。

② 消息传出,舆论一片哗然。有人说:"小偷逃跑,慌不择路,她还有什么道理告失主?"也有人说:"小偷告失主?闻所未闻,那是不是说,以后我们东西丢了就不要追了?"小杨对此事更是百思不得其解。货车车主也有想法:"如果是交通事故,哪怕我们没责任呢,她受了伤,赔点儿也可以,可她是偷车逃跑撞到我车上,我为什么要赔?"

偷车人家在外地,十年前离开家乡,和丈夫一起出来打工。他们有两个孩子在老家和老人生活在一起。夫妻二人每月收入不多。这次车祸治病花去七万多元,生活一下子陷入了困境。丈夫说:"交警说,你们是偷车,而且责任又无法认定。交警不解决,我们只好打官司。"

③ 偷车人和她的丈夫都认为,偷车是一回事,受伤是另一回事,就算我是偷车,也不至于把我推到车下呀!小杨却说,她根本没推,是偷车人自己"慌不择路"。一个说推了,一个说没推。

——这"推"和"没推"在责任上可就大不一样了。那天正下小雨,路上行人很少,开摩托车的也没找到。在没有目击人的情况下,当事人的话当然都不可采信。

④ 不久,一审结果出来了,法院认为,小杨和司机都应预见到偷车人面临着危险,所以应承担部分责任。判决小杨承担赔偿金中的10%,货车、司机车主承担35%,偷车人自己承担55%。

面对判决,小杨很委屈。她的律师说,小杨没有过错,追回自己丢失的财产是正当行为,也是社会提倡的。货车车主更不能接受这一结果,说他们一个是小偷,一个追小偷,撞到我的车上。

不久,二审开庭了。这次,偷车人没有找律师,夫妻二人自己为自己辩护。没想到的是,偷车人当庭翻供,说她根本就没有偷车。然而,偷车的事实是无法改变的。法院最后判决,司机、货车车主承担35%,偷车人自己承担65%。

(根据中央电视台"社会记录"节目内容改写)

练 习

一、听全文,回答问题:
1. 录音中说的是个什么官司?

2. 录音中一共说了几个官司?

二、根据第一段内容,判断正误:
(√) 1. 一个年轻妇女偷了小杨的自行车。
(×) 2. 小杨丢了自行车自认倒霉,没想去追。
(√) 3. 旁边的人让小杨雇摩托车去追。
(√) 4. 快到路口时,小杨就要追上偷车人了。
(√) 5. 偷车人为了躲小杨,撞到了货车上。
(√) 6. 偷车人伤势严重,住了四个月医院。
(√) 7. 半年后,小杨被偷车人告到了法院。
(√) 8. 偷车人同时告了货车司机和货车车主。
(×) 9. 偷车人共花掉医药费9万多元。

三、根据第二段内容,选择正确答案:
1. 消息传出后,社会上的人怎么看?
    A. 怎么想也想不明白   B. 怎么听也听不明白
    C. 认为小偷告失主没道理 √   D. 认为小杨不追就没事了

2. 货车车主怎么想?
    A. 这不能算交通事故   B. 给小偷点儿钱也行
    C. 虽然没责任也得赔点儿   D. 小偷没资格要求赔偿 √

3. 偷车人怎么想起来要做原告?
    A. 他们家生活困难   B. 他们家人口太多
    C. 交警解决不了这件事 √   D. 交警不管打官司的事

四、根据第三段内容讨论:
1. 偷车人和她丈夫是怎么想的?
2. 小杨的理由是什么?
3. 货车司机怎么说?
4. 三个人中谁的话可以相信?为什么?
5. 这三种说法对官司的影响是什么?

五、根据第四段内容填表:

一审审判结果	
当事人	承担金额中的百分比(%)
小杨	10
偷车人	55
司机、车主	35
二审审判结果	
当事人	承担金额中的百分比(%)
小杨	0
偷车人	65
司机、车主	35

六、听录音,选词填空:

　　面对一审判决结果,小杨很委屈。她的律师说,小杨没有(　　),追回自己丢失的财产是(　　)行为,也是社会提倡的。货车车主更不能(　　)这一结果,说他们一个是小偷,一个追小偷,撞到我的车上。

　　不久,二审开庭了。这次,偷车人没有找律师,夫妻二人自己为自己辩护。没想到的是,偷车人当庭翻供,说她根本就没有偷车。然而,偷车的事实是无法(　　)的。

① A. 过错 ✓　　B. 做错　　C. 哭过
② A. 正常　　B. 适当　　C. 正当 ✓
③ A. 接收　　B. 接手　　C. 接受 ✓
④ A. 改判　　B. 改变 ✓　　C. 实现

七、讨论:
1. 你认为偷车人有没有资格告小杨、货车司机及车主?
2. 在偷车人、小杨、货车司机、货车车主几个人中,你最同情谁?
3. 如果你是法官,你怎么判这起官司?

第二十四课　可可西里的骄傲

词语链

1. 姿势:(站姿,坐姿,跑姿,睡姿)　姿态：　体态：
   女：我特别喜欢看时装表演,倒不是对时装感兴趣,我就是喜欢看模特走路的姿势,特别优美。
   男：那你在家里养一只猫就行了,模特走路就是跟猫学的,走的是猫步。
   女：真的?
   男：没跟你开玩笑。猫的确是一种非常美的动物,它的体态、姿势都很美,站姿、坐姿、跑姿都非常漂亮,甚至可以说很高雅。唉,你见过猫睡觉吗?猫的睡姿能让人产生幸福感,你会觉得天下最舒服、最幸福的事情就是睡觉。
   女：猫我倒没注意,有时候看电视《动物世界》,觉得老虎走路、奔跑的时候,姿态就很美。

   回答问题：
   (1) 模特走路的姿势是跟什么学的?
   (2) 男的为什么说猫是一种很美的动物?
   (3) "老虎走路、奔跑的时候,姿态就很美"中的"姿态"是什么意思?是哪两个汉字?

2. 濒危:(濒临灭绝)　卖:(贩卖)　皮:(羊皮,狗皮,虎皮,皮衣)
   男：昨天我在大街上看见有人卖羊皮、狗皮,还有一张虎皮。
   女：你可别瞎买,老虎是濒危野生动物,野生老虎已经濒临灭绝了,没多少只了,贩卖老虎皮肯定犯法。
   男：那也不能用虎骨做酒了吧?
   女：当然不行了,国家早就有这方面的法律规定了。其实,用动物骨头什么的做药也够残忍的。
   男：那,人不是还吃肉呢吗?比如羊,人用羊毛做衣服,用羊皮做皮衣,把羊肉也吃了,羊怎么那么倒霉呀!

女：你说的这个问题也是哈,有的动物就能吃,有的就受保护。
男：还有的就成了宠物,这动物世界也太不公平了吧!
回答问题：
(1) 为什么说老虎是"濒临灭绝"的动物？
(2) 男的在街上看见卖什么的了？
(3) "贩卖老虎皮肯定犯法"中的"贩卖"是什么意思？

3. 取皮弃尸： 羊：(藏羚羊,羊绒)
    留学生：老师,我看了一个电视片,里面说在西藏有人偷偷地打藏羚羊,然
            后取皮弃尸去卖,赚很多钱。什么叫"取皮弃尸"呀？
    老　师：你看了电视片一定知道,他们打藏羚羊不是要吃肉,不是要它的
            皮，也不是要藏羚羊所有的毛，而是要藏羚羊身体某个部位最
            细、最柔软的毛,他们用这种很细很细的毛做披肩,对吧？
    留学生：对。
    老　师：这种很细的毛叫羊绒。因为只有羊绒对他们有用,他们把藏羚羊
            打死以后就把羊皮从羊身上取下来,把羊的尸体扔掉。"弃"的意
            思是"遗弃"、"丢弃",就是扔了;"尸"就是"尸体"。
    留学生：老师我想起来了,我们在《昆虫》那一课学了"遗弃"这个词,我们
            好像也学过"尸体"这个词。
    回答问题：
    (1) 为什么有人要杀死藏羚羊？
    (2) "羊绒"和"羊毛"有区别吗？如果有,区别是什么？

4. 等：(上等,下等)　售价：　品：(装饰品,收藏品,消费品)
    男：呀,你的新家很漂亮啊,屋子的家具也很高档,过上上等人的生活啦。
    女：什么上等下等的,人家让你来玩儿,看看我的新家,你又拿我开玩笑。
    男：我说的是真的,这么高级的小区,这么好的环境,这么漂亮的房子,家
        里还有这么多装饰品、收藏品,这么贵的进口酒,应该是高档消费品,
        这当然不是一般人能消费的了，我说你过的是上等人的生活肯定没
        错。
    女：就算是吧,不过你应该知道呀,我过了多少年连下等都说不上,简直就
        是没等的苦日子,这也是我们夫妻两个这么多年辛辛苦苦挣出来
        的。
    男：是,现在的政策好就好在允许你富起来。你们俩这么多年也确实不容
        易。唉,这个衣柜挺漂亮的,多少钱买的？

女：售价一万多，当时正好打折，七千多就买来了。
男：不错。买东西就是这样，有时候，卖的价格挺贵的，赶上打折降价，就合算了。

回答问题：
(1) 女的过的是什么样的生活？"上等"是哪两个汉字？
(2) "上等"的反义词是什么？怎么写？
(3) "售价"是什么意思？是哪两个汉字？
(4) 录音中除了"收藏品"还说了什么"品"？

5. 翻译：(译为)
女：我觉得"卡拉OK"这词翻译得挺有意思的，前头一半是日语，后头一半是英语。
男：我觉得更有意思的是，最开始没翻译成"卡拉OK"，而是译为"中华歌曲大家唱"。
女：你说的是真的还是假的呀？
男：我也是听人家这么一说，想弄清楚得找找资料。

回答问题：
(1) 这段对话在讨论什么问题？
(2) "译为"是什么意思？你能试着写出汉字吗？

6. 升级：(技术升级，产品升级)
女：我最近特别生气，我的电脑用了一个升了级的软件，结果和别人的都用不到一块儿，我给人家发的邮件，人家都打不开。
男：有的时候太先进了也不行，人家用的都是旧版、老版、普通版，就你用一个最先进的升级版，就会有这样的问题。有的时候呀，还是不能太脱离群众。
女：那大家都不用，技术升级、产品升级有什么用啊？
男：用也不能用得太早了呀，你也等等大伙儿呀。

回答问题：
(1) 女的为什么生气？
(2) 录音中说了哪些带"升级"的词语？"升级"是哪两个汉字？

7. 奇怪、特别：(奇特) 安装：(改装)
女：你这辆自行车挺奇特的，没见过商店卖这样的自行车呀。前边这把伞是雨伞还是阳伞呀？

男：一点儿也不奇怪，有点特别倒是真的。这是我自己改装的，你在商店当然看不见啦。

女：自己改装的？真佩服你！我记得自行车买不着那会儿，你还买零件自己安装过一辆呢，是吧？

男：那会儿是没办法，现在就是自己玩儿呗。你看这伞，下雨、出太阳都能用，又是雨伞，又是阳伞。

女：明天你也帮我改装改装？

男：没问题。

回答问题：

(1) 男的的自行车有什么奇特之处？"奇特"是哪两个汉字？
(2) 你认为"改装"和"安装"有区别吗？"改装"是哪两个汉字？
(3) "雨伞"和"阳伞"有区别吗？

8. 持续：(不可持续发展，可持续发展)

女：南方发大水，北方干旱，这种状况已经持续三年了。

男：都是人类破坏环境的结果，这样下去，发展经济也会成为空话，只能是不可持续发展。

女：那怎么样才能做到可持续发展呢？

男：人类应该共同努力，改变生活方式，保护我们唯一的地球。

回答问题：

(1) 这段对话在讨论什么问题？
(2) "持续"是什么意思？是哪两个汉字？
(3) 人类应该争取什么样的发展模式？不好的发展模式是什么？

9. 以……为荣：

留学生：开学的时候，我看到学校一个地方写着"今天我以学校为荣，明天学校以我为荣"，这句话是什么意思呀？

老　师：这句话是说，今天，我为成为我们学校的学生感到光荣；明天，我们会在工作中做出成绩，学校会因为我们而光荣。

回答问题：

(1) 你能试着用"以……为荣"说一句话吗？
(2) 人类应该以什么为耻？

10. 暴利：

留学生：老师，到底赚多少钱算是"暴利"呀？
老　师："暴利"是说用不好的手段、方法，在很短的时间内，赚到很多钱。
留学生：那可以说一个人他利用手中的权利获取暴利？
老　师：可以。
回答问题：
你认为"盈利"和"暴利"有区别吗？

11. 不便：

女：喂，电话先挂了吧，我现在不便和你通话。
男：有什么不方便的？我几句话就完。
女：不行，我们现在正开会呢，重要会议。挂了啊，会完了我给你打。
回答问题：
(1) 女的为什么不便通话？
(2) "不便"是什么意思？是哪两个汉字？

（一）

　　世界上有一种奇特的植物叫卷柏。说它奇特，是因为它会走路。

　　植物怎么会走路呢？当然是生存的需要。卷柏的生存需要充足的水分，当水分不充足的时候，它就会自己把根从土壤里拔出来，让整个身体缩成一个圆球，只要有点风，它就会随着风在地面上滚动。一旦滚到水分充足的地方，圆球就会迅速打开，根重新钻到土壤里，暂时居住下来。当水分再不足的时候，或者说它生活得不是称心如意的时候，它会用老办法，继续游走，去寻找充足的水分。

　　有人说，卷柏的游走是在不断地给自己创造好的生存环境。

　　可实际上，卷柏的这种游走，有时候也会使它丢了性命。游走的卷柏有时候会被风吹起,挂在树上,渐渐地枯死;有的滚到路上,会被车轧扁;淘气的孩子甚至会拿卷柏当球踢。

难道卷柏不走就生存不了吗?一位植物学家对卷柏做了这样一个实验:他们圈出一片空地,把一株游走的卷柏放在空地中水分最充足的地方。不久,卷柏就扎下了根,生存下来。几天后,当这块空地中水分减少的时候,卷柏便抽出了根,卷起身子,准备换地方。可实验者不理会准备游走的卷柏,并断绝一切可能使它游走的条件。不久,实验者看到了一个可笑的现象,卷柏又重新扎根生存在那里了。之后,在几次将根拔出,又几次走不了的情况下,便再也不走了。实验还发现,此时卷柏的根已经深深地扎入了泥土中,而且长得比任何一段时间都好,可能是它发现,根扎得越深,水分就越充足吧。

(根据程刚《会走路的树》改写)

 练 习

根据录音内容选择正确答案:

1. 卷柏为什么要走?
   A. 它能够变成球形　　　　B. 它能够随风滚动
   C. 它能够到处扎根　　　　D. 寻找充足的水分 ✓

2. 卷柏游走中会碰到什么危险?
   A. 被孩子拿去当球踢 ✓　　B. 找不到水源而死掉
   C. 没有更好的生存环境　　D. 被人拿起来挂到树上

3. 植物学家做了一个什么实验?
   A. 不让卷柏太称心　　　　B. 不让卷柏随便走 ✓
   C. 经常给卷柏加水　　　　D. 让卷柏变得可笑

4. 实验结果怎么样?
   A. 卷柏确实可笑　　　　　B. 卷柏不再扎根
   C. 卷柏改变了习性 ✓　　　D. 卷柏不再怕危险

（二）

在《财富》论坛上,梁从诫语出惊人,他质问那些全球经济巨头:"你们纷纷来到中国,无非是想在中国寻找市场,可是,如果十几亿中国人都过上你们那种日子,中国的资源能支撑得起吗?如果现在中国要达到美国1990年的生活水平,全世界的能源都供应中国还不够。这,不仅是中国的灾难,也是世界的灾难。"

面对沉默无语的大自然,有人说,经济要发展,环境破坏是必须付出的代价。梁从诫为此忧心忡忡。一个国家在发展经济的同时,只有注重对环境的保护,才能保持发展的可持续性。经济发展与环境保护必须协调一致。否则,必将遭到大自然的惩罚,结果是得不偿失。

根据录音内容选择正确答案:

1. 梁从诫的主要观点是什么?
    A. 中国人还得跟着美国人走　　B. 中国不是一个理想的市场
    C. 中国发展不能走外国的路子 ✓　D. 中国达不到美国的生活水平

2. 经济发展的硬道理是什么?
    A. 破坏环境是必然的　　　　　B. 应付的代价就得付
    C. 每个人都要为国分忧　　　　D. 发展经济得考虑环境 ✓

可可西里的骄傲

① 藏羚羊是可可西里的骄傲,只要你看到它们成群结队地在雪后的地平线上涌出,优美的体态,飞翔一样的跑姿,你就会相信,它

能够在这片土地上生存数千万年。它不是一种适应能力差、自身濒临灭绝的动物,只要你不去管它,它自己就能活得好好儿的。可是,近年来,藏羚羊却以平均每年2万只数量锐减,仅阿尔金山保护区藏羚羊数量就从1989年的10万只左右锐减到1998年的大约1万只。是什么原因使藏羚羊的命运危在旦夕?答案是"沙图什"。

② "沙图什"是波斯语,意思是"羊毛之王",又译为"皇帝披肩"。沙图什极其柔软,能很容易地从戒指中穿过,所以又称"戒指披肩"。几个世纪以来,国外有人把"沙图什"作为上等装饰品和收藏品。后来它流传到欧美,同样受欧美上流社会的青睐。近年来,"沙图什"披肩逐渐成为欧美市场的时尚,有钱人以拥有一条"沙图什"为荣,最高售价可达4万美元一条。

市场需求的增加,使长期以来以手工编织为主的"沙图什",在20世纪80年代末升级为机器生产。生产规模变大,对原料的需求也大增,羊绒价格随之急剧上升,1996年每公斤未经加工处理的羊绒价格曾达1715美元。暴利之下,藏羚羊遭遇疯狂盗猎。20世纪90年代初,大批武装盗猎分子进入藏北高原藏羚羊栖息地,猎杀藏羚羊,取皮弃尸,然后取绒。经尼泊尔走私至克什米尔制作披肩,再经印度贩卖到欧美各地。

③ 盗猎分子盗猎藏羚羊手段极其残忍,他们使用步枪、冲锋枪和改装的半自动步枪,一次带几千发、上万发子弹,一次就会有少则几百头,多则上千头藏羚羊惨遭猎杀。冬季藏羚羊的羊绒比较厚,盗猎活动异常猖獗。后来,随着藏羚羊数量的急剧减少,冬季藏羚羊分布又相对分散,偷猎者感到不便,于是将目光转移到产羔地,因为夏季藏羚羊产羔时会成群迁徙到统一地点,怀孕的母羊奔跑慢,盗猎起来容易。其结果是,成群怀孕的母羊被杀,给藏羚羊的繁衍造成毁灭性灾难。因为繁殖季节,杀死一只母藏羚羊等于杀死两只。

④ 万般无奈,武装反偷猎队伍建立了。

人们不能忘记,索南达杰为保护藏羚羊不幸牺牲,他死时,身后是满满一车2000多张藏羚羊皮。不久,扎巴多杰又死了。有人讲起过扎巴多杰牺牲前的事,那是在巡逻后回来的路上,扎巴多杰看见几只双眼还没睁开的小藏羚羊含着母亲满是鲜血的乳头,而母藏羚羊的皮已被偷猎者剥走了。后来扎巴多杰熬了一点粥来喂那几只可怜的小藏羚羊。

> 为什么藏羚羊不能灭绝?
> 藏羚羊不能灭绝,它不仅是珍稀物种,从生物多样性保护的角度来说,它是青藏高原的代表物种,单属单科,它的灭绝意味着整个属从地球上消失,高原生物链也将发生改变。

练 习

一、听全文,回答问题:

1. 这篇课文讲的是什么动物的事情?

2. 这种动物遭遇到了什么?为什么?

二、根据第一段内容,判断正误:

(√) 1. 藏羚羊自身适应能力极强。
(×) 2. 藏羚羊因自身条件差,即将灭绝。
(√) 3. 藏羚羊不需要人去照管,就能够活得很好。
(√) 4. 近年来,藏羚羊的数量在快速、大量地减少。
(×) 5. 以阿尔金山保护区为例,十年中藏羚羊减少了10%。

三、根据第二段内容,选择正确答案:

1. 以下哪一项与沙图什不符?
   A. 已经流传到了欧美　　　　B. 在国外是高级藏品
   C. 很受上流社会的喜爱　　　D. 是皇帝最喜欢的披肩 √

2. 沙图什市场需求加大后出现了什么情况?
   A. 手工活更值钱　　　　　　B. 羊绒价格大涨 √
   C. 羊绒来不及处理　　　　　D. 原料供应接不上

3. 20世纪90年代初,出现了什么状况?
   A. 有人大量偷窃藏羚羊　　　B. 有人武装盗猎藏羚羊 √
   C. 藏羚羊失去了栖息地　　　D. 有人走私进口沙图什

四、根据第三段内容填表(只填句子序号即可):

上　　句	合适的下句
盗猎分子手段极其残忍	(3)(6)
冬季,盗猎活动异常猖獗	(5)
随着藏羚羊数量的急剧减少,冬季藏羚羊分布又相对分散	(1)
盗猎者把目光转移到了产羔地	(2)(4)
结果是	(7)

(1) 盗猎者感到不便。
(2) 因为夏季藏羚羊产羔时会成群迁徙到统一地点。
(3) 他们使用步枪、冲锋枪和半自动步枪。
(4) 而且,怀孕的母羊奔跑慢,盗猎起来容易。
(5) 因为那时候,藏羚羊的羊绒比较厚。
(6) 一次就会有成百上千只藏羚羊惨遭猎杀。
(7) 成群怀孕的母羊被杀,给藏羚羊的繁衍造成毁灭性灾难。

五、根据第四段内容,回答问题:

1. 录音中提到几个人为保护藏羚羊献出了生命?
2. 索南达杰牺牲时,他身后是什么情景?
3. 用你的话讲一讲扎巴多杰牺牲前的事情。

六、听录音,选词填空:

1. 藏羚羊是可可西里的骄傲,只要你看到它们成群结队地在雪后的地平线上涌出,优美的体态,飞翔一样的(　　),你就会相信,它能够在这片土地上生存数千万年。它不是一种(　　)能力差、自身濒临灭绝的动物,只要你不去管它,它自己就能活得好好儿的。
　　① A. 跑姿√　　B. 豹子　　C. 鼋子
　　② A. 吸引　　B. 实行　　C. 适应√

2. 沙图什(　　)柔软,能很容易地从戒指中穿过,所以又称"戒指披肩"。
　　A. 及其　　B. 极其√　　C. 机器

3. 生产规模变大,对原料的需求也大增,羊绒价格随之(　　)上升。
　　A. 急剧√　　B. 聚集　　C. 积极

4. (　　)之下,藏羚羊遭遇疯狂盗猎。
   A. 暴力　　　　B. 暴利 √　　　　C. 抛弃

七、讨论:
1. 人类给动物带来了什么?
2. 人和动物能够和谐相处吗?
3. 金钱往往会使人失去人性,失去理智,你同意这一说法吗?试举例说明。

第二十五课　现任交警与《交通"刑警"》

词语链

1. 现在、担任：(现任，前任)
   女：您找谁？
   男：请问现在担任院长的是李朝阳教授吗？
   女：我们现任院长姓张，是张教授。李教授已经退休了，是我们的前任院长。
   男：您能告诉我他家的电话号码吗？
   女：您什么事呀？我们现任院长能帮您解决吗？
   男：前几年我们合作过，这次我出差来，想见见他，完全是私事。
   回答问题：
   (1) 男的要找谁？
   (2) "现任院长"是什么意思？"现任"是哪两个汉字？
   (3) "前任"是什么意思？是哪两个汉字？

2. 小说：(长篇小说，中篇小说，短篇小说)　按理说：　不为人知：　为人熟知：
   女：好久没看小说了，最近看了一个长篇，特别好，历史题材的。我喜欢历史，也看过不少历史书，这本书里还真是有好多内容不为人知。
   男：古代的近代的？
   女：清朝的，是一个研究历史的女作家写的。
   男：按理说，清朝从时间上讲离现在很近，好多历史事件都为人熟知，要挖掘出一些以前大伙儿不知道的事儿也不容易。我好久没看长篇小说了，没时间，有时候有了特别好的短篇小说、中篇小说看看。哎，那书叫什么名？回头我也抽时间看看。
   回答问题：
   (1) 这段对话的主要内容是什么？
   (2) 长篇小说、中篇小说和短篇小说有什么区别？
   (3) "按理说，清朝从时间上讲离现在很近"中的"按理说"是什么意思？是

哪几个汉字?
(4) 请说出"为人熟知"在本段对话中的反义词。你能试着写出汉字吗?

3. 正常:(失常,精神失常)
   女:你最近是不是受什么刺激了?我怎么觉得你举动有点儿失常啊?
   男:我?举动不正常?
   女:是啊。
   男:怎么不正常啦?
   女:你好几次了,往碗里倒水,水都流出来了,还倒呢;还有一次,去食堂,都走过了,还往前走。
   男:是碰上点儿麻烦事,看来我真得注意点儿了,别再精神失常了,弄个精神病。
   女:按理说你不至于这样呀,咱们这代人,什么事没碰上过呀!有什么我能帮忙的尽管说,别客气,啊。
   回答问题:
   (1) "失常"是什么意思?是哪两个汉字?
   (2) 对话中说到了什么失常?

4. 扣:(扣车,扣本,扣人) 当场: 事:(事后,事前)
   女:小王怎么还没来呀,他可又迟到了。
   男:刚来一电话,让警察给扣了。
   女:又闯红灯了吧,老跟他说,早点儿起床,别动不动就让警察扣车、扣本、扣人的,就是不听。
   男:今天是闯红灯,还撞了一个过马路的老太太,老太太当场就晕过去了。
   女:那可麻烦了,不光是扣车、扣本的问题了。
   男:好多开车的都这样,怎么说都不听,事情发生以后就该后悔了。
   女:事后后悔管什么用啊。
   男:事前也不信呀!
   回答问题:
   (1) 小王怎么了?
   (2) 录音中提到警察会扣什么?
   (3) 你认为"扣本"是扣什么本?
   (4) "当场"是什么意思?是哪两个汉字?
   (5) "事后"、"事前"是什么意思?这两个词分别怎么写?

5. 家族：(大家族，家族企业)

李家是当地有名的五世同堂的大家族。年龄最长的李一男年近百岁，老人只有李连生一个独子。现年70多岁的李连生则是儿女成群，有德山、德江两个儿子和春英、春芬、春荣三个女儿。咱们不说他的女儿，光德山、德江又分别生下了红伟、红宇、红玉、红石。到了李一男的第四代，红伟又有了3岁的女儿小可心。每到过年过节，是这个家族最快乐的时候，大家都聚到百岁老人李一男身边，热闹极了，这时候也是老人最快乐的时候。

如今这个大家族的日子也是越过越好，李一男的儿孙们共同创办了一家家族企业，因为管理科学，经济效益一直不错。

回答问题：

(1) 下面的表告诉我们，录音中的大家族一共有几代人？

	李一男				
儿子	李连生				
孙子/女	德山	德江	春英	春芬	春荣
重孙子/女	红伟	红宇	红玉	红石	
玄孙	可心				

(2) 李家创办了一个什么企业？你能试着写出汉字吗？

6. 侵犯：(侵权)　权利：(侵权，发言权，著作权，肖像权)

留学生：老师，"侵权"的意思就是"侵犯权利"吧？

老　师：对。

留学生：有一次，我看到一个孩子跟家长吵嘴，家长生气了，说："你别说了。"这算不算侵权，侵犯了孩子的说话权，或者说发言权？

老　师：还是用发言权吧。不过，这事太小了，可不值得打官司哟。

留学生："侵权"还可以用在什么地方？可以说侵犯著作权吗？

老　师：可以，如果你写了一本书，别人大量引用，又不注明你是作者，他就侵犯了你的著作权。

留学生：我还看到一起侵权官司，说侵犯"肖像权"。"肖像权"是什么权呀？

老　师：比如你的照片，在你根本不知道的情况下，别人把它用在了书的封面上，或者用来做广告了，你就可以跟他打官司，因为他侵犯了你的肖像权。

回答问题：

(1) 这段对话在讨论什么问题？

(2) "侵权"是什么意思？是哪两个汉字？

(3) 录音中还说到了什么权？

7. 青年、中年、老年：(中老年，中青年)

走在大街上，你会看到青年人、中年人的服装式样新颖、漂亮、时尚，而老年人的服装则毫无创意，当然更谈不上时尚。中老年人常常说，最发愁的事情就是买衣服。有人做过调查，中国的服装设计师平均年龄35岁，年龄最小的25岁，大部分设计师年龄为40岁左右。中老年人买不到衣服到底是因为中国的服装设计师多为中青年，还是因为服装设计师们忽略了中老年群体的消费需求？

回答问题：
(1) 这段话的主要内容是什么？
(2) "中老年"是什么意思？是哪几个汉字？
(3) 中国的服装设计师主要是些什么人？

8. 宝贝：(宝贝儿)

男：前几天我看你带一只特好玩儿的狗出来，什么时候养的呀？
女：一个多月前我儿子拿来的，他朋友送的。
男：是名狗吗？
女：不是，可是特聪明，到我们家可成宝贝了，比我们家儿子都受宠。
男：叫什么名呀？
女：叫"宝贝儿"。
男：这名儿好，名副其实哈。

回答问题：
(1) 这段对话的主要内容是什么？
(2) 录音中"宝贝儿"是什么意思？

9. 案子：(案犯)

男甲：这几年网络犯罪的案子不少哈。
男乙：对，网络犯罪有一特点，案犯中年轻人比较多。
男甲：什么原因呀？不懂法？
男乙：这是肯定的，不过，年轻人对网络更熟悉也是一个重要原因，网络进入中国人的生活不过十几年嘛。
男甲：年轻轻的，也挺可惜的。
男乙：所以，要对案犯加强教育，更重要的是要加强对全社会的宣传教育。

回答问题：
(1) 这段对话的主要内容是什么？
(2) "网络犯罪有一特点，案犯中年轻人比较多"这句话是什么意思？

10. 鱼在旱地也要跑路：
    男：我真后悔选择了软件开发这个职业,太难了！
    女：怎么难了,跟妈妈说说。
    男：知识每天都在更新,你总得追着赶着学习,还有,每次做一个产品,都会碰上无数困难,我天天夜里做梦都在想工作里的事,我觉得太累了。
    女：你不认为你每克服一个困难,就会有胜利感吗！再说了,世界上没有容易的事情,选择了这个职业,就要咬牙干下去,鱼在旱地也要跑路呀。
    回答问题：
    (1) 这段对话的主要内容是什么？
    (2) "鱼在旱地也要跑路"的意思是 A、B、C 中的哪一个？
        A. 有了钱就可以买鱼
        B. 多大的困难也得克服 √
        C. 鱼也会碰到难办的事

（一）

男甲：北京观众王斌问,他在撰写论文时经常需要引用别人的作品,应该如何避免侵犯他人的著作权？

男乙：在(这个)《著作权法》第22条呢规定了,就是如果为了评论某一篇文章,或者为了说明某一个问题等等,在这些情况下呢,(这个) 引用其他人已经发表的作品哪,(这个) 不构成侵权,但是引用呢有一个前提,就是必须指明出处、(这个)文章是谁写的、你引用的这一部分是别人的,不是你的,(要向作者呢,)要向读者有个交代。如果没有(这个)交代的话呢,使读者误认为这部分也是你写的,那就和抄袭没有区别了。

（根据中央电视台"生活"节目内容改写）

 **练 习**

根据录音内容选择正确答案:

1. 王斌提出一个什么问题?
   A. 怎样抄袭他人作品　　　　　B. 写论文有什么规则
   C. 引文时如何不侵权 √　　　　D. 引他人文章犯法吗

2. 引用他人作品时必须注意什么?
   A. 必须说明引文的出处 √　　　B. 如侵权,必须有交代
   C. 说清楚自己不想侵权　　　　D. 交代清楚,自己是谁

(二)

男:从中青年记者最高荣誉奖——范长江新闻奖,到今年5月你刚刚获得的"中国青年五四奖章标兵",从北京市公安局的"荣誉警察",到"北京电视台优秀主持人第一名",你得过多少奖了?

女:大概50多项吧。

男:有点儿沾沾自喜吗?

女:只觉得特别幸运,心里有特别多的感激。做法制记者16年,我在自己的博客里写了,每一个人都是一个传奇,我很幸运,从事的是自己最热爱的职业。

男:能获那么多奖,应该说也是有自己的做法吧?

女:直白地说,一个坚持自己理想的人,会为实现这个理想做好一切准备,并为此而付出。很多困难其实是无法预见的,但是鱼在旱地也要跑路。

男:这很残酷。

女:但是没有办法。世界上有很多很远很远的路,你一步一步地走,最终一定可以走过去;世界上有很多很短很短的路,你不走,永远也走不到头。当你非常非常热爱一个工作的时候,能力其实已经不是问题。

男:你给观众留下极深印象的是六年前,在火车站9个小时近距离

和绑架人质的犯罪嫌疑人谈判,最终配合警察把犯罪嫌疑人制服了,你经常出现在案发现场,你真的不怕吗?

女:那事就别提了,提起来我就……其实我是真的怕!当时警察给我打了电话,我一秒钟没犹豫就赶了过去。到了现场,哪还顾得上怕呀!你就觉得,你能去缓解那个嫌疑人的情绪;你就知道,那个时候,你跟他最该说什么;你就发现,你有那个经验;你就相信,谁的话那个人当时也听不进去,除了你的。事后想起来你才知道,其实你没那么大本事,你也许根本就控制不了局面,那个情形下会有太多的可能甚至意外发生。

男:可你还能在那么紧急,那么紧张的时候,张嘴就叫了他一声"宝贝儿",然后的两句话,把所有的人,包括那个犯罪嫌疑人都给逗乐了!这是你反应快,还是你天性的流露?

女:经验。因为经验而变得自信,可能当时还产生了一点点睿智。

(根据孙红《徐滔——心灵比外表美丽一点点》改写)

根据录音内容选择正确答案:

1. 对话中的女士干什么工作?
   A. 她是记者 ✓　　　　　B. 她是作家
   C. 她是警察　　　　　　D. 文中没说

2. 女士对工作的感觉是什么样的?
   A. 力不从心　　　　　　B. 能力不够
   C. 觉得很累　　　　　　D. 非常热爱 ✓

3. 女士在火车站经历过什么事情?
   A. 被犯罪嫌疑人绑架了　B. 和犯罪嫌疑人谈判 ✓
   C. 和犯罪嫌疑人开玩笑　D. 被坏人绑架9个小时

4. 女士面临危险的时候表现得怎么样？
   A. 一点不害怕   B. 自信而聪明 √
   C. 总是很走运   D. 没有大本事

现任交警与《交通"刑警"》

① 记者：现任交警，出版交警题材长篇小说，并且被改编成电视剧，您应该是全国第一人了吧？是什么时候有了这个想法的？

交警：反映交警工作、生活的作品本身就很少，无论是小说还是影视作品，不像别的题材那么为人熟知，这也导致社会上对交警认识不够，觉得我们的工作只是指挥交通、扣车、扣本、罚款，所以我很长时间以前就有这个打算：让人们认识真正的交通警察。我真正拿起笔，应该是1996年。

② 记者：为什么是那一年？是什么事触动了您吗？

交警：是一起交通肇事逃逸事故。那年冬天的一个晚上，一个骑自行车的女中学生被一辆大货车当场撞死，肇事车逃逸。女孩的家就在附近，她的父母、姥姥等家人扑倒在孩子的尸体上嚎啕大哭。天气很冷，刮着大风，直到今天，那个凄惨的景象我都记得特清楚。后来我知道，死者是独生女，也是这个大家族中唯一的女孩，学习相当棒，是全家的希望。孩子死后不久，姥姥也生病去世了，母亲精神失常，一夜白了头发的父亲最常和我们念叨的一句话就是"所有的希望全没了"。

③ 记者：这样的惨剧您应该是经常见到吧？

交警：是，这些年我亲自处理的事故真是数不过来，死亡事故也处理了上千起，按理说应该是司空见惯了。虽然每一次重大事故的现场，对我的心灵都是震撼，但是像这样，事后几乎家破人亡的事还是有限。虽然后来把逃逸司机绳之以法了,但是一个家庭就这么毁了。

记者:所以您把这一切都记录下来了。

交警:对,可开始我没想写小说,只是想留下些案例,积累些经验,也可以把经验提供给其他同事。

记者:后来是怎么想到写小说的,还改编成了电视剧?

交警:后来,我看到大量反映公安刑警的文学作品和影视作品,可几乎没有反映交警的。其实我们交警也担负着肇事逃逸的侦破任务,担负这个任务的事故科在我们内部被称为"第一科"。虽然我们的危险性没有刑警那么大,但是从侦破难度、案件压力上讲,也不小,而且我们面对的几乎都是突发的意外,没有作案动机,没有预谋,有时现场只留下一个轮胎印,或者一块汽车的漆皮。有时一件逃逸案的侦破要用几年时间,跑遍十几个省市,才能把案犯抓到,而交警的这些事却不为人知。我手中有这么多案例,为什么不让更多的人了解呢?

④ 记者:您写《交通"刑警"》这本书,准备工作用了多久?

交警:一开始,我就想好了《交通"刑警"》这个名字,我觉得它最能体现我们这个职业的特点,可我写作水平不高,工作又忙,一直没动笔。后来,我工作强度小了一些,又找了更多的案例,综合了其中最精彩、曲折的部分,最终写成了十个故事。

记者:家人、同事对您写小说怎么看,有没有人说您不务正业?

交警:没有,他们都很支持。好多同事碰到有意思的案子都愿意和我说说,看我能不能写到小说里去。我的小说里也有他们的影子。

(根据《北京晚报》《耿慧东与〈交通"刑警"〉》一文改写)

 练 习

一、听全文,回答问题:
1. 记者采访的是一个什么人?

2. 记者为什么要采访他?

二、根据第一段内容,判断正误:
(√) 1. 男的是一名交警。
(×) 2. 男的喜欢看小说。
(×) 3. 男的的事情被写成了电视剧。
(√) 4. 人们不太了解交警。
(×) 5. 交警的工作就是扣车、扣本、罚钱。
(√) 6. 男的想让社会真正了解交警的工作。
(√) 7. 男的1996年正式开始写作。

三、根据第二段内容,判断正误:
(√) 1. 一起交通事故对男的触动很大。
(√) 2. 事故发生在冬天。
(×) 3. 一辆大客车撞死了一个女中学生。
(√) 4. 撞人的车逃走了。
(√) 5. 女孩儿的家人痛苦万分。
(×) 6. 死去的女孩儿是这个大家族中学习最好的女孩儿。
(√) 7. 女孩儿死后不久姥姥也死了。
(√) 8. 女孩儿的母亲得了精神病。
(×) 9. 女孩儿的父亲也不想活了。

四、根据第三段内容,选择正确答案:
1. 为什么这起交通事故对男的触动如此之大?
  A. 肇事逃逸的司机没有抓到   B. 他亲手处理的案件并不多
  C. 事后家破人亡的情况不多 √   D. 男的经常见到类似的惨剧

2. 以下哪一项也是交警的工作？
   A. 写小说　　　　　　　　　B. 搞侦破 √
   C. 了解案例　　　　　　　　D. 交流经验

3. 男的为什么要写小说？
   A. 交警的故事也很精彩 √　　B. 交警的案子都不好破
   C. 交警的小说还不够多　　　D. 有人想了解交警的生活

五、根据第四段内容，判断正误：
   (√) 1. 男的认为书名符合交警工作特点。
   (×) 2. 男的的写作水平太低。
   (√) 3. 男的的工作很忙。
   (×) 4. 男的一直懒得动笔。
   (×) 5. 男的就知道10个案子，写成了10个故事。
   (×) 6. 大家认为写小说不是男的应做的事。
   (√) 7. 男的的小说中包含着同事们的支持。

六、听录音，选词填空：
1. (　　)交警，出版交警题材长篇小说，并且被改编成电视剧，您应该是全国第一人了吧？
   A. 现任 √　　　B. 兼任　　　C. 前任

2. 反映交警工作、生活的作品本身就很少，无论是小说还是影视作品，不像别的题材那么为人熟知，这也(　　)社会上对交警认识不够，觉得我们的工作只是指挥交通、扣车、扣本、罚款，所以我很长时间以前就有这个打算：让人们认识真正的交通警察。我真正拿起笔，应该是1996年。
   A. 倒是　　　　B. 倒使　　　C. 导致 √

3. 这些年我亲自处理的事故真是数不过来，死亡事故也处理了上千起，(　　)应该是司空见惯了。
   A. 暗里说　　　B. 按理说 √　C. 案例说

4. (　　)、同事对您写小说怎么看，有没有人说您不务正业？
   A. 家人 √　　　B. 其他人　　C. 佳人

第二十六课 半张纸币的故事

词语链

1. 亲:(亲生,亲自)　高、瘦、个儿:(瘦高个儿)　体弱多病：　不良：

   女：你和你弟弟是亲兄弟吗？
   男：当然是了。怎么了？
   女：长的不太像,另外,你弟弟又高又壮,你原来是又矮又瘦,这两年还好点儿,长了点儿个儿,充其量也就是个瘦高个儿。我还一直以为你不是你妈亲生的呢。
   男：我妈特疼我。我瘦不能赖我妈,赖我小的时候身体弱,老生病,我妈对我这个体弱多病的孩子一点儿办法也没有。其实我妈在我身上花的工夫最多了,有时候看我念书晚了,就亲自做夜宵给我,我弟弟都没我这待遇,可我就是长不壮,老跟营养不良似的。

   回答问题：
   (1) 什么样的孩子不像亲生的？"亲生"是哪两个汉字？
   (2) 妈妈"亲自做夜宵给我"中的"亲自"是什么意思？你还能说出"亲"什么？
   (3) "瘦高个儿"是什么意思？是哪几个汉字？
   (4) "体弱多病"是什么意思？是哪几个汉字？
   (5) "营养不良"中的"不良"是什么意思？是哪两个汉字？

2. 破、旧:(破旧,破损)　像样：

   女儿：妈妈,我给您提个意见好不好？
   妈妈：欢迎,什么意见呀？
   女儿：咱们家能不能把这个又破又旧的沙发换换呀,我没出生这个沙发就来咱家了,现在我都十多岁了,也该让这个破旧的沙发休息休息了。从我上小学到现在,我们同学家里的家具都换两次了,咱们家也不能太过分了,连个像样的沙发都没有啊。
   妈妈：你说的也有道理,妈妈就是一直舍不得扔。一来,是因为这个沙发特别舒服,二来呀,老觉得不能浪费。这个沙发是破损了,比如这个角就有点儿破了,可是扔了多可惜呀,它也是用树木做的,那个树得长多少年能做这么个沙发呀。

女儿:那咱们有没有办法让这个沙发漂亮一点儿,像样一点儿?

妈妈:这样吧,妈妈做个沙发套,就算给它做件新衣服,它就像样了,你看行吗?

女儿:行,您做的时候,我给您帮忙。

回答问题:

(1) 这段对话的主要内容是什么?

(2) "像样"的沙发是什么样的沙发?

(3) 你认为"破旧"和"破损"有区别吗?

3. 忙： 农村:(农忙,农闲) 抽时间:(抽空儿)

女:春节你回老家吗?

男:我不想回去了,我们单位最近特别忙,春节可能得加班,再说农村春节正是农闲的时候,什么活儿都没有,我回去也没用。我每年都是春天、秋天农忙的时候抽时间回去,我爸妈年龄大了,种地也挺辛苦的,我回去能帮帮忙。

女:一年回去两趟,也可以了。

男:有时候出差,还可以顺便抽空儿回家看看。

女:你这个当儿子的就算不错了,对你爸妈挺好,对家也挺有责任感的。

男:他们把我养大了,孝敬他们,帮着他们支撑这个家是我的责任。

回答问题:

(1) "农忙"、"农闲"是什么意思?汉字分别怎么写?

(2) "抽空儿"是什么意思?是哪几个汉字?

4. 好人： 好心： 好心好意：

男:怎么这么不高兴啊,跟谁生气了?

女:小张。刚才我们在一块儿聊天儿,我说他衣服脏了,该洗了,他就急了,说没我事,让我别管。你看我这好心好意的,他怎么这样呀。

男:他肯定知道你是好人,也是一片好心,就是不好意思了呗。你下次别当着别人的面儿说,给他留点儿面子,人家也是20来岁的小伙子了。

回答问题:

(1) 这段对话的主要内容是什么?

(2) 录音中除了"好人",还说了什么带"好"的词语?你能试着写出汉字吗?

5. 会员:(会长) 自发: 集资:

1994年,中国第一个民间环保组织"自然之友"成立,如今"自然之友"已经有了1000多个会员,梁从诫是"自然之友"的第一任会长。

"自然之友"的成立没有任何人组织,完全是自发的,是一些热心于环保事业的有识之士为了人类有一个好的生存环境,为了人类的明天,自发组织起来的。他们没有活动经费,就自己集资,会长梁从诫首先拿出了自家的存款,作为"自然之友"的第一笔活动经费。

回答问题:
(1) 这段话的主要内容是什么?
(2) 梁从诫是"自然之友"的什么人?"会长"是哪两个汉字?
(3) "自发"是什么意思?是哪两个汉字?
(4) "他们没有活动经费,就自己集资"中的"集资"是什么意思?你能试着写出汉字吗?

6. 惊喜:

女:您有我们这儿的会员卡吗?
男:我不是会员。当会员有什么好处吗?
女:今天是我们的店庆,开业10周年。今天所有来购物的会员都可以抽奖,奖金最高5000元,中奖率30%。
男:中奖率挺高的。
女:那您也办张会员卡吧,说不定您也能得到一个惊喜。
男:要是中一个5000块钱的大奖,还真是值得惊喜哈。

回答问题:
(1) 女的动员男的干什么?
(2) "惊喜"是什么意思?是哪两个汉字?

7. 才:(多才多艺,才女,才华,才子)

女:这回获奖的那个导演是你们大学同学吧?
男:是。上学的时候,大伙儿就公认他最有才。平常也看不见他看书,但是一考试人家就是成绩最好的,大学四年一直这样,而且他唱歌、跳舞、演话剧、打乒乓球,什么都会,真是多才多艺,这么有才的人真不多。
女:听说他妻子也是你们学校的,是个才女?

男：是,长得又漂亮,又有才华。
女：才子、才女到一块儿打架吗?
男：你这人真逗,怎么老盼着人家打架呀,人家过得好着呢!
回答问题:
(1) "多才多艺"是什么意思?是哪几个汉字?
(2) 男的有才叫什么?女的有才叫什么?你能试着写出汉字吗?
(3) 请说出"才华"的近义词。

8. 发言稿:(稿子)　复印:(复印机)　复制:(复制品)
　　老　　师:你这个发言稿写得不错。你帮我到办公室把这个稿子复印15份,
　　　　　　我们一会儿上写作课的时候分析分析。
　　留学生:老师,我想问您,"复印"和"复制"有什么不同吗?
　　老　　师:"复印"就是用复印机按原来的再印一个。"复制"是按原来的做一
　　　　　　个,比如"复制软件",再比如,这件文物是复制品,不是真的。
　　留学生:我懂了,"复制"是照原样做一个,"制"的意思就是"做"。
　　老　　师:对。
回答问题:
(1) "复制"、"复印"的区别是什么?
(2) 录音中还说了哪些带"复"的词?

9. 到来:
　　女儿:妈妈,在您40岁生日到来之际,我代表我和爸爸祝您生日快乐!
　　妈妈:哎呀,就别"到来之际"了,在家里,随随便便的,词儿用错了。
　　女儿:太书面语了,是吗?我和您开玩笑呢。
　　妈妈:真的不想过生日了,越过越觉得老了。
　　女儿:妈妈,其实您越来越有风采了,有了一种您年轻的时候没有的东西。
回答问题:
(1) 女儿向妈妈祝贺什么?
(2) 请说出"到来"的近义词。

（一）

女：我的态度是比较悲观的,因为,其实……
主持人：啊,(刚才)我们听到了恐惧的观点,现在又出来了悲观的观点。
女：就是我觉得,(比如说)别说克隆人我不同意,比如说克隆一只(西,)那种优良的西红柿啊,反正我觉得如果每天我们餐桌上摆的东西都是那么好的东西,再也没有吃不到好的西红柿的苦恼,也没有吃到好的西红柿的欢乐,那生活还成为什么生活了呢?其实我,我非常欣赏吴先生的那种观点,但是我之所以无奈的地方就是在于,有很多这么,具有(很多)理性头脑的,就是刚才很多位,他们非常赞成这个克隆术的人,他们始终在,至(始)死不渝地带领人类越来越走向死亡,而只有吴先生这样的人,在为我们哀嚎,所以……
主持人：嗯,我注意到,她用一个词啊,用得非常明确,我们刚才说克隆技术,克隆什么医学,克隆学问,她说"克隆术",听着很像是巫术。
女：这个我觉得确实是一种巫术,比如说,刚才有人说,他认为这个,就是刚才前头的这位,这位老师,他说这个,20世纪是什么?生命科学的世纪,但是也有人说过,复制时代的到来就是人类灭亡的时候。
男：如果不接受新事物,我们也不可能有这样的演播厅,也不可能有这样的传播话筒,让全世界的人可以同时看我们的演出啊,之类的,对吧?
主持人：嗯。
男：所以说,各种东西都要有思想准备。实际上,这是一个社会的进步,是一个历史的必然。

(根据中央电视台"实话实说"节目内容改写)

练 习

根据录音内容选择正确答案:

1. 大家在讨论什么问题?
   A. 西红柿的问题　　　　B. 农业技术问题
   C. 克隆技术问题 ✓　　　D. 传播技术问题

2. 对于克隆技术的产生,在座的人所持态度不包括哪一项?
   A. 恐惧　　　　　　　　B. 悲观
   C. 赞成　　　　　　　　D. 欣赏 ✓

3. 女的认为什么是生活?
   A. 常有不如意的事　　　B. 有欢乐也有痛苦 ✓
   C. 有悲观也有恐惧　　　D. 经常有很多无奈

4. 女的提到的吴先生对克隆持什么态度?
   A. 赞成　　　　　　　　B. 反对 ✓
   C. 无奈　　　　　　　　D. 恐惧

5. 最后的发言者对克隆技术的产生持什么态度?
   A. 赞成 ✓　　　　　　　B. 反对
   C. 漠不关心　　　　　　D. 不以为然

(二)

梁从诫从来不谈自己的祖父、父亲。他说,如果我从祖父和父母身上继承了点儿什么的话,那也就是一点信念:一个人要有社会责任感。正是出于责任感,他投身环保。

梁从诫的祖父、父亲都是中国大名鼎鼎的人物,母亲是品貌超群的一代才女。梁从诚回忆,年轻时,他也经常上树抓鸟、洞里逮蛇什么的,用他的话说,"干着破坏自然的勾当"。彻底改变他的是一篇文章。那时,他在《百科知识》杂志工作。一篇稿子引起他的注意。当时,改革开放如火如荼,中国乡镇企业发展很快,作者却在这一片热闹中看到了隐患,尖锐地指出:规模不大、设备简陋的乡镇企业将成为污染源,成为影响环境、破坏环境的罪魁祸首。那篇稿子,梁从诚看了一遍又一遍。每看一遍,心灵就受到一次震撼。正是那篇文章唤起了他对人类生存环境的关注。

后来,中国第一个民间环保组织——"中华文化书院绿色文化分院"成立。梁从诚和朋友们喜欢称自己为自然之友,梁从诚担任"自然之友"会长。他首先把自己的积蓄拿出来,作为开始的活动经费。

"自然之友"没有经费来源,完全靠志愿者奉献。梁从诚说,热衷于环保的都是有社会良知的好人,自私冷漠者不会关心。

十多年过去了,如今"自然之友"已有许多会员和1000多个会员团体。

根据录音内容选择正确答案:

1. 梁从诚从父辈身上继承了什么?
   A. 事业　　　　　　　　B. 信心
   C. 信念 ✓　　　　　　　D. 良知

2. 梁从诚的爷爷、父母有什么特点?
   A. 不爱说话　　　　　　B. 都很有名 ✓
   C. 都有才华　　　　　　D. 相貌出群

3. 梁从诚年轻时干过什么事?
   A. 破坏环境　　　　　　B. 保护自然
   C. 创办企业　　　　　　D. 抓蛇抓鸟 ✓

4. 一篇稿子使梁从诫认识到了什么？
   A. 改革开放后发展很快　　　B. 乡镇企业发展很迅速
   C. 某些乡镇企业的设备很差　D. 某些乡镇企业非常不环保 ✓

5. 以下哪一项是"自然之友"的特点？
   A. 他们办了一所学校　　　　B. 他们中间好人较多
   C. 他们的家都很富裕　　　　D. 环保经费不靠国家 ✓

半张纸币的故事

① 他曾经是那所高中最穷的一位学生，也曾经是那所高中最富有的一位学生。

他不知道他的亲生父母是谁，他很少想这件事，不知道什么原因，他们把他扔在了医院破旧的长椅上，他甚至不知道，他的亲生母亲亲没亲过他嫩嫩的小脸。是一对好心的中年夫妇，因为丈夫发烧，来到了医院，然后发现了他。他们是那么惊喜，因为尽管已经50多岁了，他们从来没有过自己的孩子，他们喜欢世界上所有的孩子，包括眼前这个包在小小的被子里，不停地哭着的孩子。他们好像找到了世界上最珍贵的宝贝，他们看到孩子小脸上的眼泪，他们感觉这就是他们盼了一辈子的那个孩子。

他不是没人要的孩子，从他出生的第二天起，他就有了属于他自己的幸福。

可是他们很穷。丈夫和妻子都体弱多病，下地种田，勉强维持生活，但他们用所有的爱，呵护着他长大。

尽管他从来没有穿过一件像样的新衣服，可是他不在乎，因为他的父母和他一样，当他们用充满爱的目光望着他的时候，他感觉像是穿上了这世界上最漂亮的衣服。他从来没有吃过一顿很像样的饭，可他从来没有为此而难过。他知道，这个家里每一碗粥，每一个馒头,都饱含着父母的情感。

②那一年,他16岁,他毫不费力地考上了县里最好的高中。

因为营养不良,他的个子很矮,他经常穿着不合体的衣服走在大街上。他不是班里最用功的学生,但他是班里成绩最好的学生。可以说,他是这所中学里命运最凄惨的一个,但他不是最悲观的一个。他常常微笑着,看着热情而天真的女同学,他总是欣赏地看着豪爽而友好的男同学。宿舍里的哥们儿经常找出一些不穿的衣服给他,他微笑着接过来就穿。农忙的时候,他总要回家,宿舍里的人也会抽空儿帮他,去收麦子、种玉米,把同学们带进他破旧的家,他一点儿都不觉得寒酸和尴尬,因为,这是他充满爱的家。

③他拒绝所有的金钱帮助,同学们自发地给他集资,他没有接受。其实有时候,他确实需要帮助。有一次,他去翻自己所有的口袋,翻出两半五毛的纸币,这正好够买一个馒头。他小心地把它们拼起来,却发现,原来不是一张的。他愣愣地看着它们。这时候,教室的门被推开了,进来的是那个瘦高个女孩儿。她轻轻地走近他,拿起那两截纸币,"这哪是你们男孩儿干的活儿呀,看我的吧。"她从口袋里取出一张完整的五毛钱递给他,"快去食堂吧,一会儿该关门了。这张粘好了就归我了啊。"

他接过带着女孩儿体温的五毛钱,不声不响地走出了教室,他的眼泪第一次涌了出来。

女孩儿小心地拿着两半五毛钱,仔细地看着,研究着它们破损的接口,她没打算把它们接起来,因为这两张钱是不可能拼到一起的。

那天,是个繁星满天的夜晚。以后的无数个繁星满天的夜晚,他都会在心里重温半张纸币的故事。

(根据周宇《半毛钱的故事》改写)

练 习

一、听全文,回答问题:
1. 你了解了多少"他"的情况?

2. "他"的同学给你印象最深刻的是什么?

二、根据第一段内容,判断正误:
(√) 1. 他的亲生父母遗弃了他。
(×) 2. 他从来没有想念过他的亲生父母。
(√) 3. 一对中年夫妇在医院捡到了他。
(√) 4. 这对中年夫妇收养了他。
(×) 5. 那时他正在发烧。
(×) 6. 父母疼爱他也疼爱自己亲生的孩子。
(√) 7. 父母的身体都不好。
(√) 8. 他家很穷,但不缺少爱。
(×) 9. 父母从来不给他穿像样的衣服。
(×) 10. 他最难过的是吃不上像样的饭。

三、根据第二段内容,选择正确答案:
1. 哪项符合"他"的特点?
   A. 一直体弱多病   B. 一向非常悲观
   C. 从来不努力学习   D. 成绩一直非常好 √

2. 他是怎样和同学相处的?
   A. 他乐观地面对一切 √   B. 他喜欢大方的男同学
   C. 他喜欢天真的女同学   D. 谁不穿的衣服他都要

3. 农忙的时候他做什么?
   A. 请同学去他家玩儿   B. 帮助父母干活儿 √
   C. 看望爱他的父母   D. 帮助别人干活儿

四、根据第三段内容,选择正确答案:
1. 他为什么看着两半五毛钱发愣?
   A. 他确实是饿了   B. 钱拼不到一起 √
   C. 馒头买不了了   D. 一个馒头太少

2. 女孩儿为什么换走了他破损的钱?
    A. 食堂快要关门了   B. 他粘钱技术不好
    C. 女孩儿很会拼接   D. 女孩儿想帮助他 ✓

3. 为什么他会常常回忆起这件事?
    A. 同学们对他都非常大方   B. 同学们的真诚使他感动 ✓
    C. 女同学给他的钱还带着体温 D. 女同学不知道钱拼接不起来

五、听录音,选词填空:

1. 他不是没人要的孩子,从他出生的第二天起,他就有了属于他自己的( )。
    A. 信服   B. 幸福 ✓   C. 辛苦

2. 那一年,他16岁,他毫不( )地考上了县里最好的高中。
    A. 费力 ✓   B. 会意   C. 晦气

3. 他是这所中学里命运最( )的一个,但他不是最悲观的一个。
    A. 凄惨 ✓   B. 悲惨   C. 希罕

4. 他常常微笑着,看着热情而天真的女同学,他总是欣赏地看着( )而友好的男同学。
    A. 豪放   B. 后方   C. 豪爽 ✓

5. 他( )所有的金钱的帮助,同学们自发地给他集资,他没有接受。其实有时候,确实需要帮助。
    A. 集结   B. 取决   C. 拒绝 ✓

六、讨论:

1. 为什么说他是那所高中最穷的一位学生?

2. 为什么又说他是那所高中最富有的一位学生?

第二十七课　防艾与每个人息息相关

词语链

1. 毒品：　吸毒　吸食毒品：　病毒：　艾滋病:(世界艾滋病日)
   感染:(感染者)　患者：
   女：我以前还真不知道,世界上有那么多"日"。
   男：对呀,和人体健康有关的就有"爱牙日"、"爱眼日"、"高血压日"、"心脏病日"。
   女：还有"世界艾滋病日"。
   男：好像是12月1号。
   女：对。我以前觉得只要远离毒品,不吸毒,在性生活上严肃、自爱,就不会得艾滋病,现在看来不是这样。
   男：吸食毒品、性生活问题只是艾滋病传播的部分途径,感染艾滋病还有其他途径,比如使用带有艾滋病病毒的血液制品。
   女：我觉得感染了艾滋病挺不幸的,别人和他接触可能也会有心理负担。
   男：是啊。艾滋病感染者一方面要承受疾病带来的痛苦,另外还有来自其他方面的压力。其实人们应该正确认识艾滋病,给予艾滋病患者足够的同情和帮助。

   回答问题：
   (1) 对话告诉我们,感染艾滋病有哪些途径？
   (2) "感染者"是什么意思？你能试着写出汉字吗？
   (3) "患者"是什么人？

2. 传染:(传染病)　高发:(高发病)　治愈：　医生:(医患关系)
   男：现在得心脏病、高血压、糖尿病的一年比一年多,这些病成了高发病了,它们传染吗？
   女：你可真逗,怎么基本常识都没有呀？冬天流行性感冒会传染,心脏病、高血压、糖尿病又不是传染病,怎么会传染呐！至于高发,主要原因是人们生活水平提高了,生活方式改变了,有一些不健康的隐患。

男：那天我在医院看见一小孩儿的家长跟医生打起来了。小孩儿是先天性心脏病，医生说只能动手术，没别的办法，即使动手术，治愈的可能性也很小。那爸爸急了，就把医生给打了。

女：现在有些患者，或者是患者的家属，急了就什么都不顾了。其实医学是科学，病治不好，医生也不愿意，这样只会弄得医患关系很紧张。

回答问题：
(1) 举例说明什么病是传染病？
(2) 流行性感冒的高发期是什么季节？
(3) "治愈"是什么意思？高血压可以治愈吗？
(4) "医患关系"指谁和谁的关系？

3. 解除、压力：(解压) 青年人： 青少年： 中年人： 美满：

压力一直伴随着人类，以前，压力最大的是中年人，他们上有父母，下有子女，工作中又是主力；后来，青年人逐渐感到压力增大，主要来自上学和找工作；近年，青少年也感到压力重重，因为从上小学、中学开始，他们就感到竞争的压力不小。

长期处于压力之中不利于身心健康，它会使人急躁，心情不好，甚至会产生精神疾病。有什么办法能够解压吗？其实解除压力的办法不少，比如适当的体育锻炼；经常和别人聊天儿，说出心中的烦恼；实际上最好的办法还是正确看待压力，合理地安排生活。有人说了，没办法正确看待呀，比如，年轻人要结婚，要买房子，要给子女提供好的生活条件，挣钱就是最大的压力。其实真正美满的生活，钱不是唯一的条件，有些问题处理不好，有钱也不一定美满，试想，没有了健康，生活能美满吗？如果一个家庭失去了和睦，生活能美满吗？

回答问题：
(1) 你有压力吗？你的压力是什么？"压力"是哪两个汉字？
(2) 你有解压的好办法吗？"解压"是哪两个汉字？
(3) 是不是有钱的生活就美满？"美满"是哪两个汉字？

4. 偷：(偷窃，偷盗，偷猎，偷偷)   盗：(盗窃案，盗猎，盗窃，盗版，盗贼)   窃：(窃取，窃贼，窃听)   罪：(盗窃罪)

留学生：老师，昨天我看电视，说夏天到了入室盗窃案的高发期，大家要提高警惕。"入室"我懂了，"入"是"进入"，"室"当然是"屋子"，"盗窃"我不懂。

老　　师：咱们在24课学过"盗猎、偷猎","盗"就是"偷",咱们也学过"窃贼"这个词,就是"偷东西的人","窃"的意思还是"偷",所以"偷、盗、窃"三个字意思是一样的,都是"偷"的意思。用这三个字我们能组成"偷窃、盗窃、偷盗"三个词,都是偷的意思;还能组成"盗贼、窃贼",都表示偷东西的人,"小偷"就是个口语词了,另外常用的还有"盗版、窃取、窃听、偷猎、偷偷",都和偷有关系。

留学生：嘿,我一下子知道了好多词呀。

老　　师：对呀,这就是词汇的可理解性呀。要知道,记忆是有限的,理解可是无限的呀!

留学生：那为什么夏天入室盗窃案高发呀？

老　　师：因为夏天天气热,人们夜里都喜欢开着窗,开着门,坏人就有了一些机会。

留学生：那盗窃的人犯的叫什么罪呀？

老　　师：盗窃罪。

回答问题：

(1) "入室盗窃"是什么意思？"入室"是哪两个汉字？
(2) "偷、盗、窃"是什么意思？
(3) 你听到了哪些和"偷盗"有关系的词？
(4) 通常我们把偷东西的人叫做"小偷",现在你知道还可以怎么说吗？
(5) 犯了盗窃罪的人干了什么事？

5. 洗澡： 浴室：(洗浴,洗浴中心,桑拿浴,日光浴,海水浴)

女：王小华,我下礼拜有时间,咱们不是说好见一面吗？你说地方吧。

王小华：是啊,咱们都好几年没见了。我说呀,就在大自然洗浴中心吧？离你们家也不远。

女：什么？洗浴中心？洗澡哇？

王小华：是啊,咱们可以一块儿洗澡,还可以桑拿浴,可以聊天儿,还可以吃饭,咱们这回聊够了。

女：这事儿我有点儿理解不了。要是到海边日光浴、海水浴,我能理解,那是在大自然的环境里;咱们是朋友聚会,去哪儿聚不行啊,干吗非去洗澡的地方聚呀？浴室,不管怎么说,也是隐私呀!

王小华：你这人就是赶不上形式,现在最时髦的聚会方式就是洗浴,你要是愿意,咱们洗浴完了还可以美容,我请客。

回答问题：

(1) 王小华约朋友在哪里见面？在那里干什么？

(2) 对话中除了"日光浴"还提到了什么浴?

6. 动不动： 勤快： 交情:(老交情)
   女儿:妈妈,今天我说话没注意,弄得平平不高兴了。
   妈妈:你说什么了?
   女儿:她嫌现在的工作挣钱少,要跳槽,我说他学历低还挑工作。
   妈妈:这事就赖你。没考上大学,是她心里最痛苦的事,人家心里本来就难受呢,你还动不动就拿出来说,你想,她多伤心呀,能高兴吗!
   女儿:我也没动不动就说呀。
   妈妈:我就听见过三次了,还不是动不动啊?人必须懂得体谅别人,伤人心的话不能说。
   女儿:妈妈我记住了,其实平平有好多优点,特勤快,不像我这么懒。
   妈妈:能发现别人的优点是对的。
   女儿:我和平平也是老交情了,从幼儿园就是好朋友,我跟她认个错儿,她会原谅我的。
   妈妈:平平是个老实人,跟她道个歉,态度要诚恳。以后一定要记住,交情深,说话也得注意,要尊重别人,体谅别人。好多事情可以反过来想想,你最怕别人说的事,愿意别人老挂嘴上,动不动就说吗?

   回答问题:
   (1) 举例说明"动不动"是什么意思。
   (2) 平平的优点是什么?你能试着写出汉字吗?
   (3) "老交情"是什么意思?是哪几个汉字?

7. 体重： 闲:(闲人) 显:(显胖) 小说:(自传体小说,纪实体小说) 亲身： 书稿： 手稿：
   女甲:糟了,我的体重又增加了,原来62公斤,现在64了,重了2公斤,显胖吗?
   女乙:不太显,跟原来差不多。不过像你这样的闲人,整天吃了睡,睡了吃,肯定得胖。
   女甲:那也不赖我呀,这学期课少,想不闲也不行,忙什么呀?
   女乙:你看人家李小丫,写小说呢,自传体小说。
   女甲:她有什么经历呀,还写自传体小说?
   女乙:有特殊经历的人可能没多少,关键是你得能从你的经历里挖掘出思想。那天我还看了半天她的书稿呢,挺有意思的,我觉得会有读者。

女甲：哪天我回家,让我妈把她"文化大革命"那会儿的亲身经历也跟我说说,我给她写本纪实体小说。

女乙：我看不错,有事干你就不至于闲着,也不至于发胖了。

女甲：我要是写的话不用电脑写,我用手写,将来我真成名了,我的手稿也值钱了。

女乙：还能卖一次手稿,是吧?

回答问题：

(1) 第一个女的为什么胖了?
(2) "显胖"是什么意思?是哪两个汉字?
(3) 你认为自己体重多少是最理想的?"体重"是哪两个汉字?
(4) "闲人"是什么人?
(5) 写自传体小说的条件是什么?

8. 前半生： 后半生：

溥仪是中国最后一个皇帝。他的前半生是皇帝,1911年中国社会制度发生了重大变化,皇帝没有了,溥仪的后半生就成了一位真正的平民百姓。有一本小说名字叫《我的前半生》,应该是溥仪的自传体小说了。

回答问题：

(1) 溥仪的前半生是做什么的?"前半生"是哪几个汉字?
(2) 溥仪的后半生成了什么?

9. T恤:(T恤衫) 短裤:(长裤) 伴侣:(终生伴侣)

她是个特别会穿衣服的女孩儿,给我印象最深的是夏天的时候她永远穿着T恤衫和短裤,像个男孩子。她的T恤有的又肥又大,穿上以后,整个人都显得很精神,很潇洒;有的又特别合身,穿上以后显得很青春,很现代。天冷了,她当然会换上长裤,那时候,她就成了一道更美丽的风景,不知道她从哪儿买来那么多漂亮的花裤子, 天天看得我们心情特别好。后来,她有了男朋友,是个瘦高个儿,深陷的双眼,戴副眼睛,像个学生,一看就是个老实人。她说了,终生伴侣不是一般的伴侣,就得找个老实、可靠的。

回答问题：

(1) 女孩儿夏天穿什么?
(2) 女孩儿的长裤有什么特点?
(3) "终生伴侣"是什么意思?

（一）

"对于一个随时都可能死亡的人来说，我只想用自己的亲身经历告诉别人艾滋病的传播和危害。"这就是小陈为什么要写书的原因。小陈的书整整写了两年，书稿足有5000张，大约10斤重。

小陈是个艾滋病患者，经常穿白色T恤、白色短裤，黑黑瘦瘦的，一双深陷的双眼。小陈说自己一米七一，体重100斤左右，之所以穿一身白色，是为了看起来显胖。小陈说自己曾经玩世不恭，吸毒、盗窃、服刑，都经历过。不过他说，如果有来生，如果时光能够倒流，这些事他都不会去做。

小陈因盗窃罪被捕入狱后，被确诊为艾滋病患者。之后，小陈想到了自己不堪回首的前半生，想到年迈却仍在为自己操心的父母，他在狱中开始反省，并写下了20万字的纪实小说，介绍艾滋病人的真实情况，呼吁人们远离毒品。

小陈的手稿是半自传体小说，字里行间无不透露出对自己前半生放荡生活的后悔。现在，小陈一直在整理自己的手稿，删减了很多，也增添了很多关于艾滋病的新内容。小陈说，他现在靠低保过日子，随时可能走向死亡。他死之前，希望他的小说能够出版。他想用自己的真实经历，从心理和生理角度告诉人们，珍惜生命，远离艾滋病，也算他没有白白在世界上走一回。

（根据朱阳夏、张敬《艾滋男子狱中写小说警示后人》改写）

练 习

根据录音内容选择正确答案：

1. 小陈为什么要写书？
   A. 因为他面临死亡　　　　　　　B. 因为他经历丰富
   C. 以自己告诫他人 ✓　　　　　　D. 他想看自己的书

2. 以下哪一项是小陈现在的心情？
   A. 他从不愿意想过去的事　　　　B. 他想知道人有没有来生
   C. 他希望好好研究艾滋病　　　　D. 他为自己的过去而后悔 ✓

3. 以下哪一项不符合小陈现在的生活状况？
   A. 在经济上非常贫困　　　　　　B. 希望死前小说出版
   C. 成为了有名的作家 ✓　　　　　D. 随时都面临着死亡

（二）

女：哟，怎么落汤鸡似的回来了？
男：我本来想快点儿骑，到家就得了，没想到雨来得那么快。
女：跟你说多少回了，有备无患，你就是不听，俗话说"三伏天像小孩儿的脸"，说变就变，看你感冒了怎么办！
男：别动不动就训人，你倒是帮我拿件干衣服呀。
女：哎，刚才李梅来了，托你再给她找个事儿。
男：什么？她又让人给炒鱿鱼啦？我真懒得帮她了，到哪儿都混，我要是头儿，也不要这样的。
女：我说她了，要学历没学历，要本事没本事，还不勤快，现在的社会，哪儿还有养闲人的地方呀？她也挺难受的，说以后不这样了。
男：现在哪儿都人满为患，找工作多难呀！体力活儿，她又看不上。
女：我跟她说了，让她别太挑剔了，你就再帮她一回吧，谁让我们是老交情了呢。

根据录音内容选择正确答案:

1. 男的回来时外边怎么了?
   A. 下雪了　　　　　　　　B. 下雨了 ✓
   C. 变天了　　　　　　　　D. 降温了

2. 李梅怎么了?
   A. 被领导批评了　　　　　B. 刚刚丢了工作 ✓
   C. 在外面惹事了　　　　　D. 刚拿到了学历

3. 以下哪一项不属于男的对李梅的评价?
   A. 没本领　　　　　　　　B. 人太懒
   C. 整天混　　　　　　　　D. 有眼光 ✓

4. 最后女的对男的为什么要好话相求?
   A. 女的想帮李梅忙 ✓　　　B. 李梅现在很后悔
   C. 男的在家很厉害　　　　D. 男的对人很挑剔

防艾与每个人息息相关

① 记者: 艾滋病防治是个严肃的话题,很多人对艾滋病都有一种深深的恐惧,甚至谈艾色变。

崔小波[1]: 艾滋病防治确实是个严肃的话题,因为从20世纪80年代以来,艾滋病已经感染了很多很多人,从这个世界夺走了两百多万条生命, 在中国也已经有1万多人死于艾滋病。目前全球尚有几千万人感染艾滋病病毒,每个国家每治疗一个患者的费用每年需要13至17万元左右,目前全世界仍然没有办法治愈艾滋病。面对艾滋病,每个人都应该懂得自我保护。目前我们发现,无知和盲目的恐惧是性病、艾滋病防治中最大的困难。无知者无畏,现代社会由于压力的增加,一些人将性和吸毒当做解压的工具,对预防性病、艾滋病较少考虑。

②记者：为什么说如今我们已经处在艾滋病高发时代？
崔小波：性病、艾滋病来到我们身边已经是个不争的事实,是回避不了的。因为,在我国估计有64万艾滋病感染者,还有数百万性病患者。目前国家对艾滋病感染者的掌握仅有10%,应该说可能还有几十万人已经感染了艾滋病病毒,但很可能连他们自己也不知道。还有几百万性病患者,他们还像我们身边的正常人一样生活：结婚、看病、洗浴、理发、美容等等,其中一些传染病会通过患者感染公共用具或者血液、药品制剂,直接或间接感染到健康人。而不幸感染了性病、艾滋病的人又在病痛和羞耻中艰难地生存,许多美满的家庭在性病、艾滋病的冲击下走向崩溃。有些人尽管已经知道自己感染了病毒,却仍然在吸毒或卖淫。今天我们就是生活在这样一个复杂的新旧传染病和艾滋病高发的时代,一个需要每个人都学会保护自己、保护自己的伴侣和亲人的时代。

③记者：如今各种各样的"日"很多。比如爱牙日、爱眼日、心脏病日、高血压日……这些无疑都是为了唤起人们对某些疾病的特别关注。你对世界艾滋病日怎么看？
崔小波：为了提高公众对艾滋病危害的认识,更有效地呼吁人们采取措施预防艾滋病的传播,世界卫生组织1988年1月确定每年的12月1日为世界艾滋病日,号召各国在这一天举办各种活动,宣传和普及预防艾滋病知识。从那时开始,每年艾滋病日都有一个宣传主题：1991年是"共同迎接艾滋病的挑战"；1993年是"时不我待,行动起来"；1996年是"同一世界,同一希望"；1999年是"关注青少年,预防艾滋病"；2000年是"预防艾滋病,男士责无旁贷"；2005年是"遏

制艾滋,履行承诺"。由于艾滋病日的各种宣传活动,艾滋病已经越来越受到人们的关注,但预防艾滋病绝不仅是12月1日这一天要做的事情。

④ 记者:我们应该如何面对艾滋病传播依然严峻这个现实?

崔小波:预防艾滋病最有效的方法,就是开展预防知识的宣传教育,让大家了解我们已经处于艾滋病就在身边的时代了,不管你是否承认,这就是事实。我国已经发布了《艾滋病防治条例》[2],开始了全国遏制与防治艾滋病行动计划[3],我们的目标是最大限度地控制艾滋病病毒感染人数,同时要加强对艾滋病的宣传教育,尤其加强对重点人群的宣传教育。

(根据北京晚报《崔小波:防艾与每个人息息相关》改写)

---

[1] 崔小波:首都医科大学卫生管理与教育学院社会医学与卫生事业管理学系教授,北京市重大传染病与突发公共卫生事件专家委员会委员,2006年首都区域卫生发展计划首席专家。

[2]《艾滋病防治条例》:2006年初国务院发布。

[3] "全国遏制与防治艾滋病行动计划"(2006—2010):总目标是到2010年把我国艾滋病病毒感染人数控制在150万人以内。同时,明确要求加强大众媒体对防治艾滋病的宣传教育,尤其加强对重点人群的宣传教育,加强"四免一关怀"等政策的宣传。

 练 习

一、听下面四段话,听后回答问题:

1. 目前我们发现,无知和盲目的恐惧是性病、艾滋病防治中最大的困难。无知者无畏,现代社会由于压力的增加,一些人将性和吸毒当做解压的工具,对预防性病、艾滋病较少考虑。

(1) 性病、艾滋病防治中最大的困难是什么?

(2) 有人用什么办法解除压力?

2. 在我国估计有64万艾滋病感染者,还有数百万性病患者。目前国家对艾滋病感染者的掌握仅有10%,应该说可能还有几十万人已经感染了艾滋病病毒,但很可能连他们自己也不知道。
　　(1) 估计中国有多少性病、艾滋病感染者?

　　(2) 目前国家对艾滋病感染者数量的掌握是否充分?为什么?

3. 还有几百万性病患者,他们还像我们身边的正常人一样生活:结婚、看病、洗浴、理发、美容等等,其中一些传染病会通过患者感染公共用具或者血液、药品制剂,直接或间接感染到健康人。
　　(1) 举例说明,我们身边的性病患者在怎样生活?

　　(2) 性病患者是否会威胁到健康人?

4. 不幸感染了性病、艾滋病的人又在病痛和羞耻中艰难地生存,许多美满的家庭在性病、艾滋病的冲击下走向崩溃。有些人尽管已经知道自己感染了病毒,却仍然在吸毒或卖淫。
　　(1) 感染了性病、艾滋病的人承受着哪些压力?

　　(2) 吸毒、卖淫者中有没有病毒感染者?

二、根据第一段内容,选择正确答案:
1. 为什么人们对艾滋病那么惧怕?
　　A. 因为艾滋病是严肃的话题　　B. 面对艾滋病无法自我保护
　　C. 因为艾滋病治疗费用太高　　D. 因为防治艾滋病形势严峻 √

2. 目前艾滋病防治中最大的困难是什么?
　　A. 艾滋病人的压力很大　　B. 人们无知且盲目恐惧 √
　　C. 吸毒的人不怕艾滋病　　D. 没人关心艾滋病的事

三、根据第二段内容,判断正误:
　　(×) 1. 性病、艾滋病离我们还很遥远。
　　(√) 2. 有人已经感染了艾滋病却不知道。
　　(×) 3. 几百万性病患者失去了正常人的生活。
　　(√) 4. 性病、艾滋病患者受着疾病、精神的双重折磨。

(√) 5. 有人知道自己得了艾滋病还在吸毒或卖淫。

(√) 6. 我们这个时代需要学会自己保护自己。

四、根据第三段内容填表(只填句子序号即可)：

历年世界艾滋病日的宣传主题			
时间	主题	时间	主题
1991年	（4）	1993年	（6）
1996年	（1）	1999年	（2）
2000年	（5）	2005年	（3）

(1) 同一世界,同一希望　　　　(2) 关注青少年,预防艾滋病

(3) 遏制艾滋,履行承诺　　　　(4) 共同迎接艾滋病的挑战

(5) 预防艾滋病,男士责无旁贷　(6) 时不我待,行动起来

五、根据第四段内容,选择正确答案：

1. 预防艾滋病最有效的方法是什么？
   A. 懂得医学常识　　　　　　B. 普及预防知识 √
   C. 承认形式严峻　　　　　　D. 控制艾滋病毒

2. 中国的目标是什么？
   A. 努力控制感染人数 √　　　B. 发布疾病控制条例
   C. 加强教育艾滋病人　　　　D. 努力发现重点人群

六、讨论：

1. 你认为有必要"谈艾色变"吗？

2. 你认为艾滋病防控最有效的方法是什么？

第二十八课 中国人和中国人的"饭碗"

词语链

1. 办公:(办公室,办公桌,办公用品) 废纸:(废纸筐) 废物:
   女:从今天开始,你就在这儿办公。这个办公室一共有8个人,人虽然多,可是办公室大,谁也不干扰谁。这个办公桌是你的,这个电脑也归你用,这里有个废纸筐,为了保持办公环境干净整洁,废纸、垃圾什么的千万别到处扔,就扔这里。你再看看还缺什么办公用品,和我说。
   男:哟,这个废纸筐还是废物利用的?挺漂亮,是您做的?
   女:对,提倡环保嘛。
   回答问题:
   (1) 这段对话最有可能发生在哪里?
   (2) 女的给男的准备了什么东西?
   (3) "废纸筐"是用什么做的?

2. 饭碗:(铁饭碗,瓷饭碗,金饭碗,纸饭碗) 快餐:(快餐盒,一次性快餐盒)
   粮票: 布票: 实力: 跳槽:
   女甲:师傅,你们那一代人多好啊,国家分配工作,不用为饭碗发愁。
   女乙:是啊,铁饭碗,一拿就是一辈子,心里多踏实啊。
   男甲:净看见我们拿铁饭碗了,没看见我们那会儿一个月就20多块钱,一下就是好多年。吃粮食用粮票,穿衣服用布票,一年也穿不上一件新衣服,过年吃上好大米煮的粥就高兴得不得了。自己不能选择工作,不能想干什么就干什么,今天让你们这样,你们愿意吗?
   女甲:那不行,生活水平也太低了,一点儿自由也没有。
   男乙:关键是铁饭碗把人都废了,改革开放以后,没了铁饭碗,我们这些人一点儿竞争意识也没有。虽说可以自由选择职业了,但我们看着自由选择职业这个瓷饭碗心里害怕,不踏实。今天才明白,有什么可怕的,自由选择职业好哇,那是双向选择,真有本事的什么都不怕,你可以选择我,我还可以选择你呢!

女乙：昨天我看见一条新闻,现在考公务员的特别多,大伙儿都说公务员是金饭碗。

男甲：要我说呀,没有什么工作是金饭碗,只要有实力,有才能,头脑里有知识,素质高,你这个人的含金量就有了,金饭碗就是你的了。这是个竞争力的问题。

女乙：您说得对,有人说真有本事的人什么饭碗都不要,要的是纸饭碗、快餐盒,还是一次性快餐盒,用完就扔,不满意就跳槽。还有的工作一段时间,攒些钱就辞了工作玩儿去,有个饭碗还受限制呢。

回答问题：
(1) 铁饭碗的优点、缺点各是什么？
(2) 瓷饭碗的特点是什么？
(3) 什么样的人可以拿金饭碗？"实力"是什么意思？是哪两个汉字？
(4) 什么样的人喜欢一次性快餐盒？一次性快餐盒还叫什么？
(5) 今天人们还用"粮票"、"布票"吗？

3. 企业、事业单位：(企业化管理,企事业单位) 供应、需求：(供求关系)
   自主：(自主权)
   男：我们出版社和国家机关、医院、学校不一样,不是事业单位,是企业,实行企业化管理。企事业单位有很大区别,您愿不愿意来我们这儿,要慎重考虑。
   女：作为企业员工,编辑的工作特点是什么呀？
   男：编辑要考虑读者需要,要考虑市场上的供求关系,也就是说,图书市场上一种书供应量大了,我们可能就不出了,因为没有那么大的需求了,这就是供求关系。
   女：那编辑可以自主选择出版什么书吗？
   男：编辑可以自己做主选择,但是选择完了,出版社要从供求关系考虑,决定到底出不出。也就是说,编辑的自主权不是无限的。

回答问题：
(1) "企业"、"事业单位"一样吗？出版社是什么性质的单位？
(2) 什么是"供求关系"？ 是哪几个汉字？
(3) 编辑的自主权有多大？"自主权"是哪几个汉字？

4. 实力：(经济实力,竞争实力) 别无选择： 第一个吃螃蟹的人：
   记者：张总,作为老总,您能不能谈一谈贵公司在吸引人才方面有什么打算？

张总：现在企业可以选择就业者,就业者也可以选择企业。而企业要想具备竞争力,就要招聘到优秀人才,可是,如果企业没有好的发展前景,没有实力,包括经济实力、竞争实力,就不可能有好的人才到你这里来。可以说,在这个问题上,企业别无选择,让你的企业具备一流企业的实力,就什么都不愁了。

记者：在中国,全面坚持绿色环保、循环经济,您是第一个吃螃蟹的人,这方面您有什么体会？

张总：真正体会到了知识就是财富。"第一个吃螃蟹"麻烦就就麻烦在走这条路的你是第一个,前面没有人走过,这件事在你之前没有人做过,这需要勇气,尤其需要知识。在发展中,知识、人才确实是第一重要的。

回答问题：
(1) 记者和张总谈的是什么问题？
(2) 企业的实力具体包括哪些实力？
(3) "别无选择"是什么意思？是哪几个汉字？
(4) 你认为什么样的人可以算是"第一个吃螃蟹的人"？

5. 杀虫剂： 大量:(少量) 无害： 有害：

男：今天有点儿不舒服,头晕。
女：怎么了,要不要去医院？
男：不用,我想躺会儿。昨天晚上我屋里有蚊子,我觉得是杀虫剂用多了。
女：杀虫剂哪能玩儿命用啊,大量用还不连自己带蚊子一块儿杀死了。
男：我以为对人体无害呢。
女：我觉得能把蚊子杀死,对人体也肯定有害,用也得少量用。用之前你没看说明书吧？
男：没有。
女：你看,这上边写着呢："微毒"。毒性不大,也是有毒,咱们上医院吧。

回答问题：
(1) 你用过杀虫剂吗？什么情况下用的？
(2) 请说出"大量"的反义词。这两个词分别怎么写？
(3) 请说出"无害"的反义词。这两个词分别怎么写？

6. 低于： 高于： 重于： 轻于： 少于： 长于：

男：你觉得什么工作最好？
女：我觉得当空姐最好。我就喜欢坐飞机,当空姐就能天天在飞机上。

男：你妈让你去吗？
女：我妈让不让我去我倒不怕，就怕航空公司不要我，我听说空姐身高低于一米七不行，高于一米八不行，体重重于60公斤不行，轻于50公斤不行，学历低于本科不行。
男：你也可以有要求呀：工资少于公务员不行，每次飞行长于8小时不行。

回答问题：
(1) 空姐的身高条件是什么？
(2) 空姐的体重条件是什么？
(3) 男的认为空姐的工资应该达到多少？
(4) 男的提出空姐的工作条件是什么？

7. 水果： 蔬菜： 果蔬清洗剂： 洗、冲：(清洗,冲洗) 自来水：(清水)
   叶子：(叶类菜) 污物： 去：(去皮,去除污物)
   女：您好，很高兴为您介绍我们公司的新产品。这是我们新出的果蔬清洗剂，方便家庭清洗水果蔬菜。
   留学生：清洗瓜果蔬菜？就是可以洗西瓜、哈密瓜等各种水果，还有各种各样的菜，对吗？
   女：对。
   留学生：我都是用干净的自来水，或者说清水，打开水龙头冲洗，洗不干净吗？
   女：像白菜、菠菜那种叶类菜，多冲会儿就可以洗干净了，可是像黄瓜那样的菜就不好洗，黄瓜皮里面可能藏有污物。这种清洗剂特别有利于去除污物。
   留学生：你说的"叶类菜"就是长叶子的菜，"污物"就是脏东西吧？
   女：对。
   留学生：我吃黄瓜跟吃水果一样，都去皮。

回答问题：
(1) 女的在推销什么产品？
(2) 录音中提到的产品可以清洗什么？
(3) "自来水"还可以叫什么？它们分别怎么写？
(4) 举例说明什么菜是叶类菜。
(5) 什么是"污物"？"污物"是哪两个汉字？
(6) 男的清除黄瓜污物的方法是什么？你知道汉字怎么写吗？

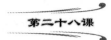

8. 视为：

儿子：爸爸，我们上大学的时候，特别喜欢一个教文学史的老师。有一个学期他的课讲完了，大家给他鼓掌，突然有人问："老师，您最喜欢什么？"老师想都没想，说他最喜欢工作，大家全笑了。如果他说喜欢金钱，喜欢漂亮女孩儿，我们都会信，只有喜欢工作，我们以为他说的不是真心话。今天我工作了，才体会到工作中的快乐。

父亲：我知道你们那位老师，他很有名，我相信他是那种把工作看得比什么都重要，或者说把工作视为生命第一需要的人。

儿子：我们上学的时候当然不理解了，觉得有钱多好，玩儿多好，休息多好，最痛苦的就是干活儿。现在我不这么想了，有时候看到自己的劳动成果，真是一种精神享受。

回答问题：

(1) 父子俩谈论的是什么人？

(2) "把工作视为生命"中的"视为"是什么意思？是哪两个汉字？

9. 习以为常：

妈妈每天早上五点就起床，收拾屋子、做早饭，六点一刻准时叫我。我起来以后，热腾腾的早饭已经摆在了桌上。我吃完了就走，不管洗碗，不管收拾桌子，等晚上我放学，可口的晚饭已经又摆好了。天长日久，对这一切我都习以为常，从来也没想过，妈妈也上班，她什么时候买菜，这忙碌的一天又一天是怎么过来的。直到有一天，妈妈突然病了，住进了医院，随之而来的是什么都乱了：没人叫我起床；起床以后没有早饭；我放了学先到医院看妈妈，回家以后发现，没有妈妈的家是那么凄凉。

回答问题：

(1) 短文中的妈妈是一个怎样的妈妈？

(2) "习以为常"是什么意思？是哪几个汉字？

（一）

女：你们家每天做饭怎么洗菜呀？

男：就那么洗呀,有什么新鲜的吗?

女：大伙儿都说菜上有残留农药,你们家有没有特殊的高招?

男：有人说,污染蔬菜的农药品种主要是杀虫剂,杀虫剂很难溶于水,清水冲洗能够除去部分农药,当然也只能算是清除蔬菜、水果污物和残留农药的基础方法,主要用于叶类蔬菜,比如菠菜、小白菜什么的。我呢,一般先用水冲洗掉蔬菜表面的脏东西,然后用清水浸泡,一般不少于10分钟。果蔬清洗剂能增加农药的溶出,所以浸泡的时候,可以加入少量果蔬清洗剂,浸泡后要用流动的水冲洗两三遍。

女：有人用碱水浸泡,这种方法应该是去除农药污染的有效措施,可以用于各类蔬菜瓜果。方法是先把蔬菜表面污物冲洗干净,浸泡到碱水中,5到15分钟,然后用清水冲洗3到5遍。最后一种就是去皮法,用于苹果、梨、猕猴桃、黄瓜、胡萝卜比较合适。

男：还可以用储存法,因为农药在存放过程中,能够随着时间的延长,缓慢地分解为对人体无害的物质。所以对容易保存的瓜果蔬菜可通过一定时间的存放,减少农药残留量。这种办法适用于苹果、猕猴桃这类不易腐烂的水果。一般存放15天以上。

根据录音内容选择正确答案：

1. 去除残留农药的方法不包括以下哪一项?
   A. 清洗　　　　　　　　　　B. 浸泡
   C. 分解 ✓　　　　　　　　　D. 存放

2. 使用浸泡法去除残留农药应注意什么?
   A. 最少也得浸泡两遍到三遍　　B. 浸泡中不要考虑用水多少
   C. 浸泡后再去皮的方法最好　　D. 加碱浸泡以后要多次冲洗 ✓

（二）

"餐桌安全"已经成为中国的头等大事了，近年来，食品安全问题层出不穷，几乎让人对食品安全失去了信心。

解决食品安全问题，在中国变得十分复杂，比如小小的"红心鸭蛋"，它在农户家里是农业部的事，到了市场是工商局的事，到了餐馆是卫生部的事。更为关键的是，在中国的食品安全标准里，就没有规定要查鸭蛋里有没有"苏丹红"这种东西。由此可见，要在中国建立起一套完整的食品安全制度，至少要解决四大问题：

第一，要解决标准的问题。食品安全其实世界各国都有，但"疯牛病"发生之后，随之而来的，是欧盟对食品安全苛刻的标准。日本的食品安全标准里对违禁成分的检查有上千种之多。相比之下，中国的食品安全标准就宽松多了，而且标准太少，规定太粗，难以起到保证食品安全的作用。

第二，要解决监管问题。我们的食品安全监管是多家单位管理，弄不好多家管理就如同没人管理。

第三，要解决身份问题。"福寿螺"事件出来后，餐馆老板感到冤枉，说问题不在餐馆，在市场；市场经理也不干了，说问题出在养殖户；这就麻烦了，哪只"福寿螺"出问题了呢？它是谁家养的？这就涉及食品身份的问题。从生产到加工，再到流通各环节，食品要有一个身份记录。这个问题做倒不难，难的是做到这点，原本一块钱一斤的西红柿就有可能涨到一块三，这个成本谁承担？

第四，要解决产业化问题。要避免问题出在成千上万分散的农户上，只有一个办法，那就是农业、畜牧业产业化。

（根据《中国证券报·保卫"餐桌安全"需过五道坎》改写）

根据录音内容选择正确答案：

1. 为什么食品安全问题在中国十分复杂？
  A. 中国还没有食品安全标准 B. 有的政府部门都不够负责任
  C. 农业部不管食品卫生的事情 D. 中国食品安全制度尚不健全 ✓

2. 健全食品安全制度要做的事中包括哪一项?
   A. 要放宽食品安全标准　　B. 监管单位要搞好关系
   C. 要舍得为这件事花钱　　D. 农业必须实行产业化 ✓

中国人和中国人的"饭碗"

① 中国人习惯把职业称作"饭碗"。没饭吃就无法生存,没饭碗就无法吃饭,不管时光流逝多少年,这个道理永远都不会改变。

道理不变,"饭碗"却在变,在变化当中,中国人调整着自己的心态和能力。

1949年以后,经历了战乱、离散的中国人好不容易捧上了"铁饭碗",那时,人人有饭吃是个多么崇高的理想啊!

20世纪50年代中期以后,大量人才和劳动力进入国家需要发展的行业就业,促进了中国经济的恢复与发展。进国营单位工作,是几乎所有即将走上工作岗位的年轻人的理想,也是别无选择的道路。

"铁饭碗"在特定历史时期"善始",却不可能"善终":企事业单位吸纳了尽可能多的人员之后,就是低效率和低收入;劳动力供求双方基本上都没有自主权,就业者在没有就业风险的同时,也丧失了进取心和创造性。

② 当中国有了发展机会的时候,"铁饭碗"首先被打破了。1986年开始实施劳动合同制,使近40年人们习以为常的"铁饭碗"变为了废物。然而,和"铁饭碗"比起来,难以打破的东西在人们心里。20年来,每个月的24号开始,王先生都会坐在自己的办公桌前,有条不紊地把粮票发给大家。1992年3月,粮票取消了,这份工作也不存在了。王先生说:"我该怎么办?除了发粮票,我什么也不会。"有留恋,也有恐惧和迷茫。不过,中国人还有别的选择吗?

③ "瓷饭碗"使我们可以自主选择职业,同时也有了竞争和风

险。捧上"瓷饭碗"的人,再也没有绝对安全的就业心理,大家开始懂得,得靠实力吃饭。

"瓷饭碗"是很容易碎的,"瓷饭碗"要求从业者敬业,"瓷饭碗"要求从业者具备竞争意识,"瓷饭碗"要求从业者具备创新精神。因为市场偏爱"第一个吃螃蟹的人",不创新,满足现状的人,会被视为平庸而遭淘汰。"瓷饭碗"要求从业者具备越来越多的知识和技能,这就使低素质劳动力就业越发艰难,不信走到街上你随便拉住个打工者问问,他为了工作,到过多少个省,换过多少家公司?

④ 知识经济的时代,知识英才们捧起了人人羡慕的"金饭碗"。人们亲眼看到,并且明白了一个道理:"知识就是财富"、"向知识要效率"。于是许多人为了提高自己的含金量,从企业老板到小职员,到普通打工者,练技能、学外语。人们认识到:现在谁付出的努力多,将来谁得到的回报就多。

⑤ 现在还有一类,多半是年轻人。他们大学毕业一工作,就开始不停地跳槽,不仅在一个行业的不同单位间跳,还在不同行业之间跳。他们觉得更换工作能让他们有一种永远处于挑战中的兴奋感。他们把工作看成一次性快餐盒,用完就扔,要比捧个饭碗轻松得多。他们说:人,只要敢于改变,敢于选择,就证明他有实力。

(根据《北京晚报》同名文章改写)

练 习

一、听全文,回答问题,以下哪句话符合课文的意思(可以多选):(A B)
  A. 几十年来,中国人的饭碗几经变化。
  B. 中国人为饭碗在不断改变自己。
  C. 今天的年轻人越来越不珍惜自己的饭碗。

二、根据第一段内容,判断正误:
  (√) 1. 中国人把职业比喻为饭碗。
  (√) 2. 铁饭碗使中国人实现了人人有饭吃的理想。
  (×) 3. 20世纪50年代,年轻人进国营单位也是没有办法。

（×）4. 铁饭碗在辉煌中结束了它的历史使命。
（×）5. 铁饭碗真正实现了低效率、低收入。
（√）6. 铁饭碗对于就业者来说没有风险。
（√）7. 拿着铁饭碗,就业者也就陷入了平庸。

三、根据第二段内容,回答问题:
1. 代替铁饭碗的是什么制度?

2. 王先生的经历说明了什么?

四、根据第三段内容,选择正确答案:
1. 瓷饭碗使中国人明白了什么?
  A. 有实力才行 √   B. 自主择业好
  C. 竞争不可怕   D. 要珍惜饭碗

2. 瓷饭碗对从业者的要求不包括哪一项?
  A. 要有竞争意识   B. 要有创新精神
  C. 要有知识和技能   D. 要懂得满足现状 √

3. 什么样的人是"第一个吃螃蟹的人"?
  A. 敢做别人不敢做的事情 √   B. 喜欢工作也爱享受的人
  C. 从不拒绝新生事物的人   D. 满足现状但不平庸的人

五、根据第四段内容,判断正误:
（√）1. 平庸的人捧不上金饭碗。
（×）2. 人们明白了一个道理:有财富就有知识。
（√）3. 知识可以出效率。
（×）4. 人们只求付出,不求回报。

六、根据第五段内容,选择正确答案:
1. 为什么有些年轻人在不停地跳槽?
  A. 体验选择别人的兴奋   B. 想感受挑战中的兴奋 √
  C. 不同单位,待遇不同   D. 换行业也是挑战自己

2. 喜欢跳槽的人对工作怎么看？
   A. 频繁跳槽利于学习　　　　B. 跳槽也是无奈之举
   C. 老在一个地方没劲　　　　D. 跳槽能够证明实力 √

七、听录音,选词填空：

1. 20世纪50年代中期以后,大量人才和劳动力进入国家需要发展的行业就业,促进了中国经济的(　　)与发展。
   A. 恢复 √　　　　B. 回复　　　　C. 维护

2. 1986年开始实施劳动合同制,使近40年人们习以(　　)的"铁饭碗"变为了一堆废物。
   A. 为强　　　　B. 未尝　　　　C. 为常 √

3. "瓷饭碗"使我们可以自主选择职业,同时也有了竞争和风险。捧上"瓷饭碗"的人,再也没有绝对安全的就业(　　),大家开始懂得,得靠实力吃饭。
   A. 心里　　　　B. 尽力　　　　C. 心理 √

4. "瓷饭碗"要求从业者具备竞争(　　),"瓷饭碗"要求从业者具备创新精神。
   A. 意思　　　　B. 意识 √　　　　C. 一事

第二十九课 失去四肢的泳者

词语链

1. 招儿:(好招儿,坏招儿,绝招儿,高招儿,损招儿)   临近:

   男:今天找我有事儿吗?
   女:在我心里,你是最有办法的了,我找你的时候一定是碰上了难题,没招儿了,上你这儿来要主意。
   男:没想到我在你心里的形象这么好,我一定努力帮忙。哎,我一直认为你就够聪明的了,还有你没办法的事儿呀!
   女:别开玩笑啦!
   男:好好好,碰上什么难题了?
   女:我儿子老玩儿电脑游戏,怎么管也管不了。原来他是班里数一数二的好学生,现在学习成绩越来越差。开始我说服教育,不管用。我就改成奖励,一个星期不玩儿,就给他买一件他最想要的东西,也不行。后来他爸爸就打,还不行。最后,我就拆掉了电脑上的CPU,没想到,他上网吧玩儿去了。我们家是好招儿、坏招儿、绝招儿都用了,不管用。我得问问你这个电脑专家,你有什么高招儿吗?
   男:你的招儿也够损的了,天天上班还带着你们家电脑里的CPU?
   女:我也不愿意用这损招儿,这不也是没办法嘛!
   男:要我说,孩子也不小了,你呀,还是得让他从道理上明白玩儿游戏不能上瘾。中国的父母在孩子的问题上太着急,学习成绩一下降好像天都塌下来了,其实没那么严重,他真明白了道理,一定能管住自己,学习马上就上去。
   女:可是都5月了,眼看就期末考试了,你说我能不着急吗!
   男:临近期末考试也不管用,你着急也不管用,他自己明白了道理就管用了。

   回答问题:
   (1) 这段对话在讨论什么问题?
   (2) 对话中除了"好招儿"还说了什么"招儿"?你能试着写出汉字吗?
   (3) "临近期末考试"中的"临近"是什么意思?是哪两个汉字?

2. 游泳:(泳者,泳帽,游泳帽,游泳池,游泳场,游泳馆)
   试游:(试用,试用期,试穿,试行,试航)
   留学生：周州,我想向你请教个问题。我看了一个小小说,叫《失去四肢的泳者》,我想"泳"可能和"游泳"有关系,"泳者"就是"游泳的人"吧?看完以后,我发现我猜对了。可是我不明白,小说里有好多词,词典里都没有,比如"试游、泳帽、泳者、泳场规则",这是为什么?
   周　州：你举的例子里包括两个问题,你说的"试游"这样的词,生活里很多,比如"试用、试用期、试穿、试行"。
   留学生：嗯,还有飞机试航。
   周　州：对。"泳"这个字意思是"游泳",可都是和别的字组成词使用的,比如"游泳、游泳池、游泳场、游泳馆、游泳帽"。像你说的"泳帽、泳者、泳场规则"就是临时在这篇文章里使用的,因为有语言环境,大家都能懂。
   留学生：看来,留学生也必须学会根据文章和汉字的意思理解一些临时性的词汇。
   周　州：确实是这样,这也是汉语的一个特点。
   回答问题：
   碰到词典中没有的词怎么办?

3. 异:(各异,异样,异性朋友,无异于)
   留学生：周州,我还有一个问题不知道我想的对不对,得再问问你。
   周　州：别客气,请讲。
   留学生：小说里还有一句话,说"大家反应各异","异"应该是"不一样"的意思吧?我们见过的一些词就是这样,比如"异性朋友"就是和自己性别不一样的朋友；"表情有些异样",就是表情和平常不一样；"无异于"什么,就是和什么什么一样。
   周　州：你的理解完全正确。
   回答问题：
   (1)"大家反应各异"是什么意思?"各异"是哪两个汉字?
   (2)什么是"异性朋友"?

4. 残疾:(残疾人)　各行各业:
   女：我最近看了残疾人艺术团的演出,看完特别感动,觉得他们真不容易。
   男：那个演出我也看了,的确特别感人,觉得都不是常人能够做到的。
   女：其实他们也是普通人、一般人。说到底,不管你是健全的,还是残疾的,只要有毅力，做事能坚持，就能有成就。
男：现在各行各业都有干得很出色的残疾人。
女：不能说各行各业，有些工作残疾人还是不能做，可是残疾人按摩医生是很不错的。

回答问题：
(1) 女的最近看了什么表演？
(2) "各行各业"是什么意思？是哪几个汉字？

5. 一路上： 恶心： 四肢： 无力： 心跳加快： 心跳减慢：
那是一次惊心动魄的郊游。
我、钱依、吴书阳和李程程早上6点就出发了。我们骑着自行车出了城，路边是刚刚长出嫩叶的大树，空气中散发着迷人的青草味。最兴奋的是程程，一路上边走边唱，我们骑了三个小时的车，她的嘴就没停。到了目的地，我们还没开始爬山，程程就说她有点儿不舒服，恶心，想吐，四肢无力。她一路唱得那么欢，我们还以为她是装的，在和我们开玩笑，后来一看她脸都白了，才觉得真麻烦了。我问她是胳膊、腿都没劲儿吗，她说是。这可怎么办呀，山下连个人家都没有，别说大夫了。这时候急得我心跳都加快了。我们立刻拨打110向警察求救，让程程安安静静地躺着，等待救援。一个小时以后，救护车来了。经过医生检查，我们才知道程程患有先天性心脏病，如果得不到及时抢救，就会逐渐地心跳减慢，最后危及生命。

回答问题：
(1) 郊游中发生了什么事？
(2) "程程一路上边走边唱"这句话是什么意思？
(3) 程程怎么不舒服了？"四肢无力"是什么意思？
(4) 和"心跳加快"相反的意思怎么说？

6. 四季： 生、长：(生长，生根，成长) 春天： 夏天： 春生： 夏长： 秋天、收获：(秋收) 冬季、储藏：(冬藏)

对于一年四季，中国有春生、夏长、秋收、冬藏的说法。"生"和"长"的意思一样，我们常常说"万物生长靠太阳"。"春生、夏长"是说春天、夏天是花草树木生根、发芽、成长的季节。秋收当然是说秋天是收获的季节，"冬藏"的意思是"冬季储藏"，顾名思义，冬季要储藏好收获的东西吧。

回答问题：
(1) 春天、夏天是什么样的季节？
(2) 什么叫"秋收"？"秋收"是哪两个汉字？

(3) 你知道什么动物有"冬藏"的习惯吗？"冬藏"是哪两个汉字？

7. 众所周知： 新鲜：(保鲜)

女：众所周知，龙眼这种水果比较容易坏，坏了就不能吃了，现在又没有什么好的保鲜方法，所以买龙眼就得注意：首先，不要多买，吃多少买多少；其次，买来以后就得赶快吃。像你这样，一放三天，可不是就坏了吗。扔了多可惜呀！

男：什么"众所周知"呀，我就不知道。你对保鲜的要求也太高了，这龙眼虽然不新鲜了，也可以凑合着吃啊。

女：这哪能凑合呀，万一吃病了就麻烦了。

回答问题：

(1) "众所周知"是什么意思？是哪几个汉字？

(2) 水果最好的保鲜方法是什么？"保鲜"是哪两个汉字？

8. 食用： 杀菌：

对于反季节水果、蔬菜，人们的看法很不一样，有人把冬天吃夏天的水果、蔬菜当成一种享受，认为一年四季都能吃上黄瓜、西红柿，证明生活水平高。也有人认为，一年四季，自古而然，我们就应该遵循大自然的规律，冬天吃苹果、萝卜、白菜，夏天吃西瓜、黄瓜、西红柿。

是不是吃反季节蔬菜、水果，那是个人的自由，在这里我们只想做一点提醒，就是您食用水果蔬菜以前，要认真用清水冲洗干净，特别是像葡萄之类的水果，最好做一下杀菌处理，比如用盐水浸泡10分钟，就是很好的杀菌方法。

回答问题：

(1) "食用水果以前，要认真清洗"这句话还可以怎么说？

(2) 你买来新衣服是直接穿还是要先做一下杀菌处理？"杀菌"是哪两个汉字？

（一）

周末，天气稍微凉快了一些，在高温中熬了一周的小李和几个朋友约好去爬山。刚上山，爱出汗的小李就汗流浃背了。一路上，小李只是咕咚咕咚地喝水，不停地出汗，不停地喝水。临近中午，小李突然感到无力、头痛，接着开始恶心、呕吐，同伴们赶快把神志不清的小李送到医院。医生诊断后认为，小李是因为喝水过多中毒了。

天气热了是要多喝水，但是如果长时间一边出汗一边大量喝水，就会出现水中毒症状。用医生的话说，喝水过多引起的水中毒，跟人体内盐分丢失有关。水是人体中很重要的一种物质，约占人体体重的65%～70%。人出汗时，不仅丢失水分，同时也会丢失不少盐分，1升汗水就含有将近3克盐。出汗后只喝水，水分经肠胃吸收后又通过汗排出体外，出汗又失去一些盐分，不断地喝水和出汗就会使血液中的盐分丢失得越来越多。

大量喝水会冲淡血液，全身细胞的氧交换就会受到影响，脑细胞一旦缺氧，人还会变得迟钝。脑组织固定在坚硬的颅骨内，一旦脑细胞水肿，情况就会更糟，会出现头痛、呕吐、嗜睡、呼吸及心跳减慢等一系列症状，严重者还会出现昏迷、抽搐症状，甚至危及生命。

根据录音内容选择正确答案：

1. 小李不舒服的原因是什么？
   A. 精神失常　　B. 恶心呕吐　　C. 头痛无力　　D. 喝水过量 ✓

2. 水中毒与什么有关？
   A. 喝水速度快　　　　　　B. 出汗速度快
   C. 边出汗边喝水　　　　　D. 人体盐分丢失 ✓

3. 水中毒最严重时会怎么样？
   A. 血液浓度不够   B. 聪明程度降低
   C. 脑部出现水肿   D. 出现生命危险 ✓

（二）

众所周知，自然界的规律是春生、夏长、秋收、冬藏。如今，却是冬天能吃到西瓜，四季都有草莓。随着农业技术的发展，反季节水果日益成为广大市民的新宠，"时令水果"这个概念已经渐渐模糊。水果经销商说：反季节水果虽然价格不菲，只要东西好，再贵也有人买！实际生活中，却也有人担心反季节水果的安全问题。对此，专家们另有看法：按照国家质量标准栽培的反季节水果蔬菜，技术上能够得到保证，质量和正常季节产的水果没有多大区别。人们通常说的"问题水果"，往往指的是保鲜问题。比如，龙眼比较容易腐坏，经过硫磺熏的龙眼不但能够保鲜，还能杀菌，然而残留的硫磺对人体却是有害的。所以，消费者如能闻出有明显硫磺气味的龙眼，最好不要购买。对于其他水果，食用前也应先用清水或热水洗干净，能去皮的水果最好剥了皮或削了皮再吃。

练 习

根据录音内容选择正确答案：

1. 什么叫反季节水果？
   A. 一年四季都有的水果   B. 按照时令上市的水果
   C. 不合当前季节的水果 ✓   D. 质量好价格贵的水果

2. 目前市场上的消费状况是什么？
   A. 东西贵了没人买   B. 东西好就不问价 ✓
   C. 看质量也看价钱   D. 价格概念很混乱

3. 反季节水果可能存在什么问题？
   A. 种植技术不过关   B. 质量标准不严格
   C. 保鲜环节有问题 ✓   D. 保险工作没做好

失去四肢的泳者

有人给我讲了这样一个故事:

残疾人运动会报名的时候,来了一个失去双腿的人,说他要参加游泳比赛,工作人员很小心地问他在水里怎样游,失去双腿的人说他用双手游。一会儿,又来了一个失去双臂的人,也报名参加游泳比赛,工作人员问他如何游,他说可以用双腿游。工作人员刚给他们登记完,又来了一个既没有双腿也没有双臂,也就是说,整个失去了四肢的人,也要报名参加游泳比赛,工作人员竭力让自己镇静,小声问他将怎样游,那人答道:"我用耳朵游。"

那失去四肢的人身体圆滚滚的,由于长久的努力,他的耳朵硕大无比,且十分灵活,下水试游,他像一条鱼,速度比常人还快。于是,人们暗暗传说,一个伟大的世界纪录即将诞生。正式比赛的那一天,人山人海,当失去四肢的人出现的时候,简直山呼海啸。枪响了,运动员一个个迅速入水,只见浪花飞起,令人一时看不清英雄的所在。比赛结果出来了,冠军却是失去双腿的人,人们心目中的英雄呢?没有人看到英雄在哪里,起码在终点的附近找不着英雄独特的身影。真奇怪,大家分明看到失去四肢的泳者跳进水里了啊!于是更多的人开始寻找,终于在起点附近找到了英雄,他已经淹死了,头上戴着一顶鲜艳的泳帽。那是根据泳场规则,在比赛前由一位美丽的姑娘给他戴上的。

我曾把这故事讲给别人听,听完之后人们反应各异。有人说,那是一个阴谋,可能是哪个想夺冠军的人出的损招——杀死别人才能保住自己。有人说,那个来送泳帽的人如果不是一个漂亮的女孩子就好了,泳者就不会神魂颠倒,就算全世界的人都忘了他耳朵的功能,他也会保持清醒,拒绝戴那顶美丽杀人的帽子。有人说,既然没了手和脚,就该老实点儿,游什么泳呢?要知道水火无情。有人说,为什么要有这样的规则?各行各业都有这种可恨的规矩,不知害了多少人! 如此多的陋习何时才能改改呢!

　　我把这些议论告诉了给我讲故事的人,他说这是一个笑话啊,虽然有一点沉重。当我们完整的时候,奋斗比较容易。当我们没有手的时候,我们可以用脚奋斗;当我们没有脚的时候,我们可以用手奋斗;当我们手和脚都没有的时候,我们可以用耳朵奋斗嘛! 但是即使在这时候,我们依然有失败的可能。很多英雄,在战胜了常人难以想象的困难之后,并没有得到最后的成功,失败的原因正是自己的耳朵——你最值得骄傲的本领!

（根据毕淑敏同名小说改写）

 练　习

一、听全文,选择正确答案:

1. 报名参加游泳比赛的人中没有哪一位?
　　A. 失去了双手的人 √　　　　B. 失去了双腿的人
　　C. 失去了两条胳膊的人　　　D. 双腿双手都没有的人

2. 失去四肢的运动员有什么特点?
　　A. 耳朵特别大 √　　　　　　B. 长得像条鱼
　　C. 身材特别好　　　　　　　D. 耳朵特别灵

3. 大家共同看好的运动员是哪一位?
　　A. 失去了双手的人　　　　　B. 失去了双腿的人
　　C. 失去了两条胳膊的人　　　D. 双腿双手都没有的人 √

4. 得到冠军的是哪一位?
　　A. 失去了双手的人　　　　　B. 失去了双腿的人 √
　　C. 失去了两条胳膊的人　　　D. 双腿双手都没有的人

5. 失去四肢的运动员为什么出现了意外?
　　A. 观众的热情使他感动万分　B. 比赛的时候他戴了泳帽 √
　　C. 一位美丽的姑娘使他心动　D. 在起点,人们没有找到他

6. 以下哪一项不是听故事人的评论？
   A. 有人用美人计害他　　　　B. 陈规陋习害死了他
   C. 杀了他，自己就能赢　　　D. 就是因为他太老实了 ✓

二、听录音，选词填空：

1. 工作人员刚给他们登记完，又来了一个既没有双腿也没有双臂，也就是说，整个失去了四肢的人，也要报名参加游泳比赛，工作人员（　　）让自己镇静，小声问他将怎样游，那人答道："我用耳朵游。"
   A. 竭力 ✓　　　　B. 极力　　　　C. 接力

2. 那失去四肢的人身体圆滚滚的，由于长久的努力，他的耳朵硕大无比，且十分灵活，下水试游，他像一条鱼，速度比（　　）还快。
   A. 常人 ✓　　　　B. 强人　　　　C. 前任

3. 人们暗暗传说，一个伟大的世界纪录（　　）诞生。
   A. 就想　　　　B. 即将 ✓　　　　C. 同样

4. 有人说，那个来送泳帽的人如果不是一个漂亮的女孩子就好了，泳者就不会神魂颠倒，就算全世界的人都忘了他耳朵的功能，他也会保持（　　），拒绝戴那顶美丽杀人的帽子。
   A. 惊醒　　　　B. 尽兴　　　　C. 清醒 ✓

5. 当我们完整的时候，奋斗比较容易。当我们没有手的时候，我们可以用脚奋斗；当我们没有脚的时候，我们可以用手奋斗；当我们手和脚都没有的时候，我们可以用耳朵奋斗嘛！但是（　　）在这时候，我们（　　）有失败的可能。很多英雄，在战胜了常人难以（　　）的困难之后，并没有得到最后的成功，失败的原因正是自己的耳朵——你最值得骄傲的本领！
   ① A. 及时　　　　B. 即使 ✓　　　　C. 其实
   ② A. 已然　　　　B. 既然　　　　C. 依然 ✓
   ③ A. 想象 ✓　　　　B. 现象　　　　C. 相向

三、用自己的话讲一讲：

1. 英雄死后，人们的议论共有四种，都是什么？
2. 讲故事的人是什么观点？
3. 你对奋斗怎么看？

第三十课 "墨菲法则"的科学性

词语链

1. 雨、伞：(雨伞) 十有八九：

    妈妈：带上伞，天气预报说有雨。

    女儿：不带了，天气预报老说有雨，十有八九都不下，我天天带着雨伞，可不方便了。

    妈妈：你们今天春游，进山，最有可能下雨了，还是带上吧。天气预报要是说有雨，山里十有八九会下。

    回答问题：

    (1) 妈妈希望女儿干什么？

    (2) "十有八九"是什么意思？是哪几个汉字？

2. 阔气： 财权： 大手大脚： 假设：

    女甲：兰兰，我发现你最近好像特别有钱，有用的没用的都买，买什么都买最贵的，花钱想都不想。能不能告诉我，怎么一下变得这么阔气啦？

    女乙：我告诉你吧。我们家财权交我了，我跟我爸我妈说好了，他们工资都交我，日子我来过，他们什么都不用管了。我发现一个月全家人吃饭用不了多少钱，我当然就能满足一下自己啦。

    女甲：怪不得花钱这么大手大脚呢。这半个月你花多少钱了？

    女乙：正好工资的一半。还有一半，再过半个月没问题。

    女甲：你想过没有，家里的钱不光是用来吃饭的。咱们做一个假设，这个月是9月，咱们开学，得交好多钱呢，如果每个月钱都花光了，开学你怎么办呀？

    女乙：这个问题我没想过，看来还得存些钱啦？

    女甲：你以为过日子那么容易呐，我看你们家财权你还是别要了，像你这么大手大脚地花钱，准有着急的一天。

    回答问题：

    (1) "阔气"是什么意思？

(2) 怎么花钱可以说是"大手大脚地花钱"？
(3) 你们家的财权在谁手里？你能试着写出"财权"两个字吗？
(4) 请说出"假设"的近义词。

3. 原地不动：
男：是小张吧，我已经出发了，一会儿咱们新世纪商城见。你坐20路公共汽车吧，新世纪商城下车，下车以后原地不动等着我，我去找你，听见没有？
女：听见了，新世纪商城下车，下车以后原地不动等你。车站人可多，你找得着吗？
男：没问题，你别乱跑，等着就行了。
回答问题：
(1) 对话的两个人在约定什么？
(2) "原地不动"是什么意思？是哪几个汉字？

4. 落地： 排队： 偏巧： 加速：(减速) 着地：
　　早就听说飞机起飞、落地是最危险的。看新闻也经常看到，飞机发生事故常常是在起飞和落地的时候，所以，能坐火车我一定坐火车。这次出国留学没办法，就有了我第一次坐飞机的经历。
　　在机场，我排队托运行李，之后告别了爸爸妈妈。飞机还没起飞，我就开始紧张了，紧张得手心都出汗了。看看身边，坐着一位跟我年龄差不多的女孩儿，偏巧，是就要和我在同一所学校、同一个专业学习的新同学。有了同学聊天儿，我忘记了紧张。不知不觉中，飞机就起飞了。看看窗外，一会儿是蓝天，一会儿是白云，飞机加速，飞上了万米蓝天，飞得十分平稳，我和新同学也聊得特别高兴。一会儿，空姐送来了饮料，一会儿又开饭了。吃完饭，飞机上的乘客昏昏欲睡，我和我的同学却越聊越起劲儿。我们还有好多话没有说完，飞机就要减速落地了，我看着自己即将开始新的学习生活的城市在窗外变得越来越大。接着坐椅轻微震动，飞机平稳着地，到了。
　　我和新同学取出行李，一起排队坐上机场大巴。我们的又一段新生活开始了。
回答问题：
(1) 飞机在什么时候危险性比较大？
(2) 在机场，"我"排队干什么？"排队"是哪两个汉字？
(3) 请说出"偏巧"的近义词。

(4) 请说出"加速"的反义词。
(5) 请说出"着地"的同义词。

5. 稿子:(投稿,稿件) 称心: 成名:

邻居们都知道,张久做梦都想当作家。天天一下班他就把自己关在屋子里写,不管春夏秋冬。他屋里的稿子一摞一摞的,堆得高高的。写完就往报社、出版社寄,可投出去那么多稿就是没有消息。

那天,电梯里突然贴出了一张当天的报纸,用红笔圈出的地方正是张久发表了的小说,张久的稿件刊登了！全楼的人都为他高兴。

我见到张久的时候,满心欢喜地向他祝贺。本以为这下张久该高兴了,该称心了,没想到张久脸变得通红,说豆腐那么大一小块文章,有什么可祝贺的,太让他害羞了。这时候我才知道,张久的理想远大着呢,他想写小说,当真正的作家,想成名,成为真正的名人。张久正在为他的目标努力。

回答问题:
(1) 这段话的主要内容是什么？
(2) 请说出"稿件"的近义词。
(3) 请说出"称心"的近义词。
(4) "成名"是什么意思？是哪两个汉字？

6. 破碎:

结婚三个月他们就离了婚,他们之间的感情并没有破裂,他爱玲玲,直到现在都爱,玲玲也爱他。可是他们在一块儿就打架,不为别的,就为干活儿。有了家,就有了一堆活儿。用玲玲的话说,现在好了,家没了,就没活儿了,也不用打架了。可是家庭破碎了,他心里却有了空落落的感觉。真的是家没了就没活儿了吗？他突然想到,以前也有活儿,只是活儿都是妈妈干的,妈妈不跟他打架。玲玲在家里也一样。

也许他和玲玲都应好好反省,不改变自己,结婚永远是梦,一个永远也实现不了的梦,一个实现了也会破碎的梦。

回答问题:
(1) "家庭破碎"是什么意思？"破碎"是哪两个汉字？
(2) 他们为什么离婚？他们没结婚的时候,活儿都是谁干？

（一）

女：你们家谁当家呀？

男：我们家原来是我当家，可自从女儿上中学以后，常和同学们比吃、比穿、比阔气，赶上春游、同学过生日，百八十的不够她花，愁得我这个"财政部长"真是寝食难安哪！

女：后来呢？

男：后来我想了个好主意，让她也尝尝当家理财的滋味。开始她特高兴，觉得钱不少，把我和爱人的工资数了一遍又一遍，还记账，结果不到20天，日子就过不下去了，她承认自己花钱大手大脚，又把财权交出来了。

女：那以后还和人家攀比吗？

男：不啦，跟我说现在明白了，过日子钱该花的花，不该花的说破天也不能花，好钢得用在刀刃上，要是整天和人家比这比那的，全家非得喝西北风不可！

根据录音内容选择正确答案：

1. 男的为什么发愁？
   A. 女儿太能花钱了 ✓
   B. 工作压力非常大
   C. 女儿非常想管家
   D. 金融工作不好做

2. 女儿为什么高兴？
   A. 管家能掌握很多钱 ✓
   B. 管钱可以天天记账
   C. 不让爸妈随便花钱
   D. 爸爸的办法确实好

3. 女儿为什么又交出了财权？
   A. 家里的收入太少　　　　　B. 天天记账很麻烦
   C. 日子过不下去了 √　　　　D. 没法和人攀比了

4. 女儿现在认为应该怎样过日子？
   A. 没钱了，就去喝西北风　　B. 钱要用在最需要的地方 √
   C. 别人劝你花钱坚决不花　　D. 真正阔气了才能买好刀

（二）

　　一个青年作者向报社投稿，题为《钱被大风刮跑以后》的稿件刊登在报纸上，获得当年全国好新闻奖。稿子大意是说作者在大街上骑车，不小心撞上一个老人，把老人手里的一叠人民币撞落在地上。钱被风刮跑了，顿时街上的行人四处抢钱，老人着急地大声喊，群众又陆续把钱送了回来。原来，大伙不是抢钱，是帮他捡钱的。钱送回来后，老人一数，还多出一张，原来是一位中年妇女把自己的一张钱也混了进去，人群中发出一阵笑声。这篇稿子时间、地点、人物、原因、结果、现场感都有，当时大家都觉得好，稿子登出来后，社会反响也好，所以得了当年的全国新闻最高奖。但是事后被人揭发是一篇假新闻，很快奖项也被撤消了，这就成了中国新闻奖评奖史上唯一的案例。

　　我相信作者一直做着成名、得奖的梦，他的梦想已经实现，随即又破碎了，表面上看是稿件的真假问题，实质上却是一个记者的责任问题。记者必须对事实负责，对读者负责，对社会负责，也是对自己的名誉负责。

（根据梁衡《一个记者的责任与成功》改写）

根据录音内容选择正确答案：

1. 这段录音说的是什么事？
   A. 有人写了假新闻 √
   B. 钱被大风刮走了
   C. 乐于助人的不少
   D. 骑车一定要小心

2. 新闻的主要内容是什么？
   A. 老人骑车摔倒了
   B. 大家都不喜欢钱
   C. 有人混进来帮忙
   D. 大家都热心助人 √

3. 关于新闻稿，以下哪种说法正确？
   A. 稿件真实得不能再真实了
   B. 是一篇非常时髦的新闻稿
   C. 是新闻评奖史上的反面教材 √
   D. 是一篇名副其实的优秀新闻

4. 关于青年作者，以下哪句话正确？
   A. 很有理想
   B. 十分敬业
   C. 写作水平差
   D. 缺乏责任感 √

"墨菲法则"的科学性

① 上班就要迟到了，你还拼命在放袜子的抽屉里乱翻一气，却怎么也不能在一堆乱七八糟的袜子中找到一双成对的；吃饭时，你的面包片又滑落到地上，偏巧又是涂了黄油的一面着地；排队时，你眼睁睁地看着两旁的队伍在迅速前进，而你却仍原地不动；看书时，最初封面朝上的书，几乎总是封面朝下落地……生活中，你一定碰到过类似的事情，也许你心中在抱怨：什么都和我作对！其实，世间的万事万物不只喜欢和你一个人作对。正因为这样的恶作剧曾不只一次地出现，有人给它起了个名字，叫"墨菲法则"。

② 为什么叫"墨菲法则"？这其中还有个故事呢。

1949年，美国空军对飞行员进行迅速减速影响的研究，此项研究要把一些自愿受试人员捆绑在一种车上，以便观察急停车时他们的身体状况，试验采用的电极是墨菲设计的。试验之前他们干得很小心，看不出来还有什么纰漏，可是在一整天工作之后，他们发现任何数据都没有记录下来，这一结果使在场的技术人员全傻了。后来墨菲发现两个电极接错了。由此墨菲得出如下结论："做一件事，如果有两种或两种以上的方法，而其中的一种方法可能导致严重故障，有人将会采用这种方法。"这就是墨菲法则。

③ 也许有人认为找袜子、面包片或书落地和上面的故事风马牛不相及，但从不称心的事其实存在于万事万物之中来讲却是一样的。

也有人认为，书本封面朝上还是朝下，落地的可能性应该一样大。为了证实这一设想，有人进行了多次试验，结果却令人吃惊不小。显然，书滑落到地面时封面朝下是有道理的，落地时的状态要由它的旋转速度决定，旋转速度一般太低，致使书不能旋转一周，那么，它落地时就一定是封面朝下。那么面包片呢……

关于雨伞的墨菲法则认为：当预计要下雨而带上一把伞时，伞往往是白带了。其实这是由于当你听到降水概率为80%的天气预报时，你便预计要下雨。而这仅仅告诉你十有八九会下雨，更何况降雨范围如果不是很大呢？你出去的时间如果很短呢？这就意味着在你出去的时间里，在你活动的范围内，不下雨的可能性很大。排队、找袜子的墨菲法则同样可以找出科学的解释。

④ 看来生活中平凡的现象可能蕴含着不平凡的道理。但是墨菲法则的高明之处，绝不仅仅在于它促使我们认真思索生活中一些极不起眼儿的小事，从而给它一个科学的解释，还在于它提醒工程师们，在关键工程中对其安全性要尽可能做各种各样的假设。换句话说，要审慎地考虑一切细节，从而避免一切可能出现的失误。

(根据陈宏鉴译 Robert A. J. Matthews 同名文章改写)

练 习

一、听全文,回答问题:

1. 这篇课文给你留下印象最深刻的是哪些内容?

2. 排队的时候,你是否为你排着的一队最慢而苦恼过?

二、根据第一段内容,判断正误:

(×) 1. 越是上班的时候,你越找不到袜子。
(×) 2. 你面包上的黄油总是掉在地上。
(√) 3. 排队的时候,别的队总比你那队快。
(×) 4. 看书时,书的封面总是掉下来。
(√) 5. 很多人都碰到过类似的事情。
(×) 6. 剧场经常演出恶作剧。

三、根据第二段内容,判断正误:

(√) 1. 美国空军的试验是要看一看迅速减速对飞行员的影响。
(×) 2. 试验时,工作人员坐在车上,车停后给他们做体检。
(√) 3. 试验中,使用的是墨菲设计的电极。
(×) 4. 试验开始前,自愿受试人员非常小心,直到每个细节都不会有毛病。
(√) 5. 他们辛苦了一天却没有得到结果。
(√) 6. 全体工作人员都愣在那儿了。
(×) 7. 原来是墨菲设计的电极出了问题。
(√) 8. 由这件事,墨菲总结出了"墨菲法则"。

四、根据第三段内容,选择正确答案:

1. 从墨菲法则我们知道什么?
   A. 不如意的事情时有发生　　　　B. 袜子和面包根本没联系
   C. 书落地封面朝下有道理 √　　　D. 每个星期书都会掉下来

2. 雨伞的墨菲法则说明什么?
   A. 天气预报一点儿也不准　　　　B. 天气预报十有八九不错
   C. 你不出门,就不会下雨　　　　D. 下雨,你不一定碰得上 √

五、根据第四段内容,判断正误:

(✗) 1. 平凡的事情中,不可能会有什么大道理。

(✓) 2. 墨菲法则促使我们思考生活中的小事,寻找其中的科学道理。

(✓) 3. 墨菲法则提醒工程师们,要避免一切细节中可能出现的错误。

六、听录音,选词填空:

1. 吃饭时,你的面包片又(　　)到地上,偏巧又是涂了黄油的一面着地。
　　A. 刮落　　　　　B. 挂落　　　　　C. 滑落 ✓

2. 这样的恶作剧(　　)不只一次地出现,有人给它起了个名字,叫"墨菲法则"。
　　A. 更　　　　　　B. 成　　　　　　C. 曾 ✓

3. 1949年,美国空军对飞行员进行迅速减速(　　)的研究,此项研究要把一些自愿受试人员捆绑在一种车上,以便观察急停车时他们的身体状况,(　　)采用的电极是墨菲设计的。
　　① A. 影响 ✓　　　B. 印象　　　　　C. 影象
　　② A. 实验　　　　B. 试验 ✓　　　　C. 吸烟

4. 在一整天工作之后,他们发现任何(　　)都没有记录下来,这一结果使在场的技术人员全傻了。
　　A. 顺序　　　　　B. 数据 ✓　　　　C. 俗语

5. 也许有人认为找袜子、面包片或书落地和上面的故事风马牛不相及,但从不称心的事其实(　　)于万事万物之中来讲却是一样的。
　　A. 存在 ✓　　　　B. 总在　　　　　C. 从来

北大版留学生本科汉语教材·语言技能系列

汉语高级听力教程

下册 生词和练习（第二版）

Chinese Advanced Listening Course

中国語上級ヒアリングテキスト

중국어 고급 청력 교정

幺书君 张葳 编著

编写说明

新版《汉语高级听力教程》是在原《汉语高级听力教程》的基础上修订、增删而成的。主要变动为：原教程只有一册，新版教程为二册；新版教程在体例及教学方式的设计上均有较大的改进。

一、适用对象

新版教程的教学对象是已具有中级汉语水平，掌握了或广泛涉及了汉语水平等级大纲中甲、乙、丙三级词汇的外国留学生。

二、教学目标

学完本教材的学生，除了能较好地提高日常交际中听的能力以外，也能较好地提高对专业性内容的听力理解能力，对增强高级 HSK 的应试能力亦会有所帮助。

三、编写原则

1. 新版教程内容广泛涉及社会生活的各个方面，力图"全景式"地反映当代中国的社会面貌。这是因为进入这一阶段学习的学生，其听力水平已经可以接受较为广泛的内容，同时，了解最新的中国社会生活，也是绝大多数学生的意愿和要求。

2. 新版教程既考虑了与《汉语中级听力教程》的衔接，又考虑了高级阶段听力课的教学特点，体例上有所突破。

3. 采用"词语链接法"这一突出语素教学理念的听力训练方法训练听力，是在总结、完善课堂教学经验的基础上所做的新探索。

四、体例设计

新教程为上下两册，每册 15 课，每课为 4 学时（一周）的教学内容。每册书适合一学期使用，两册书可使用一学年。

上下册均有"课文"、"生词和练习"两个分册（"课义"分册标有参考答案）。每课由生词、词语链、短文、课文、练习构成，个别课有注释。

1. 生词

《汉语高级听力教程》中的生词为 HSK 词汇大纲中的丁级词及部分实用和必需的超纲词。

生词注释时,为便于学生从词汇的语素义理解整个词义,教材先对一些词汇中的语素或词语的意思做了注释,之后再解释整个词汇的意思。如"口诛笔伐"、"无独有偶"、"当务之急",目的是帮助学生通过对语素或词语意思的理解,进而理解整个词汇,而不是死记硬背。

词汇注释后,括号中的词汇串是本词汇中某一语素可构成的其他词汇,选择进入词汇串的词汇时考虑了可理解性、常用性及学生水平。

2. 词语链

词语链中的词汇出自短文和课文,这些词汇不列入生词表,而是设计一个语境,让有关的词语出现在具体的语境中,以此来训练学生通过具体的语境来解读和认知有关词语的能力。如"外出"、"人生"、"心中"(丁级词)、"伟人"(超纲词)、"无趣"、"足不出户"(词典中未收),特别是词典中未收的一些词语,出现在词语链中,用这种方法来训练学生根据语境及语素义理解特定词语含义的能力。

3. 短文

短文语料包括三种形式:较为规范的汉语、口语体特点突出的对话及真正的、自然的口语。前两种短文是教材编写者编写的,真正的、自然的口语内容选自电视节目中的谈话、采访节目。我们希望通过这部教材,使学生接触到语体风格不同的汉语。

4. 课文

新版教程保留了旧版教材中受欢迎的一部分课文,增加了一些能够反映当代中国社会风貌的新内容。编排中,除了考虑字数外,也考虑了难度因素。因此课文的编排顺序并不完全根据课文长短来决定。

此外,根据需要,编者还对个别课文做了注释,以便于学生正确理解课文,顺利完成习题。

5. 练习

练习题主要有两类:前面的练习通常是针对全文概括性的理解而设计的;后面的练习是针对课文听力方面的逐段训练而设计的。编者希望以此来体现教学的层次性。其中选字(/词)填空类练习是希望学生能根据语境选择正确的汉字。实践证明,这是一种训练留学生汉语听力理解的有效方式。

五、教学建议

1. 为便于教学,词语链中的短文将配备录音,但在面对面授课时,教师可以不用录音,口述句子更有利于学生理解。

2. 词汇串的教学方式教师可以自行处理:其一,可以不作为教学内容,学生自己看,能接受多少就接受多少,教师和学生都不必把这一部分当成负担;其二,可以上课带读,让学生慢慢领悟——汉语有这样的特点;其三,可以把词汇串中的语素义和词汇义结合起来适当加以讲解。做这方面引导时,可以要求学生不看书,不看词汇表,教师慢慢说,学生慢慢听,学生听时一定会很用心地跟着教师想,这样效果会更好。

3. 一些课的练习设计先选出课文的一段,希望学生能先把它听懂。这样的段落都是教学中难度较大的部分。

4. 个别课文生词很多,练习题较少,(类似上册第十四课短文(二)中的情况),这样的语段,只希望学生带着生词,从有声语料中筛选出主要内容。

至于课堂操作中录音听几遍,可视学生的具体情况灵活掌握。

新版教程的编写充分吸收了中国人民大学对外语言文化学院历届留学生和有关教师的意见,学院的同事给了我很多有益的启发和帮助,在此一并致谢。

本教材编写做了某些大胆的尝试,希望有助于听力教材编写模式的改进,更希望通过本教材的使用,学习者不仅能更快更好地提高汉语听力理解能力,而且能够获得某些提高汉语听力能力的方法和技巧。

编 者

目录

第十六课　爱你就要折腾你/1
　　词语链/1
　　听短文/2
　　课　文　爱你就要折腾你/5

第十七课　昆　　虫/9
　　词语链/9
　　听短文/11
　　课　文　昆　　虫/14

第十八课　农民和土地/19
　　词语链/19
　　听短文/21
　　课　文　农民和土地/23

第十九课　中国最后一个人民公社的求富实践/29
　　词语链/29
　　听短文/32
　　课　文　中国最后一个人民公社的求富实践/35

第二十课　婚姻那座城/38
　　词语链/38
　　听短文/39
　　课　文　婚姻那座城/42

第二十一课　"养虎为患"的老板/47
　　词语链/47
　　听短文/49
　　课　文　"养虎为患"的老板/53

第二十二课　友谊重于金钱/57
　　词语链/57
　　听短文/59
　　课　文　友谊重于金钱/62

第二十三课　离奇官司/65
　　词语链/65
　　听短文/67
　　课　文　离奇官司/70

第二十四课　可可西里的骄傲/75
　　词语链/75
　　听短文/77
　　课　文　可可西里的骄傲/80

第二十五课　现任交警与《交通"刑警"》/85
　　词语链/85
　　听短文/87
　　课　文　现任交警与《交通"刑警"》/91

第二十六课　半张纸币的故事/95
　　词语链/95
　　听短文/97
　　课　文　半张纸币的故事/100

第二十七课　防艾与每个人息息相关/104
　　词语链/104
　　听短文/106
　　课　文　防艾与每个人息息相关/109

第二十八课　中国人和中国人的"饭碗"/113
　　词语链/113
　　听短文/115
　　课　文　中国人和中国人的"饭碗"/118

第二十九课　失去四肢的泳者/123
　　词语链/123
　　听短文/124
　　课　文　失去四肢的泳者/127

第三十课　"墨菲法则"的科学性/131
　　词语链/131
　　听短文/132
　　课　文　"墨菲法则"的科学性/135

生词总表/139

第十六课 爱你就要折腾你

词语链

1. 回答问题：
   (1) _____
   (2) 录音告诉我们男的女的分别属什么？为什么大家这么说？你认为是真的吗？

   (3) 录音中使用了哪些带"爱"字的词语？

2. 回答问题：
   (1) 假如有500万，他们分别想干什么？

   (2) _____
   (3) _____
   (4) "付款"是什么意思？录音中还说了什么和"付款"有关系的词语？

   (5) 录音中说了哪些与"养老"有关系的词语？

3. 回答问题：
   (1) 什么叫"准丈夫"、"准爸爸"？你认为"准夫妻"是什么意思？

   (2) _____
   (3) _____

4. 回答问题：

   (1) 这段对话最可能发生在哪里？

   (2) _____

   (3) "贷款额不能超过总房价的80%"中的"贷款额"是什么意思？

5. 回答问题：

   (1) 这段对话可能发生在哪里？

   (2) _____

（一）

生 词

| 1. 按揭 | （动） | ànjiē |

购买房屋或大件物品时的贷款方式，用房屋或物品做抵押，向银行贷款，分期偿还。

| 2. 火 | （形） | huǒ |

兴盛，旺盛。（火：红火）

| 3. 抵押 | （动） | dǐyā |

债务人把自己的财产交给债权人，作为保证。

| 4. 公益 | （名） | gōngyì |

公共的利益。（公：公共，公款，公物，公务；益：利益，无益，有益，受益，效益）

5. 去世　　　　　（动）　　qùshì
(成年人)死去。(去:故去;世:逝世,弃世)

6. 产权　　　　　（名）　　chǎnquán
指财产的所有权。(产:财产,地产,房产,遗产;权:财权,特权,债权,霸权主义)

7. 剩余　　　　　（动）　　shèngyú
从某个数量里减去一部分以后多出来的部分。(剩:剩下,剩饭,过剩;余:余额,余款,余下,多余,富余,心有余力不足)

根据录音内容选择正确答案：

1. A. 把房子卖给养老院　　B. 每个月从银行领钱
   C. 人老了就得卖房子　　D. 用抵押房子的钱养老

2. A. 正在推行以房养老　　B. 正在研究以房养老
   C. 60岁可以以房养老　　D. 以房养老不受欢迎

（二）

生　词

1. 难度　　　　　（名）　　nándù
困难的程度。(难:难办,难处,难点,难关,难事,难题,为难,艰难,犯难,寸步难行,进退两难;度:高度,厚度,浓度,热度,强度,硬度)

2. 潇洒　　　　　（形）　　xiāosǎ
(神情、举动、做法等)自然大方,不受约束。

3. 观光　　　　　（动）　　guānguāng
参观外国、外地的景物、建筑等。(观:观察,观众,观看,观感,观赏,观望,参观,直观,旁观者,走马观花;光:春光,风光)

4. 走势　　　　　（名）　　zǒushì
趋势。课文中指木米房屋价格涨落的发展动向。

5. 换取　　　（动）　　huànqǔ
　　换。(换:交换,换钱;取:取得,取胜,取暖,取而代之,获取,争取,骗取,夺取,盗取,猎取,窃取,索取)

6. 赡养　　　（动）　　shànyǎng
　　子女给予父母物质和生活上的帮助。(养:养家,养老,养活,抚养,收养)

7. 孤寡老人　　　　　　gūguǎ lǎorén
　　课文中指单身、孤独的老人。

8. 贷款　　　　　　　　dài kuǎn
　　银行把钱借给单位或个人,同时规定偿还时间和利息。贷出的钱也称贷款。(贷:贷方,借贷;款:存款,罚款,付款,公款,汇款,赔款,欠款,货款,借款,捐款,现款,税款)

9. 盈利　　　（动）　　yínglì
　　获得利润。(盈:盈余;利:利益,利润,专利)

10. 回报　　　（名）　　huíbào
　　课文中指投资后的收益。

根据录音内容选择正确答案:

1. A. 满足老年人的旅游需求　　B. 年轻人可以不再管父母
　　C. 解决养老中的实际问题　　D. 改变养儿防老的旧观念

2. A. 把房产留给儿孙　　　　　B. 没办法就卖房子
　　C. 把多余的钱留给子女　　　D. 老年人要钱没什么用

3. A. 很有前途　　　　　　　　B. 不太乐观
　　C. 银行很积极　　　　　　　D. 需求量不小

爱你就要折腾你

生 词

1. 荷包蛋　　　　（名）　　hébāodàn
   去壳后,在开水中煮熟或在热油中煎熟的鸡蛋。

2. 挑剔　　　　　（动）　　tiāoti
   过于严格地找毛病。(挑:挑刺儿,挑眼;剔:剔除)

3. 噘嘴　　　　　　　　　　juē zuǐ
   突出嘴唇,表示生气或不满意。

4. 抱不平　　　　　　　　　bào bùpíng
   为别人受到的不公表示气愤。(抱:抱歉,抱怨,抱恨,抱屈,打抱不平)

5. 痴呆　　　　　（形）　　chīdāi
   傻。(痴:白痴;呆:呆笨,呆气,呆头呆脑,书呆子)

6. 老婆婆　　　　（名）　　lǎopópo
   对年老女性的称呼。

8. 颐指气使　　　（成）　　yí zhǐ qì shǐ
   形容指挥别人时,没有礼貌,轻视对方。

9. 老公公　　　　（名）　　lǎogōnggong
   对年老男性的称呼。

10. 气不过　　　　　　　　　qì bú guò
    课文中指看到不公平的事情,心中不服气。

11. 埋怨　　　　　（动）　　mányuàn
    事情出现了不好的结果后,对自己认为有责任的人或事物表示不满。

12. 天长地久　　　（成）　　tiān cháng dì jiǔ
    跟天、地存在的时间一样长,多比喻爱情长久不变。

13. 承诺　　　　　（动）　　chéngnuò
    答应并照办。(承:承认,承担,承办,承包,承受;诺:诺言,许诺,允诺)

14. 撒娇　　　　　　　　　　sā jiāo
    因受到宠爱而故意做出的表情、姿态。(撒:撒谎,撒赖,撒酒疯;娇:娇惯,娇生惯养)

5

15. **虚荣** (名) xūróng
表面上值得骄傲、显示的理由。

16. **与生俱来** (成) yǔ shēng jù lái
从出生之时就存在。

17. **出神入化** (成) chū shén rù huà
形容技艺达到了绝妙的境界。

18. **支使** (动) zhīshi
命令人做事。(支:支配;使:主使,颐指气使)

19. **易如反掌** (成) yì rú fǎn zhǎng
像翻转手掌那么容易,比喻事情极其容易办到。易:容易。如:像。反:翻转。掌:手掌。

20. **信赖** (动) xìnlài
信任并且依靠。(信:信心,信任,信教,信徒,信仰,相信,自信,可信,坚信,迷信,误信,半信半疑;赖:信赖,依赖)

21. **耍弄** (动) shuǎnòng
拿人开心。(耍:耍笑,戏耍;弄:弄手段,弄虚作假,弄巧成拙,戏弄,愚弄,捉弄)

练 习

一、听全文,回答问题,以下哪句话符合课文的意思:(　　)

　A. 折腾也是一种爱
　B. 老婆婆很不讲理
　C. 老公公值得同情

二、根据第一段内容,选择正确答案:

1. A. 蛋煎得不好就生气　　　　B. 每天要吃两个煎蛋
　　C. 只吃丈夫煎的荷包蛋　　　D. 丈夫起床晚了就生气

2. A. 所有的女人都折腾男人　　B. 失恋的女人要折腾男人
　　C. 幸福中的女人折腾男人　　D. 当了妈妈就要折腾男人

3. A. 爷爷根本就不像老鼠　　　B. 爷爷并不想天天煎蛋
　　C. 奶奶欺负爷爷,她看不惯　D. 她长大了,能批评奶奶了

4. A. 很痛恨奶奶　　　　　　B. 生爷爷的气
   C. 为爷爷不平　　　　　　D. 很珍爱他们

5. A. 爷爷已经傻了　　　　　B. 他们相爱很深
   C. 奶奶厉害惯了　　　　　D. 爷爷一直怕她

三、根据第二段内容,判断正误：
（　）1. 折腾也是一种爱。
（　）2. 女人折腾男人的本领是天生的。
（　）3. 男人都讨厌折腾自己的女人。
（　）4. 女人喜欢谁就不折腾谁。
（　）5. 幸福的女人才会折腾。

四、听录音,选词填空：

1. 别以为只有恋爱中的女孩儿会折腾她的(　　)；别以为只有准妈妈们会折腾等着当爸爸而变得一点脾气没有的男人。
   A. 难友　　　　B. 男友　　　　C. 罕有

2. 孙女责备奶奶："爷爷天天变着法儿给您煎蛋,您还不高兴。爷爷(　　)小,怕您就像老鼠怕猫！"
   A. 胆儿　　　　B. 眼儿　　　　C. 哪儿

3. 我曾经多少次看不惯老婆婆对她丈夫的颐指气使,又为老公公的逆来顺受而气不过。现在想来,他们其实是互相(　　)着对方的。
   A. 真爱　　　　B. 珍爱　　　　C. 心爱

4. 看来,相爱的人不必埋怨对方的"折磨"。宠爱对方,(　　)对方,是一种天长地久的承诺,折腾爱人的同时,也是在回忆爱,重温爱。
   A. 珍惜　　　　B. 珍稀　　　　C. 争气

5. 有人说,恋爱中的女人能把折腾男人的手段用得出神入化。会折腾的老婆,(　　)起男人来易如反掌,那被支使的男人不管多累,也会心甘(　　),高高兴兴。
① A. 指示　　　B. 指使　　　C. 支使
② A. 亲善　　　B. 请愿　　　C. 情愿

第十七课 昆　　虫

词语链

1. 回答问题：

   (1) 猫有几种？都是什么猫？有什么区别？

   (2) 流浪猫的特点是什么？

   (3) 你认为最有趣的宠物是什么？

2. 回答问题：

   (1) 请说出"黄瓜有鱼和肉里没有的养分"中"养分"的近义词？

   (2) 你每天早餐的食谱是什么？你知道什么是"菜谱"吗？你在哪里见过？

   (3) _____

   (4) _____

3. 回答问题：

   (1) "夕阳"是什么意思？

   (2) _____

   (3) _____

   (4) _____

4. 回答问题:

   (1) 这段话讲的是什么内容?

   (2) 录音中用了哪些带"人"的词语?

   (3) _____
   (4) _____
   (5) _____
   (6) _____

   (7)"机器人的硬件就像我们人类的肢体"中的"肢体"是什么?

5. 回答问题:

   (1) 这段话的主要内容是什么?

   (2) _____

   (3) "对任何动物来说,养育后代都不是件容易事"中"养育"的近义词是什么?

6. 回答问题:

   (1) _____

   (2) "脚印"是什么?我们在什么地方走路会留下脚印?

   (3) 录音中使用了哪些带"洞"的词语?

   (4) 录音中使用了哪些带"飞"的词语?

   (5) 请画出一棵树,标出"树枝"在哪里。

7. 回答问题：

(1) 男的有什么高兴事儿？

(2) 你能用"假装"说一句话吗？

(3) _____

8. 回答问题：

(1) 请说出"嘴"的同义词？

(2) 什么情况下我们会张着嘴喘气？

(一)

生 词

| 1. 鹰 | （名） | yīng |

一种凶猛的鸟，上嘴是勾形的，脖子短，脚趾又长又尖，很厉害。

| 2. 大不了 | （形） | dàbuliǎo |

了不得；了不起(多用于否定形式)。

| 3. 度 | （名） | dù |

限度。(度：过度)

| 4. 省吃俭用 | （成） | shěng chī jiǎn yòng |

形容生活简朴，吃、用节俭。省、俭：节约。

| 5. 怀孕 | | huái yùn |

女性或雌性哺乳动物有了胎。

6. 觅食　　　　　　　　　　　mì shí

寻找吃的东西。(觅:觅路,寻觅;食:食物,食品,食用,粮食,面食,肉食,素食,甜食,主食,衣食住行,节衣缩食,饥不择食)

7. 繁衍　　　　（动）　　　　fányǎn

课文中指繁殖,使后代得以延续。

8. 幸事　　　　（名）　　　　xìngshì

值得高兴的事情。(幸:庆幸,幸灾乐祸;事:事情,事实,事先,事与愿违,事在人为,坏事,难事,战事,旧事重提,感情用事)

专　名

动物救助中心　　　Dòngwù Jiùzhù Zhōngxīn　　　从事救助动物工作的机构。

练　习

根据录音内容选择正确答案:

1. A. 动物都要进救助中心　　　B. 有钱的人才能养宠物
   C. 人的生命比动物宝贵　　　D. 动物活得好,人才能好

2. A. 朋友救下了那两只鸟　　　B. 朋友做的只是件小事
   C. 朋友无法保护那两只鸟　　D. 朋友碰到的两只鸟不大

3. A. 流浪猫并不缺少营养　　　B. 爱护动物也不能乱来
   C. 流浪猫找吃的很困难　　　D. 流浪猫又瘦又脏很不舒服

（二）

生　词

1. 狐狸　　　　（名）　　　　húli

一种动物,外形有点儿像狼,很狡猾。(fox;狐;여우의 통칭)

第十七课

2. 领教 （动） lǐngjiào
体验;经受。(领:领情,领受,心领;教:教师,教室,教学,教育,教导,教诲,请教,求教,讨教,指教,言传身教,屡教不改)

3. 话语 （名） huàyǔ
说的话。(话:话题,话筒,话音,讲话,谈话,茶话会;语:语调,语法,语病,口语,母语,评语,世界语,三言两语,甜言蜜语)

4. 开阔 （形） kāikuò
宽广。(开:开花,开放,开心,开眼,开张,开朗,盛开,开花结果,眉开眼笑;阔:广阔,宽阔,辽阔,海阔天空,高谈阔论)

5. 临头 （动） líntóu
为难或不好的事情落到身上。(临:临到,临时,临渴掘井,光临,降临,来临,亲临,身临其境;头:头顶,头昏,头破血流,交头接耳,晕头转向)

6. 镇定 （形） zhèndìng
紧急情况中不慌不乱。(镇:镇静;定:安定,坚定,心神不定)

7. 跛子 （名） bǒzi
腿脚有残疾的人。

8. 刹那 （名） chànà
极短的时间。

9. 蹦 （动） bèng
跳。(蹦:活蹦乱跳)

10. 低洼 （形） dīwā
比周围低的地方。(低:低声,低温,低估,低调,低劣,低廉,低能,低潮;洼:山洼,洼地)

11. 悠然自得 yōurán zìdé
形容闲散而满意的样子。

12. 抖动 （动） dǒudòng
颤动。(抖:颤抖,发抖;动:动态,动摇,波动,调动,发动,浮动,改动,变动,滚动,流动,跳动,移动,松动,转动,发动机,风吹草动)

13. 戏弄 （动） xìnòng
拿人开玩笑,使人为难。(戏:戏言,戏耍;弄:弄手段,弄虚作假,弄巧成拙,捉弄,作弄)

14. 讥讽 （动） jīfěng
讽刺,嘲笑。(讥:讥笑,讥刺,讥嘲;讽:讽刺,嘲讽,冷嘲热讽)

根据录音内容选择正确答案：

1. A. 发光的狐狸   B. 痴呆的狐狸
   C. 红色的狐狸   D. 三条腿狐狸

2. A. 不着急不害怕   B. 仍然十分自信
   C. 感到活不了了   D. 奇怪地看着我们

3. A. 狐狸受伤了   B. 狐狸中弹了
   C. 狐狸摔倒了   D. 没打中狐狸

4. A. 嘴巴很大的狐狸   B. 学过演戏的狐狸
   C. 非常乐观的狐狸   D. 极其狡猾的狐狸

昆　虫

生　词

1. **昆虫**　　　　（名）　　　kūnchóng
   节肢动物的一纲。蜜蜂、蚊子、苍蝇等都是昆虫。(insect；昆虫；곤충)

2. **凭借**　　　　（动）　　　píngjiè
   依靠。(凭：凭着，依凭；借：借以，借助，借刀杀人)

3. **脆弱**　　　　（形）　　　cuìruò
   不强壮，不结实。(弱：弱点，弱国，弱小，弱者，减弱，软弱，瘦弱，细弱，虚弱，老弱病残，贫弱，强弱，柔弱，衰弱，削弱)

4. **大花蝶**　　　（名）　　　dàhuādié
   蝴蝶中的一种。(butterfly；蝶；나비)

14

5. 栖息地　　　（名）　　　qīxīdì
停留、休息的地方。(栖:两栖动物;地:地方,地区,地址,产地,当地,旧地重游,险地,发源地)

6. 甲虫　　　　（名）　　　jiǎchóng
一类昆虫的统称,如金龟子。(beetle;甲虫;갑충)

7. 翼　　　　　（名）　　　yì
翅膀。(翼:机翼,两翼,不翼而飞,如虎添翼)

8. 鞘翅　　　　（名）　　　qiàochì
金龟子等昆虫的前翅,较坚硬,昆虫停止飞翔时,它就盖在后翅上。

9. 狭窄　　　　（形）　　　xiázhǎi
宽度小,范围小。(狭:狭小,狭义,狭隘;窄:窄小)

10. 排泄　　　　（动）　　　páixiè
生物把身体里的粪便、汗等排出体外。(排:排除,排挤,排解,排外,排斥,排尿;泄:泄洪,泄水)

11. 粪便　　　　（名）　　　fènbiàn
大便和小便。(粪:粪肥;便:便所,便血,便秘,不要随地大小便)

12. 金龟子　　　（名）　　　jīnguīzǐ
昆虫。有许多种,身体为绿色或其他颜色,有光泽。(cockchafer;黄金虫;풍뎅이과의 곤충)

13. 铲子　　　　（名）　　　chǎnzi
一种劳动工具。(spade, shovel;シャベル、スコツプ;삽.부삽)

14. 大王甲　　　（名）　　　dàwángjiǎ
甲虫的一种,生活在非洲。

15. 猎豹　　　　（名）　　　lièbào
世界上奔跑最快的哺乳动物,生活在非洲大草原上,头和身体有点儿像猫,四条腿像狗。

16. 颚　　　　　（名）　　　è
某些节肢动物摄取食物的器官。

17. 猎物　　　　（名）　　　lièwù
捕捉对象。(猎:打猎,猎奇,猎取,渔猎;物:物品,物主,物美价廉,宝物,财物,动物,读物,毒物,废物,公物,古物,货物,怪物,景物,旧物,刊物,礼物,药物,遗物,文物,建筑物)

18. 遗弃　　　　（动）　　　yíqì
扔掉。

19. 中枢神经		zhōngshū shénjīng
神经系统的主要部分。		

20. 试图	(动)	shìtú
打算。(试:尝试,试飞,试航,试探,试问,试想,试行,试用,试验,测试;图:企图,妄图,希图,力图)		

21. 崎岖	(形)	qíqū
形容山路不平。		

22. 微处理器	(名)	wēichǔlǐqì
一种处理器,其内部元件极其微小(CPU)。(微:微风,微小,微笑,微量,微观,微弱,微型,细微,显微镜,微不足道)		

23. 蟑螂	(名)	zhāngláng
昆虫,黑褐色,有臭味。(cockroach; ゴキブリ; 바퀴벌레)		

专 名

南非　　　　Nánfēi　　　　北洲大陆最南端的国家,三面临海。

练 习

一、热身问题:

1. 你能用汉语说出哪些昆虫的名字?

2. 什么是昆虫?昆虫有什么特点?

二、听全文,回答问题,以下哪句话符合课文的意思(可以多选):(　　　)

　　A. 世界上最先有了昆虫
　　B. 昆虫在不断地进化
　　C. 人类模仿昆虫造出了机器人

三、根据第一段内容,判断正误:
    (   ) 1. 最早在空中飞翔的动物不是昆虫。
    (   ) 2. 曾有几亿年的时间,天空中飞翔的只有昆虫。
    (   ) 3. 昆虫的翅膀看起来很不结实。
    (   ) 4. 大花蝶冬天会飞到几千公里以外的栖息地去。

四、根据第二、三段内容,选择正确答案:
    1. A. 不善于飞翔   B. 很容易受伤
       C. 前翼很坚硬   D. 不能再进化

    2. A. 它们的翅膀结实了   B. 比其他飞虫更勇敢
       C. 很喜欢动物的粪便   D. 在地面容易受伤害

    3. A. 甲虫   B. 飞虫
       C. 昆虫   D. 金龟子

五、根据第四段内容,判断正误:
    (   ) 1. 甲虫很想做陆地的主人。
    (   ) 2. 甲虫的六条腿很有劲儿。
    (   ) 3. 南非的大王甲比老虎可怕。
    (   ) 4. 大王甲的速度比猎豹还快。
    (   ) 5. 大王甲就像一只被扔掉的空瓶子。

六、根据第五段内容,选择正确答案:
    1. A. 大脑   B. 肢体
       C. 中枢神经   D. 大脑、中枢神经

    2. A. 大脑   B. 肢体
       C. 中枢神经   D. 大脑、中枢神经

    3. A. 大脑   B. 肢体
       C. 硬件   D. 神经中枢

七、听录音,选词填空：

1. 昆虫的翅膀十分脆弱,在地面(　　)受到损害,这是一个需要在结构上解决的问题。
   A. 极易　　　　　　B. 奇异　　　　　　C. 提议

2. 甲虫就可以飞到其他飞虫不敢到达的地方,例如在狭窄的地洞中生活,或把家(　　)树枝上、土壤里,甚至是动物排泄的粪便里。
   A. 潜在　　　　　　B. 现在　　　　　　C. 建在

3. 甲虫的数量要比任何其他昆虫的数量都多,甲虫是陆地的(　　),它们的六条腿提供了充足的动力,使得它们可以快速爬行。
   A. 主人　　　　　　B. 主任　　　　　　C. 富人

4. 人类试图制造出(　　)与昆虫相类似的机器人,可以穿越各种崎岖不平的地面,但是这些机器人都没能超过昆虫。
   A. 结果　　　　　　B. 机构　　　　　　C. 结构

5. 与昆虫的中枢神经相比,微处理器显得又大又笨,机器人的行走看上去东倒西歪,(　　)灵活性。
   A. 加法　　　　　　B. 缺乏　　　　　　C. 启发

第十八课　农民和土地

词语链

1. 回答问题：
   (1) 录音中用了哪些带"额"的词语？

   (2) 请举例说明什么是"音像制品"。

2. 回答问题：
   (1) 对话的两个人曾经生活在哪里？

   (2) _____
   (3) _____
   (4) "农民"和"农户"有什么区别？

   (5) _____
   (6) 什么样的儿童是"留守儿童"？

3. 回答问题：
   (1) 妈妈和儿子的共同爱好是什么？

   (2) "萝卜白菜各有所爱"是什么意思？

   (3) _____
   (4) 你认为"除了"、"除去"意思有区别吗？

4. 回答问题：

(1) 录音中提到的那种水为什么不能卖了？

(2) _____

(3) 录音中说了哪些和"销售"有关系的词？

5. 回答问题：

(1) 这段话的主要内容是什么？

(2) _____

(3) 你认为"他是一个有责任心的父亲"和"他是一个有责任感的父亲"意思一样吗？

(4) _____

6. 回答问题：

(1) 女的想干什么？

(2) _____

7. 回答问题：

(1) 这段话讲的是什么事情？

(2) "讲述"的近义词是什么？

(3) _____

第十八课

 听短文

（一）

生　词

1. 土　　　（形）　　　tǔ
指中国自己的生产技术、产品或培养出的人员。与"洋"相对。(土:土专家,土博士,土洋并举)

2. 洋　　　（形）　　　yáng
指来自外国的生产技术、产品或外国培养出的人员。与"土"相对。(洋:洋气,洋人,洋式,洋文,洋为中用,留洋,崇洋媚外)

3. 寥寥无几　（成）　　liáoliáo wú jǐ
非常少；没几个。寥寥:形容数量少。

4. 欧美　　　　　　　Ōu-Měi
欧洲和美国的缩略说法。

5. 港台　　　　　　　Gǎng-Tái
香港和台湾的缩略说法。

6. 占据　　（动）　　zhànjù
取得或保持拥有。(占:占领,占有,独占,强占,侵占,霸占;据:窃据,据为已有)

7. 份额　　（名）　　fèn'é
整体中分占的数量。(份:股份;额:金额,名额,巨额,款额,数额,限额,余额,总额,足额)

8. 无人问津　（成）　　wú rén wèn jīn
比喻没有人尝试或过问。

 练　习

根据录音内容选择正确答案：
1. A. 萝卜比白菜好　　　　B. 白菜比萝卜强
　　C. 萝卜白菜都好　　　　D. 各人爱好不同

2. A. 70%市民喜欢民族文化　　B. 20%市民喜欢民族文化
   C. 民族文化作品消费量大　　D. 外来文化作品消费量大

3. A. 民族音乐销量少　　　　　B. 民族音乐作品少
   C. 没人购买外文书　　　　　D. 古典文化受欢迎

(二)

生　词

1. 侃　　　　　(动)　　　　kǎn
   闲聊天儿。

2. 口才　　　　(名)　　　　kǒucái
   口头表达能力。(口:口气,口音,口语,改口,借口,夸口,随口乱说,心口如一,哑口无言,异口同声,目瞪口呆,赞不绝口;才:才能,才学,天才,多才多艺,博学多才)

3. 犟　　　　　(形)　　　　jiàng
   固执,不接受别人的劝说。(犟:犟嘴,脾气犟,犟脾气,倔犟)

4. 改口　　　　　　　　　　gǎi kǒu
   改变原来说话的内容或语气。(改:改变,改动,改革,改行,改进,改选,改称,改日,改天,改期,改造,改善,改装,改朝换代;口:口才,口译,口是心非,住口)

5. 调度　　　　(名)　　　　diàodù
   做安排人力、车辆等工作的人。(调:调换,调虎离山)

6. 犯难　　　　　　　　　　fàn nán
   感到为难。(犯:犯病,犯愁,犯错误,犯脾气;难:难办,难处,难点,难度,难事,难题,艰难,困难,进退两难,寸步难行)

7. 成心　　　　(副)　　　　chéngxīn
   故意。

8. 逗闷子　　　　　　　　　dòu mènzi
   北京方言,意思是开玩笑。

第十八课

 专　名

　　小营　　　　　　Xiǎoyíng

 练　习

根据录音内容选择正确答案：

1. A. 会编故事　　　　　B. 说话好听
   C. 特别能聊　　　　　D. 心眼都好

2. A. 很怀旧　　　　　　B. 很固执
   C. 会开玩笑　　　　　D. 记忆力好

3. A. 有钱没处花　　　　B. 办事不聪明
   C. 成心难为人　　　　D. 特着急找人

 课文

农民和土地

生　词

1. 农耕　　　　（动）　　　　nónggēng
   农业劳作。(农:农夫,农妇,农活,农家,农场,农业,农具,农忙季节,农田,农药,农产品,农作物;耕:耕地,耕种,春耕,耕耘)

2. 举足轻重　　（成）　　　　jǔ zú qīng zhòng
   所处地位重要,一举一动都关系到大局。

3. 剧变　　　　　（名）　　　　　jùbiàn
   剧烈的变化。(剧:剧烈,剧痛,急剧,加剧;变:变成,变化,变动,变革,变换,变为,变心,变形,变样,变质,变幻无常,巨变,量变,质变,千变万化,穷则思变)

4. 起伏　　　　　（名）　　　　　qǐfú
   比喻波动、变化。(起:起劲儿,起落,起重机;伏:时起时伏,此起彼伏)

5. 没收　　　　　（动）　　　　　mòshōu
   强制性地将财物收归公有。(收:收复,收兵,收摊儿,收税,回收,验收,回收率)

6. 地主　　　　　（名）　　　　　dìzhǔ
   占有大量土地,自己不劳动,依靠出租土地、剥削他人为主要生活来源的人。

7. 受益　　　　　（动）　　　　　shòuyì
   得到好处。(受:受理,受援,受贿,承受,感受,接受,享受,领受,逆来顺受;益:利益,收益,有益,无益,公益,集思广益)

8. 高涨　　　　　（动）　　　　　gāozhǎng
   物价、情绪等上升。(高:高兴,兴高采烈,高昂;涨:上涨,涨价,涨钱,暴涨,猛涨,看涨,涨潮)

9. 蓬勃　　　　　（形）　　　　　péngbó
   兴旺;繁荣。

10. 生机　　　　　（名）　　　　　shēngjī
    生命力;活力。(生:生动,生气勃勃)

11. 大锅饭　　　　（名）　　　　　dàguōfàn
    比喻不论工作好坏,待遇、报酬都一样。

12. 不得民心　　　（成）　　　　　bù dé mín xīn
    得不到大家的拥护和支持。得:得到。

13. 剥夺　　　　　（动）　　　　　bōduó
    用强制的方法夺去。(剥:剥削,剥削者)

14. 停滞不前　　　　　　　　　　tíngzhì bùqián
    停在那里,不发展。滞:停止下来。

15. 罕见　　　　　（形）　　　　　hǎnjiàn
    很少见到。(罕:罕有,稀罕,人迹罕至;见:看见,常见,见闻,可见,梦见,瞧见,少见多怪,望见,足见,不见得,能见度,屡见不鲜,一见如故,一见倾心,一见钟情,视而不见,开门见山,喜闻乐见)

16. 饥荒　　　　　（名）　　　　　jīhuāng
    因农作物收成不好或根本没有收成而造成的灾荒。(饥:饥饿;荒:荒年,备荒,逃荒,灾荒)

| 17. 安享晚年 | | ānxiǎng wǎnnián |

安心地享受晚年的快乐。

| 18. 倔犟 | (形) | juéjiàng |

性格刚强,不屈服。(犟:犟脾气,脾气犟)

| 19. 养活 | (动) | yǎnghuo |

供给生活所需的物品和钱。(养:养家,养老,养老金,养老院,收养,抚养,供养,给养,护养,赡养;活:活命,活生生,生活,成活,救活,复活节,死去活来)

| 20. 简陋 | (形) | jiǎnlòu |

房屋、设备等简单、粗糙、不精美。(简:简单,简化,简短,简洁,简历,简练,简略,简明,简朴,简要,简易,简装,简体字,删繁就简;陋:陋室,粗陋)

| 21. 荒地 | (名) | huāngdì |

没有种东西的土地。(荒:荒野,开荒,荒废;地:地租,地摊儿,地广人稀,菜地,草地,翻地,耕地,空地,沙地,林地,平地,下地,野地,种地,自留地)

| 22. 饲料 | (名) | sìliào |

猪、马、牛、羊、鸡等家畜或家禽吃的食物。(料:草料,马料)

| 23. 社员 | (名) | shèyuán |

课文中指在人民公社劳动的人。

| 24. 朴实 | (形) | pǔshí |

朴素、实在。(朴:朴素,纯朴,俭朴,古朴,朴直;实:实话,实现,实效,实用,实在,实质,实干,实事求是,诚实,确实,踏实,现实,扎实,史实,如实,货真价实,名副其实,言过其实)

| 25. 茅塞顿开 | (成) | máo sè dùn kāi |

形容忽然打开思路,一下子就理解、领会了。茅塞:比喻人的思路堵塞。顿:立刻。

| 26. 承包 | (动) | chéngbāo |

接受某项生产经营活动,并且负责完成。(承:承担,承当,承办,承认,承受;包:包修,包退,包换,包圆儿,包办婚姻)

| 27. 磨洋工 | | mó yánggōng |

工作时不努力,故意耗时间。

专 名

| 人民公社 | Rénmín Gōngshè | 1958—1982年中国农村中的集体所有制经济组织。1978年以后，农村普遍实行家庭联产承包责任制。1982年制定的宪法规定农村设立乡人民政府和村民委员会，人民公社从此退出历史舞台。 |

一、听全文，回答问题：

1. 课文主要谈了什么问题？

2. 你听得最清楚的是哪些词语？

二、根据第一段内容，判断正误：
1. 农民与土地的问题在中国由来已久。　　　　　　　　　　(　　)
2. 农民与土地的问题在中国历来就是个重要问题。　　　　(　　)
3. 农民日子过好了，土地也就没问题了。　　　　　　　　(　　)
4. 新中国成立几十年来，土地归谁所有，经历了几次大的变化。(　　)
5. 土地政策的变化会影响中国经济。　　　　　　　　　　(　　)

三、根据第二、三段内容填表（只填句子序号即可）：

不同时期中国农村土地所有制形式及生产、生活状况	
1949年以前	
新中国成立不久	
1958年	
1959年—1962年	

(1) 集体劳动,集体分配,干活儿多少都一样。
(2) 农村贫富悬殊。
(3) 农民自己经营自己的农田。
(4) 实行不得民心的大锅饭制度。
(5) 土地平均分配给农户。
(6) 实行了人民公社化。
(7) 因饥荒而饿死了人。
(8) 农业生产停滞,甚至滑坡。
(9) 能自由出售自己的农产品。
(10) 农民个人不再拥有土地。
(11) 农业生产生机勃勃。

四、根据第四段内容,选择正确答案:

1. A. 进养老院生活　　　　B. 先给儿子看病
   C. 不白吃国家的饭　　　D. 没粮时再找国家

2. A. 60块钱　　　　　　　B. 几头猪
   C. 16亩地　　　　　　　D. 3300斤粮食

3. A. 把地包给农民种　　　B. 社员出工不出力
   C. 生产不出好粮食　　　D. 领导没有责任心

4. A. 刘青兰并没有老　　　B. 大山里生活更好
   C. 农民应该有土地　　　D. 公社领导很愚蠢

五、根据第五段内容,回答问题:

1. 改革开放后,农村有了什么样的变化?

2. 农民生活怎么样?

3. 今天农村的问题是什么?

六、听录音,选词填空:

1. 1949年以前,土地归私人所有,农民租种富裕地主的土地,农村(　　),富的富。

　　A. 亲的亲　　　　B. 穷的穷　　　　C. 行的行

2. 脱离实际的人民公社剥夺了农民的(　　)。农民自己不能决定在土地上种什么,更无权支配产品,甚至自己一年吃多少口粮都要上边说了算。

　　A. 权力　　　　B. 全力　　　　C. 前例

3. 人民公社化导致的灾难性后果,就是农业不能为国家提供足够的粮食,更没有抗灾能力,(　　)在1959到1962年间,那场罕见的饥荒来临时,出现了很多非正常死亡的现象。

　　A. 一致　　　　B. 以致　　　　C. 一直

4. 这位倔犟的老人提出,不想让国家白养活,如果公社同意,他就带儿子到山里去,一边种地,一边给儿子看病,生产(　　)就交粮给国家,不足也不要国家负责。

　　A. 由于　　　　B. 犹豫　　　　C. 有余

第十九课　中国最后一个人民公社的求富实践

词语链

1. 回答问题：
   (1) 这段对话的主要内容是什么？

   (2) _____
   (3) _____
   (4) _____

2. 回答问题：
   (1) 这段话的主要内容是什么？

   (2) _____ _____ _____ _____

3. 回答问题：
   (1) 复述句子：

   (2) 你能用"唯一"说一句话吗？

   (3) "警匪片"是什么样的电影或电视剧？

   (4) 你认为"警方"和"警察"有区别吗？

4. 回答问题：
   (1) 这段话的主要内容是什么？

   (2) _____
   (3) _____
   (4) 请说出"扑救"的近义词。

5. 回答问题：
   (1) 请说出"失火"的近义词。

   (2) _____ _____
   (3) 被烧毁的房屋还能住吗？

6. 回答问题：
   (1) _____
   (2) "原来满是树木的山头，如今是光秃秃的一片"中的"光秃秃"是什么意思？

   (3) 录音中用了哪些和"树"有关的词语？

7. 回答问题：
   (1) 车到了终点站，还会继续往前开吗？为什么？

   (2) 请说出"年终"的同义词。

   (3) 录音中说了哪些带"终"的词语？

8. 回答问题：
   (1) 男的要干什么？

   (2) _____

9. 回答问题：
   (1) 女的说自己是什么？

   (2) 什么是"色盲"？

   (3) "文盲"是什么意思？

10. 回答问题：
    (1) 对话的主要内容是什么？

    (2) _____
    (3) "一点儿安全感也没有"是什么意思？

11. 回答问题：
    (1) 这段对话可能发生在什么地方？

    (2) 什么人可以算是病人的亲属？

    (3) _____
    (4) 想一想，什么时候可以用"回天无力"这个词。

（一）

生 词

1. 大有人在　　　　　dà yǒu rén zài
   指某类人数量很多。

2. 谦谦君子　　　　　qiānqiān jūnzǐ
   原指谦虚、能严格要求自己的人。课文中指说的时候积极,做的时候却退缩不前的人。

3. 付诸行动　　　　　fùzhū xíngdòng
   指拿出实际行动;真正去做(某事)。付:交给。诸:之于。

4. 路程　　　　(名)　　lùchéng
   从起点到终点经过的路线的总长度。(路:路过,路上,路费,路途,半路,赶路,过路,半路出家;程:单程,归程,回程,旅程,全程,行程,前程)

5. 设施　　　　(名)　　shèshī
   为进行某项工作或满足某种需要而建立起来的组织、机构、建筑等。(设:设备,设置,摆设,陈设,建设,开设,特设;施:施工,施行,措施,实施,因材施教)

6. 挑眼　　　　　　　tiāo yǎn
   故意找毛病。(挑:挑剔,挑刺儿,挑毛拣刺)

根据录音内容选择正确答案:

1. A. 非常谦虚　　　　　　B. 经常锻炼
   C. 只说不做　　　　　　D. 不够重视

2. A. 很多　　　　　　　　B. 不多
   C. 很少　　　　　　　　D. 凑合

3. A. 价格不够理想 　　　　　　B. 上班路程太远
   C. 没有锻炼的地方　　　　　D. 没有足够的项目

4. A. 找出毛病来　　　　　　　B. 允许随便挑
   C. 选择余地大　　　　　　　D. 找不出毛病

（二）

生　词

1. 稻谷　　　　　　（名）　　dàogǔ
   大米去掉壳之前叫稻谷。(稻:稻子,稻米)

2. 火把　　　　　　（名）　　huǒbǎ
   像棍棒的形状,举在手中,顶上可以点燃,多用于照明。举行大型运动会时也会点燃火把。(火:火场,火车,火锅,火苗儿,放火,起火,灭火,救火,失火,水火无情)

3. 熄灭　　　　　　（动）　　xīmiè
   灯或者火灭掉。(熄:熄灯,熄火;灭:灭灯,灭火,扑灭)

4. 羁押　　　　　　（动）　　jīyā
   公安机关或司法机关,依法在一定时间内,限制特定对象的人身自由。

5. 审　　　　　　　（动）　　shěn
   公安机关、检查机关或法院向犯罪嫌疑人或刑事案件中的被告人查问与案件有关的事实。(审:审问,审判,审理,初审,复审,陪审员)

6. 判处　　　　　　（动）　　pànchǔ
   判决处以某种刑罚。(判:判案,判决,判罪;处:处分,处决,处死)

7. 徒刑　　　　　　（名）　　túxíng
   剥夺犯人自由并强制其劳动的刑罚,分为有期徒刑和无期徒刑。

8. 上诉　　　　　　（动）　　shàngsù
   诉讼当事人不服第一审的判决或裁定,向上一级法院请求改判。(上:上告;诉:诉讼,起诉)

9. 审理　　　　　　（动）　　shěnlǐ
   审查处理。(审:审问,审判,公审,受审;理:管理,整理,办理,处理,护理,清理,治理,助理,料理,代理人,理财)

| 10. 真诚 | （形） | zhēnchéng |

真实诚恳。(真:真情,真心,真心诚意,纯真;诚:诚恳,诚实,诚心,诚意,热诚)

| 11. 悔罪 | （动） | huǐzuì |

对自己犯下的罪恶感到后悔。(悔:悔恨,悔改,悔不当初,悔悟,后悔,懊悔,反悔,忏悔;罪:罪犯,罪恶,罪名,罪人,罪行,认罪,免罪,死罪)

| 12. 审判 | （动） | shěnpàn |

审理和判决。(审:审问,审理;判:判案,判决,判罪,判决书,改判)

| 13. 坐牢 | | zuò láo |

关在监狱里。(牢:牢房,监牢)

| 14. 鉴于 | （介） | jiànyú |

表示以某种情况作为前提加以考虑。

| 15. 认罪 | | rèn zuì |

承认自己的罪行。(认:认错,认输,认命,否认,公认,默认;罪:罪犯,罪人,罪行,罪名,罪大恶极,犯罪,死罪,滔天大罪)

| 16. 判决 | （动） | pànjué |

法院对审理结束的案件做出决定。(判:判案,判罪,判处,判刑,改判,审判,谈判;决:决定,决心,决策,表决,否决,坚决,解决,取决,判决书)

| 17. 缓刑 | （动） | huǎnxíng |

对犯人所判处的刑罚在一定条件下暂缓执行或不执行。缓刑期间,如果不再犯新罪,就不再执行原刑罚,如犯有新罪,就把前后所判处的刑罚合并执行。(缓:缓期,减缓,暂缓,刻不容缓;刑:刑罚)

| 18. 责令 | （动） | zélìng |

命令负责做某事。(令:命令,禁令)

| 19. 将功补过 | | jiāng gōng bǔ guò |

用建立的功劳抵偿所犯的过错。

| 20. 卖力 | （形） | màilì |

尽量使出自己的力量。(卖:卖命;力:力量,听力,能力,吃力,出力,财力,国力,极力,脑力,全力,实力,人力,权力,省力,视力,体力,心力,无力,用力,生产力,记忆力,筋疲力尽,心有余力不足)

| 21. 验收 | （动） | yànshōu |

按照标准检验后收下。(验:化验,检验,考验,实验,试验,体验,验证;收:收入,收录机,收音机,收看,收留,收条,收养,查收,接收,吸收,招收)

| 22. 成活 | （动） | chénghuó |

培养的动植物没有在出生或种植后的短时期内死去。(成:完成,成功,成败,成立,成交,成品,成家,建成,速成,半成品;活:活力,活生生,活命,复活,复活节,你死我活)

根据录音内容选择正确答案：

1. A. 拿着火把赶路   B. 随手乱扔东西
   C. 故意点燃了山火   D. 引发了森林火灾

2. A. 一审终审没变化   B. 终审加重了刑罚
   C. 终审改判为无罪   D. 终审减轻了刑罚

3. A. 和村干部关系好   B. 愿全力弥补损失
   C. 家庭生活很困难   D. 认罪态度特别好

中国最后一个人民公社的求富实践

生 词

1. 弊 （名） bì
   害处，与"利"相对。(弊：弊病，利弊，兴利除弊)

2. 乡镇 （名） xiāngzhèn
   乡和镇。

3. 财经 （名） cáijīng
   财政和经济的合称。

4. 名列 （动） míngliè
   名次排列在。(名：名词，名称，名片，名不虚传，名列前茅，地名，笔名，出名，除名，点名，专名；列：列举，陈列，罗列，名列前茅)

5. 乡长 （名） xiāngzhǎng
   乡里面的最高行政领导。

6. 化肥　　　　　（名）　　　huàféi
化学肥料的简称。

7. 农机具　　　　（名）　　　nóngjījù
农业机械和农业生产时所使用的工具。

8. 福利　　　　　（名）　　　fúlì
生活上的利益。课文中指对本公社社员的特殊照顾。

9. 村镇　　　　　（名）　　　cūnzhèn
村庄和小市镇。

10. 无息贷款　　　　　　　　wúxī dàikuǎn
不收取利息的贷款。息：利息。

11. 分红　　　　　（动）　　　fēnhóng
课文中指年底按出工多少分配钱等。

专　名

1. 河北　　　　Héběi　　　　中国的一个省。省会石家庄。
2. 周家庄　　　Zhōujiā Zhuāng　　地名。在河北省。

练　习

一、听全文，回答问题，以下哪句话符合课文的意思：（　　　）
　　A. 改革开放以后中国的人民公社彻底消失了。
　　B. 河北省今天还在实行人民公社制度。
　　C. 今天周家庄的人民公社和以前的不完全一样。

二、根据第一段内容，判断正误：
　　（　　）1. 人民公社制度下，吃饭不是问题。
　　（　　）2. 大锅饭是人民公社制度的优势之一。
　　（　　）3. 改革开放以后承包制代替了人民公社。
　　（　　）4. 今天，周家庄实行集体劳动，集体分配。
　　（　　）5. 2005年，周家庄农民的收入比全国农民人均收入高。

三、根据第二段内容,判断正误:

(　　) 1. 周家庄的每一个人都是干一天的活儿拿一天的钱。
(　　) 2. 今天周家庄的大锅饭和以前没什么区别。
(　　) 3. 今天的周家庄仍然可以出工不出力。
(　　) 4. 今天在周家庄混工是混不下去了。
(　　) 5. 周家庄的社员比承包制下的农民省心。

四、根据第三段内容,判断正误:

(　　) 1. 参加公社劳动的社员可以享受周家庄的福利。
(　　) 2. 周家庄福利包括吃水不花钱。
(　　) 3. 周家庄给每家都白盖了房子。
(　　) 4. 周家庄的集体企业享受着国家的特殊待遇。
(　　) 5. 周家庄集体企业员工和社员待遇一样。

五、根据第四段内容,判断正误:

(　　) 1. 周家庄社员去集体企业上班还是种地,完全自己决定。
(　　) 2. 在周家庄,完全没有贫富差距。
(　　) 3. 周家庄不存在贫富悬殊的问题。
(　　) 4. 周家庄允许个体经济存在。
(　　) 5. 选择个体经济就不能享受公社的福利。
(　　) 6. 做不做周家庄社员,可以自由选择。

六、讨论:

1. 改革开放前的人民公社和周家庄的人民公社区别在哪里?

2. 你认为在农村实行什么样的制度是最理想的?

第二十课 婚姻那座城

词语链

1. 回答问题：

    (1) 请举例说明：什么日子算"大喜的日子"？什么事算"喜事"？

    (2) 录音中的新郎、新娘会举行什么样的婚礼？

    (3) "开个好头儿"、"开个坏头儿"是什么意思？

2. 回答问题：

    (1) "看你那高兴劲儿"是什么意思？你能模仿这个句子说一句话吗？

    (2) _____

3. 回答问题：

    (1) 这段对话最有可能发生在什么地方？

    (2) _____

    (3) _____

4. 回答问题：

    (1) _____
    (2) _____

(3) _____
(4) 你喜欢下雪吗？说一说下雪时的情景,请用上"飞舞"这个词。

5. 回答问题：
   (1) _____
   (2) _____

6. 回答问题：
   (1) 这段对话在讨论什么问题？

   (2) _____ _____

7. 回答问题：
   (1) 男的碰到了什么事？

   (2) 你平常用脸盆吗？你有饭盆吗？

   (3) _____
   (4) _____
   (5) "代代相传"是什么意思？

听短文

(一)

生　词

1. 时髦　　　　　(形)　　　　shímáo
   形容人穿衣打扮新颖时尚。(时:时尚,时新,时价)

2. 食粮 (名) shíliáng
人吃的粮食。也常用作比喻,如精神食粮。

3. 枕巾 (名) zhěnjīn
铺在枕头上的用品。(枕:枕头,枕套,枕席;巾:毛巾,头巾,围巾,浴巾,毛巾被)

4. 暖壶 (名) nuǎnhú
保存热水的保温瓶。(暖:暖和,暖房,暖流,暖气,暖色,暖水瓶,取暖,温暖,冷暖,问寒问暖;壶:茶壶,酒壶,水壶,壶盖)

5. 不愧 (副) búkuì
可以毫不惭愧地享受某种荣誉或称号。(不:不对,不光,不安,不仅,不满,不怕,不少,不必,不变,不成,不错,不得,不利,不久,不公,不解,不欢而散,不计其数,不可思议;愧:愧悔,愧色,愧疚,惭愧,羞愧,无愧,当之无愧,问心无愧)

专 名

1. 云冈　　Yúngāng　　云冈石窟是中国四大石窟之一。位于山西省大同市郊区。2001年被列入"世界遗产名录"。

2. 敦煌　　Dūnhuáng　　甘肃省敦煌市有著名的莫高窟。人们说"敦煌"时一般指"莫高窟",是中国四大石窟之一,1987年被列入"世界遗产名录"。

根据录音内容选择正确答案:

1. A. 有人要结婚　　　　B. 朋友生小孩
   C. 录音中没说　　　　D. 需要拉关系

2. A. 吃的　　　　　　　B. 画册
   C. 文物　　　　　　　D. 脸盆

3. A. 非常不好　　　　　B. 拿不出手
   C. 的确很好　　　　　D. 还算凑合

4. A. 差得很远　　　　　　B. 基本正确
   C. 录音没说　　　　　　D. 完全不对

（二）

生　词

1. **婚俗**　　　　　　　　（名）　　　hūnsú
   有关婚姻的习俗。(婚:婚礼,婚姻,婚约,婚期,婚姻法,结婚,离婚,已婚,晚婚,早婚,复婚,重婚,订婚；俗:习俗,移风易俗)

2. **习俗**　　　　　　　　（名）　　　xísú
   习惯和风俗。(习:习惯,恶习,陋习；俗:婚俗,移风易俗,入境随俗)

3. **隆重**　　　　　　　　（形）　　　lóngzhòng
   规模又大又庄重。(隆:兴隆；重:慎重,郑重,庄重,自重)

4. **操办**　　　　　　　　（动）　　　cāobàn
   计划、准备和办理。(操:操劳,操心,操之过急；办:办理,办事,办公室,办事处,包办,承办,筹办,合办,举办,开办,难办,停办,照办)

5. **截然不同**　　　　　　（成）　　　jiérán bùtóng
   两事物完全不同。截然:很分明地、断然分开的样子。

6. **体验**　　　　　　　　（动）　　　tǐyàn
   亲身经历。(体:体会,体谅,体贴,身体力行；验:测验,化验,检验,考验,实验,试验)

7. **魅力**　　　　　　　　（名）　　　mèilì
   很能吸引人的力量。(力:能力,力量,力气,兵力,财力,费力,省力,极力,尽力,军力,脑力,体力,眼力,主力)

8. **细节**　　　　　　　　（名）　　　xìjié
   细小的地方。(细:细小,细微,细雨,和风细雨；节:节目,情节,细枝末节)

9. **筹备**　　　　　　　　（动）　　　chóubèi
   为做某事而事先计划、准备。(筹:筹办,筹划,筹建；备:备考,备课,备用,自备,预备,储备,后备,戒备,配备)

10. **一手**　　　　　　　（副）　　　yìshǒu
    不要别人帮忙,单独地(做)。

11. **够呛**　　　　　　　（形）　　　gòuqiàng
    达到或超过所能忍受的程度,有"受不了"的意思。

12. 策划　　　　　　　　（动）　　　　　　cèhuà

为做某事而事先计划。(策:对策,国策,计策,决策,上策,下策,失策,献策,束手无策;划:规划,筹划,谋划,五年计划)

13. 浪漫　　　　　　　　（形）　　　　　　làngmàn

充满幻想,富有诗意。

根据录音内容选择正确答案:

1. A. 大操大办,热热闹闹　　　　B. 高调低调,各有千秋
   C. 以吃为主,不怕麻烦　　　　D. 形式特殊,趣味性强

2. A. 按老人的意愿办　　　　　　B. 婚礼不是太讲究
   C. 婚礼由妻子做主　　　　　　D. 跟亲戚们说清楚

3. A. 既低调又热闹　　　　　　　B. 既省钱又隆重
   C. 光领证就行了　　　　　　　D. 自己高兴就行

4. A. 婚俗中没有代沟　　　　　　B. 什么样的婚礼好
   C. 婚礼得开个好头儿　　　　　D. 婚俗文化历史悠久

婚姻那座城

生　词

1. 美貌　　　　　　　　（名）　　　　　　měimào

长相美丽。(美:美丽,美观,美景,美女,美人,美术,美容,健美,优美,秀美,壮美,俊美,审美;貌:面貌,容貌,体貌,相貌,以貌取人)

2. **事业有成**　　　　　　　　　shìyè yǒuchéng
   课文中指所从事的工作,获得了很大的成功。

3. **都市**　　　　（名）　　　dūshì
   大城市。(都:都会;市:城市,市民,市郊,市容,市内,市区,市长,市镇,直辖市)

4. **拴**　　　　　（动）　　　shuān
   被某事约束而失去自由。

5. **琐事**　　　　（名）　　　suǒshì
   细小、零碎的事情。(琐:琐细,琐碎;事:事情,事物,事件,事业,事业心,本事,懂事,怪事,国事,家事,旧事,往事,幸事,实事求是,料事如神)

6. **厚重**　　　　（形）　　　hòuzhòng
   丰厚贵重,课文中指家庭生活丰富而充满人生道理。

7. **情节**　　　　（名）　　　qíngjié
   事情的经过。(情:情况,情景,情境,情形,病情,敌情,国情,旱情,灾情,民情;节:细节,小节,不拘小节)

8. **徐徐**　　　　（副）　　　xúxú
   慢慢地。

9. **彩虹**　　　　（名）　　　cǎihóng
   大气中一种光的现象。课文比喻精彩的生活片断。(rainbow;虹；무지개)

10. **天高气爽**　　　　　　　tiān gāo qì shuǎng
    课文中指秋天给人的天地高远、空气清爽的感觉。

11. **果真**　　　　（副）　　　guǒzhēn
    果然。(果:如果;真:真正,当真)

12. **如此**　　　　（代）　　　rúcǐ
    这样。(如:如今,如上,如下,如同,如饥似渴,犹如,正如,了如指掌,恰如其分,心如刀割,易如反掌,爱财如命,胆小如鼠,度日如年,一见如故;此:此时,此刻)

13. **分享**　　　　（动）　　　fēnxiǎng
    和别人分着享受(快乐、幸福、好处等等)。(分:分工,分红,分管,分赃,按劳分配,按需分配;享:享乐,享受,享有,享用,有福同享)

14. **憾事**　　　　（名）　　　hànshì
    感到遗憾的事情。(憾:遗憾,缺憾;事:事情,事物,懂事,怪事,国事,家事,幸事,事主,事与愿违,事在人为,旧事重提)

15. **承受**　　　　（动）　　　chéngshòu
    接受;禁受。(承:承担,承认,承包;受:受贿,受理,受益,受援,受宠若惊,感受,享受,逆来顺受,自作自受)

练 习

一、听全文,回答问题:

1. 录音中对于是否应该结婚,谈了哪些观点?

2. 什么叫"恐婚症"?

二、根据第一段内容,选择正确答案:

1. A. 大约 50 万人　　　　　　B. 大约 30 万人
   C. 城市人口的 60%　　　　　D. 城市女性的 60%

2.

A.　　　　　　　　　　　　　B.

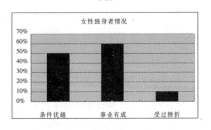

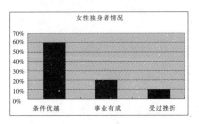

C.　　　　　　　　　　　　　D.

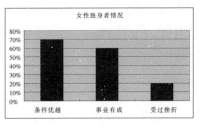

3. A. 跟着大家走　　　　　　　B. 跟着潮流走
   C. 跟着正确的走　　　　　　D. 时刻会有变化

三、根据第二段内容,判断正误:

(　) 1. 都市女性只谈恋爱不结婚的不少。
(　) 2. 都市女性不结婚都有充足的理由。
(　) 3. 都市女性怕结婚失去自由。

( ) 4. 都市女性讨厌丈夫孩子。

( ) 5. 都市女性讨厌烦琐的家务事。

四、根据第三段内容填表(只填句子序号即可)：

网络作家是如何描述独身生活与家庭生活的？	
独身生活	
家庭生活	

(1) 我们可以在那张纸上精彩浪漫一回。

(2) 独身生活是一张又轻又薄的纸。

(3) 家庭生活是一本厚重的书。

(4) 如果整本书都是惊险的情节,读书的人也会累死。

五、根据第三段内容,选择正确答案：

1. A. 不应该结婚　　　　　　　B. 当然该结婚

　　C. 没说他的观点　　　　　　D. 结婚并不可怕

2. A. 夏天结婚生活就像彩虹　　B. 春天是结婚最美好的季节

　　C. 美好的婚姻生活可以创造　D. 秋天、冬天结婚也很浪漫

六、根据第四、五段内容讨论：

1. 婚姻并不全是浪漫,结婚有得有失,你同意这种观点吗？为什么？

2. 结婚会得到什么？失去什么？

3. 对"婚姻需要责任心,需要承受"的说法,你怎么看？

4. 你认为怎样能让家庭生活永远保持浪漫？

七、听录音,选词填空：

尽管结婚会(　　)一些东西,不结婚也不一定能够获得全部：婚姻是两(　　)心共同向往的地方,是疲倦的身体可以放松休息的地方,是唯一可以保存你全部喜怒哀乐的地方。有谁能说,自己的心(　　)不想回家？自己的情感从来不愿与人分享？没有婚姻的人生是不(　　)的,没有做父亲、母亲的(　　)也是人生的一大憾事。因为,婚姻带给人们精神与物质的许多东西,未经历者是无法想象的。

① A. 拾取　　　B. 吸取　　　C. 失去
② A. 颗　　　　B. 个　　　　C. 克
③ A. 重来　　　B. 从来　　　C. 现在
④ A. 完成　　　B. 完整　　　C. 欢迎
⑤ A. 经历　　　B. 尽力　　　C. 精力

第二十一课 "养虎为患"的老板

词语链

1. 回答问题：
   (1) _____
   (2) _____
   (3) 请说出"恰巧"的近义词。

   (4) 什么样的事是"鸡毛蒜皮"的事？

   (5) 李华妈妈吵闹时，"李华就默默地看着她妈妈"中的"默默"是什么意思？

   (6) _____

2. 回答问题：
   (1) 试着用汉语说出一些家禽的名字。

   (2) 举例说明"珍稀禽类"有哪些。

   (3) _____
   (4) _____ _____
   (5) _____

3. 回答问题：
   (1) "一贫如洗"是什么意思？

(2) "豪华轿车"的价格怎么样?还有什么可以用"豪华"形容?

(3) "情感不和"和"感情和谐"在意思上有什么联系?

(4) 你认为夫妻感情破裂后,应该怎么办?

(5) 什么叫"非法同居"?

4. 回答问题:

(1) 这段话的主要内容是什么?

(2) 请解释"小虎、幼虎、虎妈妈、虎宝宝"各是什么样的虎?

(3) "奶粉"是用什么做的?

5. 回答问题:

(1) _____
(2) _____
(3) "亏损"的反义词是什么?"连年亏损"是什么意思?

(4) _____

6. 回答问题:

(1) 这段对话讨论的是什么问题?

(2) _____

7. 回答问题:

(1) 李三为什么后悔?

(2) 将 A、B、C、D 四个词填在与它们意思对应的表格中：

案件发生	违法的事件	某种案件的例子

A. 案子　　B. 案发　　C. 案件　　D. 案例

8. 回答问题：

(1) 请用最简单的话说明"他"对待癌症的态度。

(2) _____

(3) _____

（一）

生　词

1. 桩　　　　　　（量）　　zhuāng
   用于事件。相当于量词"件"。

2. 未遂　　　　　（动）　　wèisuì
   没有达到目的。(未：未婚,未来,未知数,未尝)

3. 罪犯　　　　　（名）　　zuìfàn
   犯罪的人。(罪：罪名,罪人,罪行,罪状,罪证；犯：犯人,逃犯,凶犯,战犯,主犯,盗窃犯,政治犯)

4. 会计　　　　　（名）　　kuàijì
   做和财务有关系的工作的人。

5. 贤妻良母　　　　　　　　xián qī liáng mǔ
   既是好妻子又是好母亲。(贤：贤惠；妻：妻子,妻了,大妻；良：良好,良机,良民,良心,良药,良医,良友,良师益友；母：母亲,母爱,母女,母子)

6. 拆迁　　　　　　　　（动）　　　chāiqiān
   居民搬到别处,拆除旧有的建筑。(拆:拆房子,拆除,过河拆桥;迁:迁居,迁移,搬迁)

7. 协议　　　　　　　　（动）　　　xiéyì
   一起商量。(协:协力,协商,协作,政协;议:议论,议题,计议,面议,评议,争议,商议)

8. 利害　　　　　　　　（名）　　　lìhài
   利益和损害。

9. 冲突　　　　　　　　（动）　　　chōngtū
   矛盾表面化,发生激烈的争斗。

10. 恐吓　　　　　　　　（动）　　　kǒnghè
    声称要采取某种行动或用使人害怕的话吓唬人。

11. 忍让　　　　　　　　（动）　　　rěnràng
    忍耐,让步。(忍:忍受,忍痛,忍气吞声,忍无可忍,容忍;让:让路,让开,让座,谦让,退让)

12. 变本加厉　　　　　　（成）　　　biàn běn jiā lì
    变得比原来更加严重。厉:猛烈。

13. 联名　　　　　　　　（动）　　　liánmíng
    有若干人或者若干团体共同在文件上签名。(联:联合,联欢,联结,联系,联络,联想,联合国,关联;名:名称,名字,名词,名单,名片,名不虚传,名列前茅,地名,有名无实,无名英雄)

14. 请愿书　　　　　　　（名）　　　qǐngyuànshū
    写给政府或当局的、要求满足某些愿望或改变某种政策的信。

15. 虐待　　　　　　　　（动）　　　nüèdài
    用狠毒、凶恶的手段对待。(待:对待,优待,看待,待遇,以礼相待)

16. 从轻惩处　　　　　　　　　　　cóng qīng chéngchǔ
    处罚得轻一些。从:采取某种方针或态度。惩处:惩罚。

 练　习

根据录音内容选择正确答案:

1. A. 管理房子　　　　　B. 商场主管
   C. 财务工作　　　　　D. 录音没说

2. A. 妻子太能忍耐　　　　B. 没有钱买房子
   C. 丈夫烧妻子照片　　　D. 鸡毛蒜皮的小事

3. A. 跟丈夫讲理　　　　　B. 一直在忍耐
   C. 撕丈夫衣服　　　　　D. 努力寻求保护

4. A. 有些后悔　　　　　　B. 变得更凶
   C. 想杀了妻子　　　　　D. 开始打孩子

5. A. 事情令他们吃惊　　　B. 她丈夫已经死了
   C. 林起芳为人温和　　　D. 为林起芳抱不平

（二）

生　词

1. 遵从	（动）	zūncóng

遵照并服从。(遵：遵守，遵照；从：服从，顺从，依从，三从四德，力不从心，言听计从)

| 2. 限度 | （名） | xiàndù |

最大的范围；最高或最低的数量或程度。(限：限制，极限，期限，无限，有限，年限；度：高度，极度，宽度，厚度，强度)

| 3. 一厢情愿 | （成） | yìxiāng qíngyuàn |

只是自己主观愿意。一厢：一方面。

| 4. 仗着 | | zhàngzhe |

靠别人的势力或有利条件。

| 5. 残疾 | （动） | cánjí |

肢体、器官或肢体、器官的功能有缺陷。

| 6. 植树造林 | | zhíshù zàolín |

大面积地种树并将其培育成森林。

| 7. 开荒 | | kāi huāng |

把荒地改造成可种植的土地。(开：开发，开采，开通，开垦，开路，开矿，开山，开凿，茅塞顿开；荒：荒地，荒野，荒原，破天荒)

| 8. 抚育 | （动） | fǔyù |

照料、教育孩子，使健康成长。(抚：抚养；育：培育，养育)

9. 致富	（动）	zhìfù
由穷变富。(致:致使,导致,以致,招致;富:富裕,富有,富豪,富翁,首富)		

10. 收买	（动）	shōumǎi
用钱或其他好处迫使别人听自己的,按自己的意志办。(收:收购;买:买卖,买进,购买,购买力,买主)		

11. 伪证	（名）	wěizhèng
假的证据。(伪:伪造,假冒伪劣,虚伪,去伪存真;证:证件,证明,签证,人证,物证,罪证,工作证,学生证,以此为证)		

12. 着落	（名）	zhuóluò
可以依靠或指望的来源。		

13. 重婚	（动）	chónghūn
有法律上生效的婚姻关系,又同别人结婚。(重:重复,重叠;婚:婚姻,结婚,婚事,婚期,婚约,婚姻法,成婚,订婚,离婚,复婚,未婚,新婚,求婚,退婚,晚婚,已婚,再婚)		

14. 恶习不改		èxí bù gǎi
坏习惯不改。		

15. 诉讼	（动）	sùsòng
打官司。		

专　名

全国妇联　　　Quánguó Fù Lián　　　全名中华全国妇女联合会

根据录音内容选择正确答案：

1. A. 别的国家也自由吗？　　　　B. 什么时候离婚合适？
   C. 自由的原则真的对吗？　　　D. 一方想离婚就能离吗？

2. A. 夫妻感情不好　　　　　　　B. 女方地位太低
   C. 女方家里太穷　　　　　　　D. 全国妇联不管

3. A. 钟庚琦的努力　　　　　B. 果园效益特好
   C. 夫妻感情基础好　　　　D. 家里老人的照顾

4. A. 天天都不回家　　　　　B. 让人欺负妻子
   C. 与第三者同居　　　　　D. 希望尽快离婚

5. A. 离婚案都是男方的错　　B. 离婚中女性都是弱者
   C. 自由离婚根本不应该　　D. 有的离婚案确有不公

"养虎为患"的老板

生　词

| 1. 养虎为患 | （成） | yǎng hǔ wéi huàn |

养老虎,成为了祸患。常用来比喻纵容坏人,成为了后患。患:祸患。

| 2. 辍学 | （动） | chuòxué |

中途停止上学。

| 3. 出台 | （动） | chūtái |

(政策、措施等)公布或开始实施。(出:出厂,出发,出车,出国,出来,出门,出行,出游,出入证)

| 4. 驯养 | （动） | xùnyǎng |

饲养野生动物,使其逐渐驯服。(驯:驯服;养:饲养,放养,喂养,养蜂,养殖,养虎遗患)

| 5. 药用功能 | | yàoyòng gōngnéng |

作为药物使用的功能。

| 6. 胃口 | （名） | wèikǒu |

食欲。

| 7. 濒危 | （动） | bīnwēi |

接近危险。(濒:濒临,濒死;危:危机,危急,危险,安危,转危为安)

| 8. 发布 | （动） | fābù |

把命令、公告公开告诉大家。

| 9. 虎骨 | （名） | hǔgǔ |

老虎的骨头。

| 10. 熊 | （名） | xióng |

一种哺乳动物，头大，尾巴短，四肢短而粗，脚掌大。(bear；熊；呂)

| 11. 凑合 | （动） | còuhe |

勉强适应不很满意的事物或环境；将就。

| 12. 捉襟见肘 | （成） | zhuō jīn jiàn zhǒu |

拉一拉衣襟，就露出胳膊肘。形容顾得了这里，顾不了那里，应付不过来。襟：衣服前下方、边儿的地方。肘：上臂下臂相连处，关节的外部。

| 13. 伤人 | | shāng rén |

伤害人的身体或精神。课文中指老虎吃掉或者伤害人。

| 14. 腾 | （动） | téng |

空(kòng)出来，课文中指给幼虎让出空间。

| 15. 捐赠 | （动） | juānzèng |

赠送。(捐：捐助、捐款、捐钱、捐献；赠：赠送)

| 16. 变卖 | （动） | biànmài |

买了东西，换取现金。

| 17. 豪华 | （形） | háohuá |

建筑、设备、装饰等华丽、档次高。(华：华贵、华美)

| 18. 犯法 | | fàn fǎ |

做了法律规定不允许做的事。(犯：犯规、犯罪，知法犯法，明知故犯；法：法律，法规，法庭，法官，法院，法学，法医，合法，不法商人，违法，无法无天，违法乱纪，知法犯法)

| 19. 骑虎难下 | （成） | qí hǔ nán xià |

骑在老虎背上不能下来，比喻做事中途遇到困难，想停又停不下来。

专　名

熊虎山庄　　Xiónghǔ Shānzhuāng　　以周伟森养的熊、狮子、老虎等为观赏内容的旅游景点。

第二十一课

练 习

一、听全文,回答问题:

1. 这篇课文讲的是一个什么故事?

2. 周伟森最后有多少只老虎?

二、根据第一段内容,选择正确答案:

1. A. 他只上过三年学　　　　　　B. 养蛇就赚了 50 万
   C. 从小就喜欢鸭子　　　　　　D. 因养鸭子变穷了

2. A. 他得到了一批老虎　　　　　B. 他认识养虎的专家
   C. 他想开野生动物园　　　　　D. 老虎的药用价值高

3. A. 周伟森建起了野生动物园　　B. 周伟森老虎养得比别人好
   C. 国家不允许用虎骨做药了　　D. 周伟森有了老虎研究基地

4. A. 认为 1988 年的法律比较好　　B. 认为国家的通知不是一阵风
   C. 认为国家的法规只是开玩笑　D. 认为以后还可以用虎骨做药

5. A. 门票很有吸引力　　　　　　B. 老虎不能够药用
   C. 观赏动物受欢迎　　　　　　D. 他的珍稀动物多

三、根据第二段内容,选择正确答案:

1. A. 老虎伤人了　　　　　　　　B. 他养不起了
   C. 老虎长得太快　　　　　　　D. 老虎喜欢山林

2. A. 熊虎山庄连年亏损　　　　　B. 老虎不愿意出去打工
   C. 老虎吃的奶粉买不到　　　　D. 幼虎嫌山林地方太小

3. A. 国家养老虎没有用　　　　　B. 老虎喜欢熊虎山庄
   C. 国家没地方放养老虎　　　　D. 国家没有捐赠的规定

4. A. 要船队不如养老虎　　　　　B. 解决老虎吃饭问题
   C. 豪华轿车对他没用　　　　　D. 饲料价格越来越贵

四、听录音,选词填空:

1. 他从各地动物园引进了12只老虎,(　　)着饲养。
   A. 尝试　　　　B. 常事　　　　C. 强使

2. 周伟森在叔叔的(　　)下,又投入了3亿元,增添了黑熊、狮子和各种(　　)禽类。很快,他的熊虎山庄成了重要景点之一,门票80元一张。
   ① A. 指使　　　　B. 支持　　　　C. 自私
   ② A. 珍稀　　　　B. 珍惜　　　　C. 真鸡

3. 1988年的《野生动物保护法》中明明写着,对野生动物可以"积极驯养繁殖","(　　)开发利用"。
   A. 隔离　　　　B. 合力　　　　C. 合理

五、讨论:

1. 为什么说周伟森"养虎为患"?

2. 为什么说周伟森"骑虎难下"?

3. 试举例说明"骑虎难下"可以用在什么地方。

第二十二课 友谊重于金钱

词语链

1. 回答问题：
   (1) 说话人是干什么工作的？

   (2) 录音中说了哪些带"销售"的词语？

2. 回答问题：
   (1) 这段对话主要谈了什么问题？

   (2) _____
   (3) _____
   (4) 你认为"肥胖"算病吗？

3. 回答问题：
   (1) 这段话主要谈的是什么问题？

   (2) 造成"肥胖"的主要原因是什么？

   (3) "产品过剩"的结果是什么？

   (4) "劳动力过剩"的结果是什么？

4. 回答问题:

   (1) 这段对话的主要内容是什么?

   (2) _____

   (3) 录音中怎么称呼女儿的丈夫?

   (4) _____

5. 回答问题:

   (1) 这段对话的主要内容是什么?

   (2) _____
   (3) _____

6. 回答问题:
   (1) _____
   (2) _____

7. 回答问题:
   (1) _____
   (2) 录音中用了哪些带"健身"的词语?

   (3) 请说出"强壮"的近义词。

第二十二课

（一）

生　词

1. 当月　　　　　　（名）　　　dàngyuè
   本月;同一个月。(当:当年,当天,当日,当晚,当时;月:月初,月底,月末,每月,岁月,日积月累,日新月异,长年累月)

2. 差额　　　　　　（名）　　　chā'é
   和某一个标准数量相比,所差的数。(差:差别,差距,差异,差价,温差;额:金额,巨额,款额,名额,数额,税额,限额,余额,总额)

3. 差异　　　　　　（名）　　　chāyì
   差别,不同的地方。(差:差别,差距,差额,差价,温差,色差,反差;异:异同,异性,异口同声,大同小异)

4. 体制　　　　　　（名）　　　tǐzhì
   国家机关、企业、事业单位等的组织制度。

5. 资历　　　　　　（名）　　　zīlì
   由从事某种工作或活动时间的长短所形成的身份及经验。(历:经历,历来,历史,简历,来历,学历,阅历)

6. 熬年头儿　　　　　　　　　áo niántóur
   等待时间一年一年地过去。(熬:熬夜)

根据录音内容选择正确答案:
1. A. 工厂的同事　　　　B. 卖主和买主
   C. 丈夫的女儿　　　　D. 岳父和女婿

2. A. 会计 B. 企业家
   C. 卖汽车 D. 开汽车

3. A. 比汽车行业工资高 B. 比其他行业收入多
   C. 比他的岳父挣得多 D. 每月工资不固定

4. A. 工作的表现 B. 企业的状况
   C. 职业的不同 D. 资格和经历

5. A. 你的资历深不深 B. 你的年龄有多大
   C. 住在哪里非常重要 D. 你选择了什么职业

(二)

生 词

1. 休养　　　　　（动）　　　xiūyǎng
   休息并调节饮食,必要时服用药物,使身体恢复健康。(休:休假,休闲,公休日,午休,退休;养:养分,养料,保养,补养,营养)

2. 滋补　　　　　（动）　　　zībǔ
   给身体补充需要的养分。(补:补品,补药,补血)

3. 调理　　　　　（动）　　　tiáolǐ
   调整饮食及日常生活习惯,使身体康复。(调:调节,调养,调整;理:整理,理财,理家,办理,处理,护理,经理,料理,清理,受理,修理,治理,日理万机)

4. 风马牛不相及　　　　　fēng mǎ niú bù xiāng jí
   比喻两者完全没有关系。

5. 摄入　　　　　（动）　　　shèrù
   吸取。(摄:摄取;入:入场,入迷,入侵,入睡,入夜,入座,进入,侵入,深入,输入,出入,引人入胜)

6. 鹿　　　　　（名）　　　lù
   一种哺乳动物,四肢细长,尾巴短,雄性头上有角。(deer;鹿;사슴)

7. 体质　　　　　　（名）　　　　　　tǐzhì
人或动物的健康水平及适应外界的能力。(体:体力,体态,体形,体育,体温,体温计,身体,尸体,量体裁衣;质:品质,劣质,实质,素质,优质,文质彬彬)

8. 迟缓　　　　　　（形）　　　　　　chíhuǎn
缓慢;不迅速。(迟:迟迟;缓:缓慢)

9. 时而　　　　　　（副）　　　　　　shí'ér
表示行为动作不定时重复发生或出现。

10. 确保　　　　　　（动）　　　　　　quèbǎo
有把握地保持或保证。(确:确切,确实,确诊,的确,正确,准确,精确,真确,千真万确;保:保险,难保,准保)

11. 膳食　　　　　　（名）　　　　　　shànshí
日常吃的饭和菜。(膳:午膳,晚膳,用膳;食:食品,食粮,食物,食用,饭食,酒食,粮食,饮食)

12. 忠告　　　　　　（名）　　　　　　zhōnggào
诚恳地劝告的话。(忠:忠心,忠实,忠言逆耳;告:告诉,告密,告知,报告,公告,广告,警告,劝告,通告,预告,宣告,转告)

13. 苦难　　　　　　（名）　　　　　　kǔnàn
痛苦和灾难。(苦:痛苦,苦闷,苦恼,苦痛,苦笑,艰苦,疾苦,刻苦,贫苦,穷苦,受苦,悲苦,艰苦奋斗;难:难民,国难,受难,灾难,逃难,危难,遇难)

14. 何在　　　　　　（动）　　　　　　hézài
在哪里。

练　习

根据录音内容选择正确答案：

1. A. 营养缺乏　　　　　　　　B. 营养过剩
　 C. 心态不好　　　　　　　　D. 缺乏锻炼

2. A. 有一些联系　　　　　　　B. 根本没关系
　 C. 意思大致一样　　　　　　D. 意思完全一样

3. A. 与天敌共生存　　　　　　B. 不计它们吃饱
　 C. 过舒服的日子　　　　　　D. 吃低热量食物

4. A. 能引起食欲的食物　　　　B. 精致又好吃的食物
   C. 色香味俱全的食物　　　　D. 最基本、简单的食物

5. A. 享受　　　　　　　　　　B. "苦难"
   C. 舒服　　　　　　　　　　D. 省力

友谊重于金钱

生　词

1. 难免　　　　　（动）　　　nánmiǎn
   不容易避免。(难:难得,难过,难忘,难说；免:免得,以免,幸免,免疫)

2. 宽敞　　　　　（形）　　　kuānchang
   宽阔；宽大。(宽:宽广,宽阔,心宽)

3. 温馨　　　　　（形）　　　wēnxīn
   舒服,温暖,甜美。

4. 称心如意　　　（成）　　　chènxīn rúyì
   完全合乎心意。

5. 装修　　　　　（动）　　　zhuāngxiū
   给屋子里面的墙刷上颜色,安装好门窗、厨房、卫生间设备等。

6. 迎刃而解　　　（成）　　　yíng rèn ér jiě
   比喻主要问题解决了,其他相关问题就容易得到解决。迎:对着。刃:刀口。解:分开。

7. 不至于　　　　（副）　　　búzhìyú
   不会达到某种程度。

8. 信笺　　　　　（名）　　　xìnjiān
   信纸。

9. 一本万利　　　（成）　　　yì běn wàn lì
   用极少的本钱获取巨大的利润。

10. 利息　　　　（名）　　　lìxī
存款时得到的本金以外的钱。(利:利润,暴利,净利,毛利,盈利,赢利,一本万利;息:本息,定息,年息,月息)

11. 胸怀　　　　（名）　　　xiōnghuái
气度。课文中指容忍、谦让的限度。

12. 钦佩　　　　（动）　　　qīnpèi
敬重,佩服。(佩:敬佩,佩服)

13. 不已　　　　（动）　　　bùyǐ
继续不停。

一、听全文,回答问题,以下哪句话符合课文的意思(可以多选):(　　　)
　　A. 我买了新房子。
　　B. 我的孩子出国去读书了。
　　C. 我看了一本书,对我很有启发。

二、根据第一段内容,判断正误:
　　（　　）1. 生活中碰到缺钱的时候可不容易。
　　（　　）2. 我第一次买房子花光了所有的存款。
　　（　　）3. 看着新房子,我特别高兴。
　　（　　）4. 新房子装修好后,我更高兴了。
　　（　　）5. 我装修房子欠下了十几万块钱。
　　（　　）6. 我想起来,可以找两位朋友借钱。
　　（　　）7. 第一位朋友刚买了房子不富裕。
　　（　　）8. 第二位朋友手头也不宽裕。
　　（　　）9. 借给别人钱容易,让别人还钱就难了。
　　（　　）10. 跟别人借钱容易,还钱的时候就该发愁了。
　　（　　）11. 作者不敢肯定他的朋友是不是借钱不还的人。

三、根据第二段内容,选择正确答案:

1. A. 写的是美国人的事 　　　　　B. 胡适向别人借过钱
   C. 别人向胡适借过钱 　　　　　D. 胡适为钱的事很着急

2. A. 不盼望别人还 　　　　　　　B. 希望别人早还
   C. 希望能收利息 　　　　　　　D. 希望多收利息

3. A. 善待别人,自己也快乐 　　　B. 自己有困难,别人会帮助
   C. 心胸开阔,别人才会佩服 　　D. 认为金钱重于友谊的人少

四、听录音,选词填空:

1. 朋友刚把儿子送到外国去念书,花钱就像(　　)一样,现在,朋友正为生活着急呢,哪里还谈得上还钱!
   A. 秋水　　　　　B. 酒水　　　　　C. 流水

2. (　　)之余,拿起了一本闲书,其中的一段文字好像是说给我听的。
   A. 烦愁　　　　　B. 发愁　　　　　C. 犯愁

3. 胡适先生的(　　)是如此开阔,令我钦佩不已。每个人都会有碰到困难的时候,朋友遇到困难,我们在伸出援助之手帮助他的时候,也是在完善自己。用宽容之心对待别人,自己也会收获快乐。
   A. 胸怀　　　　　B. 心怀　　　　　C. 襟怀

五、讨论:

1. 你有过向别人借钱或者把钱借给别人的经历吗?借钱时你怎么想?

2. 如果别人借了你的钱不还了,你会怎么想?会怎么办?

3. 社会上流行的"借钱的时候是孙子,还钱的时候是大爷",这句话是什么意思?

第二十三课　离奇官司

词语链

1. 回答问题：
   (1) 这段对话说的是什么事？

   (2) "警察"和"交警"有什么区别？

   (3) _____
   (4) _____

2. 回答问题：
   (1) _____

   (2) 录音中还说了什么"主"？

   (3) "小偷"最怕什么人？

3. 回答问题：
   (1) 男的春节去哪儿了？

   (2) _____

4. 回答问题：
   (1) 以上谈话内容有可能发生在什么地方？

   (2) _____

5. 回答问题：

   (1) "流行色"一词是什么意思？

   (2) 女的穿的流行色是什么颜色？

   (3) _____

   (4) 请说出"喜好"的近义词。

6. 回答问题：

   (1) 你最熟悉的品牌是什么？你觉得"品牌"和"牌子"有区别吗？

   (2) _____

7. 回答问题：

   (1) 对话中都说到了什么车？

   (2) 根据车轮所处的部位，可以把车轮分为哪两种？

8. 回答问题：

   (1) 录音中的"我"喜欢什么？

   (2) _____ _____
   (3) _____

9. 回答问题：

   (1) 这群年轻人的公司是搞什么技术的？

   (2) _____

 听短文

(一)

生 词

1. 步伐　　　（名）　　bùfá
   行走的步子。课文中用作比喻。

2. 推陈出新　（成）　　tuī chén chū xīn
   在旧的基础上创造新的。陈：旧的。

3. 潮流　　　（名）　　cháoliú
   比喻社会变动或发展的趋势。

4. 品牌　　　（名）　　pǐnpái
   商品的牌子。课文中指有名气的牌子。

5. 银子　　　（名）　　yínzi
   课文中指钱。

6. 忙碌　　　（形）　　mánglù
   事情多，没有闲工夫。

 练习

根据录音内容选择正确答案：

1. A. 有些人喜欢　　　　　　B. 有人不喜欢
   C. 变化越来越快　　　　　D. 每个季节都变

2. A. 懂得流行的道理　　　　B. 经济条件比较好
   C. 有最流行的速度　　　　D. 品牌知识很超前

3. A. 黑色一直在流行　　　　B. 他没时间洗衣服
   C. 不知道什么流行　　　　D. 他不喜欢流行色

（二）

生 词

1. 何　　　　　　　（代）　　　　　　hé
   什么。

2. 信仰　　　　　　（动）　　　　　　xìnyǎng
   对某个人、某一主张或某种思想极其相信和尊敬,以致用它来指导自己的行动。(信:相信,信任,信心,坚信,可信,自信,深信,听信,误信,半信半疑,迷信;仰:敬仰,久仰)

3. 货真价实　　　　（成）　　　　　　huò zhēn jià shí
   真正的好货,实在的价钱。

4. 童叟无欺　　　　（成）　　　　　　tóng sǒu wú qī
   连老人和孩子都不欺骗。比喻买卖公平。童叟:孩子和老人。

5. 淹没　　　　　　（动）　　　　　　yānmò
   全部在水下面。课文中指商品不做宣传,也就没有人知道。

6. 得益　　　　　　（动）　　　　　　déyì
   受益。(得:得到,得救,得分,得胜,得寸进尺,得心应手,获得,难得,取得,应得,赢得,如鱼得水;益:有益,利益,权益,收益,无益,效益,集思广益)

7. 参与　　　　　　（动）　　　　　　cānyù
   参加(某事的计划、讨论、处理等)。(参:参加,参展,参战,参议院;与:与会,与会者)

8. 盛行　　　　　　（动）　　　　　　shèngxíng
   广泛流行。(盛:盛传,盛极一时;行:发行,风行,流行,施行,通行,推行,暂行,执行,畅行)

9. 玩弄　　　　　　（动）　　　　　　wánnòng
   使用(手段、花招等)。(玩:玩花招,玩手段,玩火自焚;弄:耍弄,戏弄,愚弄,捉弄,作弄,弄虚作假,弄巧成拙)

10. 把戏　　　　　　（名）　　　　　　bǎxì
    花招,骗人的手法。

11. 抱怨　　　　　　（动）　　　　　　bàoyuàn
    说出别人的不对和自己的不满。(抱:抱歉,抱憾,抱委屈,抱不平,打抱不平;怨:怨言,埋怨,任劳任怨)

专　名

1. 《红天鹅》　　　Hóng Tiān'é　　　　影片名。Red Swan
2. 《廊桥遗梦》　　Lángqiáo Yí Mèng　　书名。Bridges of Madison County
3. 《长岛春梦》　　Chángdǎo Chūn Mèng　书名。

根据录音内容选择正确答案：

1. A. 都卖散装货　　　　B. 以诚信为本
   C. 好酒不先卖　　　　D. 被骗不新鲜

2. A. 说的好　　　　　　B. 唱的好
   C. 言过其实　　　　　D. 水平很高

3. A. 广告直接影响消费　B. 对电影广告很满意
   C. 认为广告不太好听　D. 希望书也多做广告

4. A. 商品质量　　　　　B. 商品包装
   C. 百姓参与拍电影　　D. 书和鸡蛋搭着卖

5. A. 坚决支持　　　　　B. 坚决反对
   C. 心中不安　　　　　D. 整天抱怨

离奇官司

生 词

1. 离奇　　　　　　　（形）　　　líqí
   不平常；出人意料。

2. 摩托车　　　　　　（名）　　　mótuōchē
   装有内燃发动机的两轮车或三轮车。(motorcycle；オートバイ；오토바이)

3. 机动车道　　　　　（名）　　　jīdòngchēdào
   专门供汽车等利用机器开动的车行驶的车道。

4. 骨折　　　　　　　（动）　　　gǔzhé
   骨头断了或碎了。(骨：骨头，骨肉相连，正骨，刻骨铭心；折：折断)

5. 告　　　　　　　　（动）　　　gào
   向司法机关检举,提要求。课文中指要求通过法院解决车祸中的责任及赔偿问题。

6. 逃跑　　　　　　　（动）　　　táopǎo
   为躲避不利于自己的事而离开。课文中指原告为躲避丢车人的追赶而慌忙离开。

7. 慌不择路　　　　　　　　　　　huāng bù zé lù
   课文中指慌忙当中,顾不上选择道路。

8. 闻所未闻　　　　　（成）　　　wén suǒ wèi wén
   听到了从来没有听到过的事情,形容事情非常新奇。闻：听说。

9. 百思不得其解　　　（成）　　　bǎi sī bù dé qí jiě
   百般思索、考虑,还是不能理解。也说"百思不解"、"百思莫解"。思：想；思考。解：明白。

10. 车祸　　　　　　　（名）　　　chēhuò
    行车时发生的伤亡事故。(车：车门,车辆,车轮,列车,火车,货车,餐车,倒车,汽车,自行车；祸：灾祸,惹祸,惨祸,天灾人祸,幸灾乐祸)

70

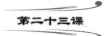

11. 陷入困境   xiànrù kùnjìng

课文中指由于车祸的原因,生活变得很困难。

12. 认定   (动)   rèndìng

确定地认为。(认:认得,认识,认为,认字,认领,辨认;定:定居,定名,定语,定罪,断定,否定,假定,肯定,料定,评定,商定,暂定,一言为定,举棋不定)

13. 打官司   dǎ guānsi

进行诉讼。课文中指通过司法机关,按照法律程序解决问题。

14. 目击   (动)   mùjī

亲眼看到。(目:目光,目送,目不暇接,目不转睛,目瞪口呆,目中无人,耳目一新,盲目,面目全非,心目,醒目,悦目,触目惊心,横眉怒目,赏心悦目,引人注目;击:撞击)

16. 当事人   (名)   dāngshìrén

跟事情有直接关系的人。

16. 采信   (动)   cǎixìn

相信,并用来作为处理事情的依据。(采:采购,采取,采用;信:相信,信赖,信心,信仰,坚信,可信,轻信,确信,深信,自信,半信半疑)

17. 预见   (动)   yùjiàn

根据事情的发展规律,预先料想到将来。课文中指小杨和货车司机应该在车祸没发生时就想到原告面临着危险。

18. 律师   (名)   lǜshī

受当事人委托或法院指定,依法协助当事人打官司的专业人员。

19. 开庭   kāi tíng

审判人员在法庭上对当事人和其他有关人员进行审问和询问。(开:开会,召开;庭:出庭,法庭)

20. 辩护   (动)   biànhù

提出事实、理由进行申辩,以保护别人或自己。课文中指在法庭上,原告自己为自己诉说理由等。

21. 当庭翻供   dāng tíng fān gòng

在法庭上推翻供词。课文中指原告在法庭上推翻了自己以前承认偷车的事实。

一、听全文,回答问题:
1. 录音中说的是个什么官司?

2. 录音中一共说了几个官司?

二、根据第一段内容,判断正误:
(　) 1. 一个年轻妇女偷了小杨的自行车。
(　) 2. 小杨丢了自行车自认倒霉,没想去追。
(　) 3. 旁边的人让小杨雇摩托车去追。
(　) 4. 快到路口时,小杨就要追上偷车人了。
(　) 5. 偷车人为了躲小杨,撞到了货车上。
(　) 6. 偷车人伤势严重,住了四个月医院。
(　) 7. 半年后,小杨被偷车人告到了法院。
(　) 8. 偷车人同时告了货车司机和货车车主。
(　) 9. 偷车人共花掉医药费9万多元。

三、根据第二段内容,选择正确答案:
1. A. 怎么想也想不明白　　　　　B. 怎么听也听不明白
　 C. 认为小偷告失主没道理　　　D. 认为小杨不追就没事了

2. A. 这不能算交通事故　　　　　B. 给小偷点儿钱也行
　 C. 虽然没责任也得赔点儿　　　D. 小偷没资格要求赔偿

3. A. 他们家生活困难　　　　　　B. 他们家人口太多
　 C. 交警解决不了这件事　　　　D. 交警不管打官司的事

四、根据第三段内容讨论：

1. 偷车人和她丈夫是怎么想的？

2. 小杨的理由是什么？

3. 货车司机怎么说？

4. 三个人中谁的话可以相信？为什么？

5. 这三种说法对官司的影响是什么？

五、根据第四段内容填表：

一审审判结果	
当事人	承担金额中的百分比(%)
小杨	
偷车人	
司机、车主	
二审审判结果	
当事人	承担金额中的百分比(%)
小杨	
偷车人	
司机、车主	

六、听录音，选词填空：

  面对一审判决结果，小杨很委屈。她的律师说，小杨没有（　　），追回自己丢失的财产是（　　）行为，也是社会提倡的。货车车主更不能（　　）这一结果，说他们一个是小偷，一个追小偷，撞到我的车上。

  不久，二审开庭了。这次，偷车人没有找律师，夫妻二人自己为自己辩护。没想到的是,偷车人当庭翻供,说她根本就没偷车。然而,偷车的事实是无法(　　)的。

① A. 过错　　　　　B. 做错　　　　　C. 哭过
② A. 正常　　　　　B. 适当　　　　　C. 正当
③ A. 接收　　　　　B. 接手　　　　　C. 接受
④ A. 改判　　　　　B. 改变　　　　　C. 实现

七、讨论:

1. 你认为偷车人有没有资格告小杨、货车司机及车主?

2. 在偷车人、小杨、货车司机、货车车主几个人中,你最同情谁?

3. 如果你是法官,你怎么判这起官司?

第二十四课 可可西里的骄傲

词语链

1. 回答问题：
   (1) 模特走路的姿势是跟什么学的？

   (2) 男的为什么说猫是一种很美的动物？

   (3) _____

2. 回答问题：
   (1) 为什么说老虎是"濒临灭绝"的动物？

   (2) 男的在街上看见卖什么的了？

   (3) "贩卖老虎皮肯定犯法"中的"贩卖"是什么意思？

3. 回答问题：
   (1) 为什么有人要杀死藏羚羊？

   (2) "羊绒"和"羊毛"有区别吗？如果有，区别是什么？

4. 回答问题：
   (1) _____
   (2) _____

(3) _____

(4) 录音中除了"收藏品"还说了什么"品"?

5. 回答问题：

(1) 这段对话在讨论什么问题？

(2) _____

6. 回答问题：

(1) 女的为什么生气？

(2) _____

7. 回答问题：

(1) _____
(2) _____
(3) "雨伞"和"阳伞"有区别吗？

8. 回答问题：

(1) 这段对话在讨论什么问题？

(2) _____
(3) 人类应该争取什么样的发展模式？不好的发展模式是什么？

9. 回答问题：

(1) 你能试着用"以……为荣"说一句话吗？

(2) 人类应该以什么为耻？

10. 回答问题：

你认为"盈利"和"暴利"有区别吗？

11. 回答问题：

(1) 女的为什么不便通话？

(2) _____

（一）

生　词

1. 卷柏　　　　（名）　　juǎnbǎi

植物名。

2. 滚动　　　　（动）　　gǔndòng

物体整体不断翻转移动。课文中指变成球形的卷柏被风吹着移动。

3. 游走　　　　（动）　　yóuzǒu

课文中指卷柏生存在哪里不固定，经常迁移。

4. 性命　　　　（名）　　xìngmìng

生命。

5. 轧　　　　　（动）　　yà

用车轮或圆柱形工具滚压。课文中指车轮从卷柏身上通过，使卷柏从圆形变成扁的。

6. 淘气　　　　（形）　　táoqì

孩子爱玩儿爱闹，不听劝告。(气：气质、习气、傲气、风气、和气、娇气、骄气、客气、牛气、脾气、傻气、俗气、土气、洋气、小气、怨气、义气、稚气、书生气、低声下气、歪风邪气、趾高气扬)

7. 理会 (动) lǐhuì
对别人的言语行动表示态度。课文中指卷柏想游走时,实验者仍然让卷柏在圈出的空地里,不为它的游走提供条件和方便。

8. 断绝 (动) duànjué
停止联系,丢失联系,不再连贯。课文中指一切可能使卷柏游走的条件都不可能实现。

根据录音内容选择正确答案:

1. A. 它能够变成球形　　　　B. 它能够随风滚动
   C. 它能够到处扎根　　　　D. 寻找充足的水分

2. A. 被孩子拿去当球踢　　　B. 找不到水源而死掉
   C. 没有更好的生存环境　　D. 被人拿起来挂到树上

3. A. 不让卷柏太称心　　　　B. 不让卷柏随便走
   C. 经常给卷柏加水　　　　D. 让卷柏变得可笑

4. A. 卷柏确实可笑　　　　　B. 卷柏不再扎根
   C. 卷柏改变了习性　　　　D. 卷柏不再怕危险

(二)

生 词

1. 论坛 (名) lùntán
报刊、座谈会等提供的,可以对公众发表议论的地方。(论:论点,论据,论辩,论断,论述,论说,论题,论文,论证,论战,论著,辩论,谈论,讨论,议论,争论,高谈阔论;坛:讲坛)

2. 语出惊人 (成) yǔ chū jīng rén
话说出来让人感到吃惊。语:话。

3. 巨头　　　　　　（名）　　　jùtóu
   政治界经济界有较大势力，能影响局势的人。(巨：巨大，巨变，巨额，巨浪，巨人，巨著，老奸巨猾)

4. 无非　　　　　　（副）　　　wúfēi
   不外乎；只(多把事情往轻里或小里说)。

5. 支撑　　　　　　（动）　　　zhīchēng
   勉强维持。(支：支柱，独木难支，一木难支；撑：撑持，撑腰，硬撑)

6. 无语　　　　　　　　　　　　wúyǔ
   不说话。课文中指默默地，什么都不说。

7. 忧心忡忡　　　　（成）　　　yōuxīn chōngchōng
   心里忧愁不安。忡忡：忧虑不安的样子。

8. 注重　　　　　　（动）　　　zhùzhòng
   重视。(注：注目，注视，注意，关注，专注，倾注，引人注目，全神贯注；重：重用，保重，看重，敬重，珍重，尊重，着重)

9. 得不偿失　　　　（成）　　　dé bù cháng shī
   得到的没有失去的多(得到的少，失去的多)。偿：抵补。得、失：得到和失去。

 练　习

根据录音内容选择正确答案：

1. A. 中国人还得跟着美国人走　　　　B. 中国不是一个理想的市场
   C. 中国发展不能走外国的路子　　　D. 中国达不到美国的生活水平

2. A. 破坏环境是必然的　　　　　　　B. 应付的代价就得付
   C. 每个人都要为国分忧　　　　　　D. 发展经济得考虑环境

可可西里的骄傲

生词

1. 成群结队　　　（成）　　chéngqún jiéduì
结成一群一群,一伙儿一伙儿的。成、结:结为;成为。

2. 地平线　　　　（名）　　dìpíngxiàn
往前看,地和天交界的线。

3. 濒临　　　　　（动）　　bīnlín
临近。(濒:濒危,濒死;临:临到,临街,临河,临危不惧,面临,如临大敌,居高临下)

4. 灭绝　　　　　（动）　　mièjué
完全不存在。(灭:灭亡,灭火,灭迹,灭口,灭族,灭种,毁灭,消灭,破灭,不可磨灭;绝:绝望,绝路,绝境,绝壁,弹尽粮绝)

5. 锐减　　　　　（动）　　ruìjiǎn
很快地减少或下降。(锐:锐进;减:减少,减产,减法,减去,减价,减轻,减免,减员,裁减,缩减,削减,增减,偷工减料)

6. 危在旦夕　　　（成）　　wēi zài dànxī
形容危险就在眼前。旦夕:早晨和晚上。

7. 波斯语　　　　（名）　　bōsīyǔ
伊朗的官方语言,也是阿富汗境内两种主要语言之一。属印欧语系印度-伊朗语族伊朗语支。使用人口约6000万。

8. 披肩　　　　　（名）　　pījiān
披在肩上的服饰。(披:披风,披星戴月)

9. 上流社会　　　　　　　　shàngliú shèhuì
由社会地位较高的人组成的群体。

10. 青睐　　　　　（动）　　qīnglài
比喻喜爱或重视。

11. 编织　　　　　　（动）　　　biānzhī
把细长条状物连在一起,制成衣物。课文中指把羊绒线有规则地组织起来,使成为披肩。

12. 急剧　　　　　　（副）　　　jíjù
快速。(急:急促,急进,急忙,急切,急速,急症,急性病,加急,特急,操之过急;剧:剧变,剧烈,剧痛,加剧)

13. 盗猎　　　　　　（动）　　　dàoliè
非法捕猎。(盗:偷盗,盗窃,盗版,盗卖,盗取,盗用,防盗,掩耳盗铃;猎:打猎,猎取,射猎,渔猎,猎奇)

14. 走私　　　　　　（动）　　　zǒusī
非法运输货物进出国境。

15. 残忍　　　　　　（形）　　　cánrěn
又狠又毒辣。(残:残酷,残暴,凶残;忍:不忍,于心不忍,惨不忍睹)

16. 步枪　　　　　　（名）　　　bùqiāng
单人使用的,射程可达400米的一种枪。枪管较长,分非自动、半自动、全自动。

17. 冲锋枪　　　　　（名）　　　chōngfēngqiāng
单人使用的全自动枪,能以密集的火力射击。射程约200米。

18. 发　　　　　　　（量）　　　fā
用于枪弹、炮弹。

19. 猖獗　　　　　　（形）　　　chāngjué
凶猛,毫无顾忌。(猖:猖狂)

20. 羔　　　　　　　（名）　　　gāo
出生不久的小羊。

21. 迁徙　　　　　　（动）　　　qiānxǐ
迁移;离开原来住的地方,搬到别处。(迁:迁移,迁居,迁都,搬迁,拆迁)

22. 毁灭　　　　　　（动）　　　huǐmiè
毁坏消灭。(毁:毁坏,毁损,毁弃,拆毁,摧毁,击毁,撕毁,炸毁,坠毁,毁于一旦;灭:灭亡,灭火,灭迹,毁灭,消灭,破灭,磨灭,幻灭,不可磨灭)

23. 万般无奈　　　　　　　　　　wànbān wúnài
一点办法也没有。万般:很;极;绝对。

24. 武装　　　　　　（动）　　　wǔzhuāng
用武器来装备。(武:武打,武功,武官,武力,武器,武术,比武,练武,文武双全;装:装备,整装待发)

25. 偷猎	(动)	tōuliè
偷偷地猎杀。本文中与"盗猎"意思相同。		
26. 巡逻	(动)	xúnluó
巡查。课文中指巡查有没有偷猎分子。		
27. 乳头	(名)	rǔtóu
乳房上突起的部分,上面有小孔,奶汁从小孔流出。		

专　名

1. 可可西里	Kěkěxīlǐ	地名。在西藏自治区。
2. 阿尔金山保护区	Ā'ěrjīn Shān Bǎohùqū	地名。在西藏自治区。
3. 藏北高原	Zàngběi Gāoyuán	位于西藏自治区北部的高原。
4. 尼泊尔	Níbó'ěr	国家名。
5. 克什米尔	Kèshímǐ'ěr	又称"喀什米尔",是青藏高原西部和南亚北部交界处的一个地区。
6. 印度	Yìndù	国家名。

 练　习

一、听全文,回答问题:

1. 这篇课文讲的是什么动物的事情?

2. 这种动物遭遇到了什么?为什么?

二、根据第一段内容,判断正误:

(　) 1. 藏羚羊自身适应能力极强。

(　) 2. 藏羚羊因自身条件差,即将灭绝。

(　) 3. 藏羚羊不需要人去照管,就能够活得很好。

（　　）4. 近年来，藏羚羊的数量在快速、大量地减少。

（　　）5. 以阿尔金山保护区为例，十年中藏羚羊减少了10%。

三、根据第二段内容，选择正确答案：

1. A. 已经流传到了欧美　　　　　B. 在国外是高级藏品
   C. 很受上流社会的喜爱　　　　D. 是皇帝最喜欢的披肩

2. A. 手工活更值钱　　　　　　　B. 羊绒价格大涨
   C. 羊绒来不及处理　　　　　　D. 原料供应接不上

3. A. 有人大量偷窃藏羚羊　　　　B. 有人武装盗猎藏羚羊
   C. 藏羚羊失去了栖息地　　　　D. 有人走私进口沙图什

四、根据第三段内容填表（只填句子序号即可）：

上句	合适的下句
盗猎分子手段极其残忍	
冬季，盗猎活动异常猖獗	
随着藏羚羊数量的急剧减少，冬季藏羚羊分布又相对分散	
盗猎者把目光转移到了产羔地	
结果是	

（1）盗猎者感到不便。
（2）因为夏季藏羚羊产羔时会成群迁徙到统一地点。
（3）他们使用步枪、冲锋枪和半自动步枪。
（4）而且，怀孕的母羊奔跑慢，盗猎起来容易。
（5）因为那时候，藏羚羊的羊绒比较厚。
（6）一次就会有成百上千只藏羚羊惨遭猎杀。
（7）成群怀孕的母羊被杀，给藏羚羊的繁衍造成毁灭性灾难。

五、根据第四段内容，回答问题：

1. 课文中提到几个人为保护藏羚羊献出了生命？

2. 索南达杰牺牲时,他身后是什么情景?

3. 用你的话讲一讲扎巴多杰牺牲前的事情。

六、听录音,选词填空:

1. 藏羚羊是可可西里的骄傲,只要你看到它们成群结队地在雪后的地平线上涌出,优美的体态,飞翔一样的(　　),你就会相信,它能够在这片土地上生存数千万年。它不是一种(　　)能力差、自身濒临灭绝的动物,只要你不去管它,它自己就能活得好好的。
① A. 跑姿　　　　B. 豹子　　　　C. 电子
② A. 吸引　　　　B. 实行　　　　C. 适应

2. 沙图什(　　)柔软,能很容易地从戒指中穿过,所以又称"戒指披肩"。
　A. 及其　　　　B. 极其　　　　C. 机器

3. 生产规模变大,对原料的需求也大增,羊绒价格随之(　　)上升。
　A. 急剧　　　　B. 聚集　　　　C. 积极

4. (　　)之下,藏羚羊遭遇疯狂盗猎。
　A. 暴力　　　　B. 暴利　　　　C. 抛弃

七、讨论:

1. 人类给动物带来了什么?

2. 人和动物能够和谐相处吗?

3. 金钱往往会使人失去人性,失去理智,你同意这一说法吗?试举例说明。

第二十五课　现任交警与《交通"刑警"》

词语链

1. 回答问题：
   (1) 男的要找谁？

   (2) _____
   (3) _____

2. 回答问题：
   (1) 这段对话的主要内容是什么？

   (2) 长篇小说、中篇小说和短篇小说有什么区别？

   (3) _____
   (4) _____

3. 回答问题：
   (1) _____

   (2) 对话中说到了什么失常？

4. 回答问题：
   (1) 小王怎么了？

   (2) 录音中提到警察会扣什么？

(3) 你认为"扣本"是扣什么本?

(4) _____

(5) _____   _____

5. 回答问题:

   (1) 下面的表告诉我们,录音中的大家族一共有几代人?

	李一男
儿子	李连生
孙子/女	德山 德江 春英 春芬 春荣
重孙子/女	红伟 红宇 红玉 红石
玄孙	可心

   (2) _____

6. 回答问题:

   (1) 这段对话在讨论什么问题?

   (2) _____

   (3) 录音中还说到了什么权?

7. 回答问题:

   (1) 这段话的主要内容是什么?

   (2) _____

   (3) 中国的服装设计师主要是些什么人?

8. 回答问题：

   (1) 这段对话的主要内容是什么？

   (2) 录音中"宝贝儿"是什么意思？

9. 回答问题：

   (1) 这段对话的主要内容是什么？

   (2) "网络犯罪有一特点,案犯中年轻人比较多"这句话是什么意思？

10. 回答问题：

    (1) 这段对话的主要内容是什么？

    (2) "鱼在旱地也要跑路"的意思是A、B、C中的哪一个？
        A. 有了钱就可以买鱼
        B. 多大的困难也得克服
        C. 鱼也会碰到难办的事

（一）

生　词

1. 撰写　　（动）　　　　zhuànxiě
   写;写作。(撰:撰稿,撰文;写:写信,写作,编写,改写,缩写)

2. 引用　　　（动）　　yǐnyòng
用别人说过的话、做过的事或发表过的文字材料作为根据。(引:引号,引文,引以为戒;用:使用,用法,用功,用户,备用,采用,盗用,惯用语,急用,借用,利用,耐用,日用,试用,享用,运用,重用,租用,大材小用)

3. 前提　　　（名）　　qiántí
事情发生或发展的先决条件。(前:前辈,前排,前腿,前者,前奏)

4. 指明　　　（动）　　zhǐmíng
明确指出。(指:指出,指导,指挥,指教,指示,指引,指正;明:明白,明明,明确,明显,明知,明知故问,表明,查明,分明,简明,开明,声明,说明,证明,说明书,爱憎分明)

5. 出处　　　（名）　　chūchù
课文中指所引文字出在哪里。

6. 抄袭　　　（动）　　chāoxí
把别人的作品抄来当做自己的。(抄:抄用;袭:袭用,沿袭)

 练　习

根据录音内容选择正确答案:

1. A. 怎样抄袭他人作品　　　B. 写论文有什么规则
   C. 引文时如何不侵权　　　D. 引他人文章犯法吗

2. A. 必须说明引文的出处　　B. 如侵权,必须有交代
   C. 说清楚自己不想侵权　　D. 交代清楚,自己是谁

（二）

生　词

1. 荣誉　　　（名）　　róngyù
光荣的名誉。(荣:光荣,虚荣,荣幸,荣耀,荣辱;誉:名誉,声誉,信誉,盛誉)

2. 主持人　　（名）　　zhǔchírén
负责安排某项活动的人员。课文中指电视节目中,谈话、综艺类节目的组织者。

3. 沾沾自喜　　　　　（成）　　　　　zhānzhān zìxǐ
　　形容自以为很优越,洋洋得意。

4. 幸运　　　　　　　（形）　　　　　xìngyùn
　　运气好。(幸:幸好,幸亏,不幸,侥幸,万幸;运:运气,好运,命运,走运,厄运)

5. 传奇　　　　　　　（名）　　　　　chuánqí
　　情节离奇,非同一般的经历。课文中指每个人都有不寻常的经历或故事。

6. 直白　　　　　　　（形）　　　　　zhíbái
　　直接。课文中指直接、通俗(地说)。

7. 绑架　　　　　　　（动）　　　　　bǎngjià
　　用强力把人劫走。(绑:绑匪,捆绑)

8. 人质　　　　　　　（名）　　　　　rénzhì
　　一方拘留住另一方的人,用来迫使对方接受某些条件。(人:人才,人家,人间,人们,人命,人流,人品,人情,人权,人群,人生,人心,人性,人造,人工湖,人民币,人面兽心,病人,成年人,敌人,动人,恶人,古人,好人,巨人,客人,美人,迷人,女强人;质:质押)

9. 嫌疑人　　　　　　（名）　　　　　xiányírén
　　有犯罪嫌疑,但还未经证实的人。

10. 制服　　　　　　　（动）　　　　　zhìfú
　　用强力压制,使服从。(制:制裁,制约,制止,抵制,管制,节制,克制,控制,强制,限制,压制,抑制,专制;服:克服,说服,压服,以理服人,以力服人)

11. 缓解　　　　　　　（动）　　　　　huǎnjiě
　　剧烈、紧张的程度有所减轻。(缓:和缓,平缓)

12. 逗乐　　　　　　　（动）　　　　　dòulè
　　引人发笑。(逗:逗笑)

13. 天性　　　　　　　（名）　　　　　tiānxìng
　　一生下来就有的品质或性情。(天:天生,天才,天敌,天赋,天理,天然,天险,天真,天然气,天灾人祸;性:性能,性质,本性,词性,记性,人性,抗药性)

14. 流露　　　　　　　（动）　　　　　liúlù
　　(意思、情感等)不自觉地表现出来。(流:流行,流传;露:表露,揭露,披露,透露,吐露,抛头露面,凶相毕露,原形毕露)

15. 睿智　　　　　　　（形）　　　　　ruìzhì
　　极其聪明,有远见。

 专 名

1. 范长江新闻奖　　　　　Fàn Chángjiāng Xīnwén Jiǎng
中国新闻界有名的奖项。
2. 中国青年五四奖章标兵　Zhōngguó Qīngnián Wǔsì Jiǎngzhāng Biāobīng
表彰年轻人中先进分子的奖项。

 练 习

根据录音内容选择正确答案：

1. A. 她是记者　　　　　　　　B. 她是作家
   C. 她是警察　　　　　　　　D. 文中没说

2. A. 力不从心　　　　　　　　B. 能力不够
   C. 觉得很累　　　　　　　　D. 非常热爱

3. A. 被犯罪嫌疑人绑架了　　　B. 和犯罪嫌疑人谈判
   C. 和犯罪嫌疑人开玩笑　　　D. 被坏人绑架9个小时

4. A. 一点不害怕　　　　　　　B. 自信而聪明
   C. 总是很走运　　　　　　　D. 没有大本事

现任交警与《交通"刑警"》

生 词

1. 刑警　　　　（名）　　　xíngjǐng
   全称"刑事警察"。从事刑事侦察和刑事科学技术工作的人员。

2. 触动　　　　（动）　　　chùdòng
   因某种原因而引起（感情变化、回忆等等）。（触：触发，触目惊心，触景生情；动：动怒，动气，动情，动人，动听，动心，打动，激动，生动，无动于衷，惊心动魄）

3. 肇事　　　　（动）　　　zhàoshì
   引起事故。

4. 逃逸　　　　（动）　　　táoyì
   逃跑。（逃：逃跑，逃走，逃课，逃学，逃犯，逃命，逃生，出逃，潜逃）

5. 嚎啕大哭　　　　　　　háotáo dàkū
   形容大声地哭。

6. 凄惨　　　　（形）　　　qīcǎn
   凄凉悲惨。（凄：凄切，凄婉；惨：悲惨，惨境，惨剧，惨死，惨痛，惨象，惨笑，惨状，惨不忍睹）

7. 惨剧　　　　（名）　　　cǎnjù
   指惨痛的事件。（惨：悲惨，凄惨，惨境，惨死，惨痛，惨笑，惨状，惨不忍睹）

8. 司空见惯　　（成）　　　sīkōng jiàn guàn
   比喻事情常能见到，不足为奇。

9. 震撼　　　　（动）　　　zhènhàn
   震荡，撼动。课文中指心灵受到极大的震动。

10. 家破人亡　　（成）　　　jiā pò rén wáng
    家被毁了，人也死了。

11. 绳之以法　　（成）　　　shéng zhī yǐ fǎ
    依法处治。绳：纠正；制裁。

12. **侦破**　　　　　（动）　　　zhēnpò

    侦察并破案。(侦:侦察,侦探,侦察机;破:破案,破获,揭破,看破,说破,识破,不攻自破)

13. **作案**　　　　　　　　　　　zuò àn

    进行犯罪活动。(作:作业,作法,作价,作弊,作对,作恶,动作,合作,协作,合作社,自作自受;案:案子,惨案,报案,案情,翻案,结案,命案,破案,窃案,血案,罪案,冤案)

14. **预谋**　　　　　（名）　　　yùmóu

    做坏事之前所做的计划。(预:天气预报,预备,预测,预定,预防,预感,预计,预料,预算,预习,预想,预言,预约;谋:阴谋)

15. **轮胎**　　　　　（名）　　　lúntāi

    车轮外围的环形橡胶制品。(轮:轮子,车轮,前轮,后轮;胎:车胎,内胎,外胎)

16. **漆皮**　　　　　（名）　　　qīpí

    油漆的表层。课文中指事故中留下的汽车涂漆痕迹。

17. **不务正业**　　　（成）　　　bú wù zhèng yè

    不从事正当的职业;也指丢下该做的工作,去做别的事情。务:从事。

一、听全文,回答问题:

1. 记者采访的是一个什么人?

2. 记者为什么要采访他?

二、根据第一段内容,判断正误:

（　　）1. 男的是一名交警。

（　　）2. 男的喜欢看小说。

（　　）3. 男的的事情被写成了电视剧。

（　　）4. 人们不太了解交警。

（　　）5. 交警的工作就是扣车、扣本、罚钱。

（　　）6. 男的想让社会真正了解交警的工作。

（　　）7. 男的1996年正式开始写作。

92

三、根据第二段内容,判断正误:
  (　) 1. 一起交通事故对男的触动很大。
  (　) 2. 事故发生在冬天。
  (　) 3. 一辆大客车撞死了一个女中学生。
  (　) 4. 撞人的车逃走了。
  (　) 5. 女孩儿的家人痛苦万分。
  (　) 6. 死去的女孩儿是这个大家族中学习最好的女孩儿。
  (　) 7. 女孩儿死后不久姥姥也死了。
  (　) 8. 女孩儿的母亲得了精神病。
  (　) 9. 女孩儿的父亲也不想活了。

四、根据第三段内容,选择正确答案:
  1. A. 肇事逃逸的司机没有抓到 B. 他亲手处理的案件并不多
    C. 事后家破人亡的情况不多 D. 男的经常见到类似的惨剧

  2. A. 写小说   B. 搞侦破
    C. 了解案例   D. 交流经验

  3. A. 交警的故事也很精彩   B. 交警的案子都不好破
    C. 交警的小说还不够多   D. 有人想了解交警的生活

五、根据第四段内容,判断正误:
  (　) 1. 男的认为书名符合交警工作特点。
  (　) 2. 男的的写作水平太低。
  (　) 3. 男的的工作很忙。
  (　) 4. 男的一直懒得动笔。
  (　) 5. 男的就知道10个案子,写成了10个故事。
  (　) 6. 大家认为写小说不是男的应做的事。
  (　) 7. 男的的小说中包含着同事们的支持。

六、听录音,选词填空:

1. (　　)交警,出版交警题材长篇小说,并且被改编成电视剧,您应该是全国第一人了吧?

   A. 现任　　　　B. 兼任　　　　C. 前任

2. 反映交警工作、生活的作品本身就很少,无论是小说还是影视作品,不像别的题材那么为人熟知,这也(　　)社会上对交警认识不够,觉得我们的工作只是指挥交通,扣车、扣本、罚款,所以我很长时间以前就有这个打算:让人们认识真正的交通警察。我真正拿起笔,应该是1996年。

   A. 倒是　　　　B. 倒使　　　　C. 导致

3. 这些年我亲自处理的事故真是数不过来,死亡事故也处理了上千起,(　　)应该是司空见惯了。

   A. 暗里说　　　B. 按理说　　　C. 案例说

4. (　　)、同事对您写小说怎么看,有没有人说您不务正业?

   A. 家人　　　　B. 其他人　　　C. 佳人

第二十六课　半张纸币的故事

词语链

1. 回答问题：
   (1) _____
   (2) "妈妈亲自做夜宵给我"中的"亲自"是什么意思？你还能说出"亲"什么？

   (3) _____
   (4) _____
   (5) _____

2. 回答问题：
   (1) 这段对话的主要内容是什么？

   (2) "像样"的沙发是什么样的沙发？

   (3) 你认为"破旧"和"破损"有区别吗？

3. 回答问题：
   (1) _____
   (2) _____

4. 回答问题：
   (1) 这段对话的主要内容是什么？

(2) _____

5. 回答问题：

   (1) 这段对话的主要内容是什么？

   (2) _____
   (3) _____
   (4) _____

6. 回答问题：

   (1) 女的动员男的干什么？

   (2) _____

7. 回答问题：

   (1) _____
   (2) _____   _____

   (3) 请说出"才华"的近义词。

8. 回答问题：

   (1) "复制"、"复印"的区别是什么？

   (2) 录音中还说了哪些带"复"的词？

9. 回答问题：

   (1) 女儿向妈妈祝贺什么？

   (2) 请说出"到来"的近义词。

（一）

生 词

1. 恐惧　　（形）　　kǒngjù
   非常害怕。(恐:恐慌,恐怖,惊恐,惶恐;惧:惧怕,惊惧,临危不惧)

2. 克隆　　（动）　　kèlóng
   用无性繁殖技术复制生物。(clone; クローン；클론)

3. 理性　　（名）　　lǐxìng
   从理智上控制行为的能力。

4. 术　　（名）　　shù
   技艺,技术。

5. 至死不渝　（成）　zhì sǐ bù yú
   到死都不会改变。渝:改变。

6. 哀嚎　　（动）　　āiháo
   悲哀地大声叫喊。(哀:哀愁,哀号,哀哭,哀泣,哀伤,哀叹,哀痛,悲哀)

7. 巫术　　（名）　　wūshù
   巫师使用的法术。(witchcraft; 巫術；무술 마술 요술)

8. 演播厅　　（名）　　yǎnbōtīng
   广播电台、电视台表演并传送节目的地方。

9. 话筒　　（名）　　huàtǒng
   指麦克风。(microphone; マイクロフオン；①(전화기의)송수회기 ②마이크 ③메가폰)

根据录音内容选择正确答案:

1. A. 西红柿的问题　　　　B. 农业技术问题
   C. 克隆技术问题　　　　D. 传播技术问题

2. A. 恐惧　　　　　　　　　B. 悲观
   C. 赞成　　　　　　　　　D. 欣赏

3. A. 常有不如意的事　　　　B. 有欢乐也有痛苦
   C. 有悲观也有恐惧　　　　D. 经常有很多无奈

4. A. 赞成　　　　　　　　　B. 反对
   C. 无奈　　　　　　　　　D. 恐惧

5. A. 赞成　　　　　　　　　B. 反对
   C. 漠不关心　　　　　　　D. 不以为然

（二）

生　词

1. 信念　　　（名）　　xìnniàn
   自己确实相信的看法。(信：信服, 信赖, 信心, 信仰, 相信, 可信, 坚信, 亲信, 轻信, 确信, 自信, 深信, 半信半疑)

2. 投身　　　（动）　　tóushēn
   参加进去并出力。(投：投案, 投敌, 投靠, 投宿, 投降, 走投无路；身：舍身, 丧身, 献身, 终身, 舍身为国, 奋不顾身)

3. 大名鼎鼎　（成）　　dàmíng dǐngdǐng
   形容名气很大。鼎鼎：盛大的样子。

4. 品貌超群　（成）　　pǐn mào chāo qún
   人品、相貌超过众人。

5. 逮　　　　（动）　　dǎi
   抓。

6. 勾当　　　（名）　　gòudàng
   坏事。课文中有诙谐、幽默的意味。

7. 如火如荼　（成）　　rú huǒ rú tú
   比喻气势蓬勃。荼：茅草等开的白花。

8. 隐患　（名）　yǐnhuàn
没有表现出来的祸患;看不出来的祸患。(隐:隐痛,隐隐,难言之隐;患:水患,祸患,灾患,防患于未然,忧患,养虎遗患,内忧外患)

9. 罪魁祸首　（成）　zuì kuí huò shǒu
做坏事的人中的首恶分子。魁:为首的。课文中指对环境构成最大威胁的是规模不大、设备简陋的乡镇企业。

10. 唤起　（动）　huànqǐ
号召使起来(参与某事或精神觉醒)。

11. 热衷　（动）　rèzhōng
十分热心于(某项活动)。(热:眼热)

12. 良知　（名）　liángzhī
良心。

13. 冷漠　（形）　lěngmò
冷淡,不关心。(冷:冷淡,冷落,冷酷,冷笑,冷遇,冷冰冰,冷言冷语,阴冷;漠:漠然,漠视,漠不关心,淡漠)

专　名

1.《百科知识》　　　　　　Bǎikē Zhīshi　杂志名。
2. 中华文化书院绿色文化分院
　　　　　　　　　　　　Zhōnghuá Wénhuà Shūyuàn Lǜsè
　　　　　　　　　　　　Wénhuà Fēnyuàn
　　　　　　　　　　　　中国第一个民间环保组织。

根据录音内容选择正确答案:

1. A. 事业　　　　　　　　B. 信心
　 C. 信念　　　　　　　　D. 良知

2. A. 不爱说话　　　　　　B. 都很有名
　 C. 都有才华　　　　　　D. 相貌出群

3. A. 破坏环境 B. 保护自然
   C. 创办企业 D. 抓蛇抓鸟

4. A. 改革开放后发展很快 B. 乡镇企业发展很迅速
   C. 某些乡镇企业的设备很差 D. 某些乡镇企业非常不环保

5. A. 他们办了一所学校 B. 他们中间好人较多
   C. 他们的家都很富裕 D. 环保经费不靠国家

半张纸币的故事

生 词

1. 种田　　　　　zhòng tián
   从事农业生产。(种:种花,种树,种地,栽种,耕种;田:田地,田野,田园,耕田,良田,农田,棉田,稻田,梯田)

2. 呵护　　(动)　hēhù
   爱护;保护。

3. 在乎　　(动)　zàihu
   放在心上。

4. 饱含　　(动)　bǎohán
   充满。(饱:饱满;含:含有,含泪,含义,包含)

5. 豪爽　　(形)　háoshuǎng
   直爽,毫无拘束。(豪:豪放,豪情,豪气,豪饮,豪言壮语;爽:爽快,爽朗,爽直,直爽)

6. 麦子　　(名)　màizi
   一种农作物。成熟后可制作成面粉。

7. 寒酸　　(形)　hánsuān
   形容因过于简陋或过于穷困而显得不体面。(寒:贫寒;酸:穷酸)

8. 尴尬　　　（形）　　　gāngà
   处境困难。

9. 愣　　　　（动）　　　lèng
   呆，失神。

10. 不声不响　　　　　　bù shēng bù xiǎng
    形容沉默不语。课文中指什么话也没有说。

11. 接口　　　（名）　　　jiēkǒu
    两个物品相连接的部分。课文中指两半五毛钱相接的地方。

12. 繁星　　　（名）　　　fánxīng
    又多又密的星星。(繁：繁荣，繁多，繁忙，繁茂，繁密，繁盛，繁殖，繁重，频繁；星：星星，星球，星光，星空，星座，披星戴月)

 练　习

一、听全文，回答问题：

1. 你了解了多少"他"的情况？

2. "他"的同学给你印象最深刻的是什么？

二、根据第一段内容，判断正误：

（　　）1. 他的亲生父母遗弃了他。
（　　）2. 他从来没有想念过他的亲生父母。
（　　）3. 一对中年夫妇在医院捡到了他。
（　　）4. 这对中年夫妇收养了他。
（　　）5. 那时他正在发烧。
（　　）6. 父母疼爱他也疼爱自己亲生的孩子。
（　　）7. 父母的身体都不好。
（　　）8. 他家很穷，但不缺少爱。
（　　）9. 父母从来不给他穿像样的衣服。
（　　）10. 他最难过的是吃不上像样的饭。

三、根据第二段内容,选择正确答案:

1. A. 一直体弱多病　　　　　　B. 一向非常悲观
   C. 从来不努力学习　　　　　D. 成绩一直非常好

2. A. 他乐观地面对一切　　　　B. 他喜欢大方的男同学
   C. 他喜欢天真的女同学　　　D. 谁不穿的衣服他都要

3. A. 请同学去他家玩儿　　　　B. 帮助父母干活儿
   C. 看望爱他的父母　　　　　D. 帮助别人干活儿

四、根据第三段内容,选择正确答案:

1. A. 他确实是饿了　　　　　　B. 钱拼不到一起
   C. 馒头买不了了　　　　　　D. 一个馒头太少

2. A. 食堂快要关门了　　　　　B. 他粘钱技术不好
   C. 女孩儿很会拼接　　　　　D. 女孩儿想帮助他

3. A. 同学们对他都非常大方　　B. 同学们的真诚使他感动
   C. 女同学给他的钱还带着体温　D. 女同学不知道钱拼接不起来

五、听录音,选词填空:

1. 他不是没人要的孩子,从他出生的第二天,他就有了属于他自己的（　　）。
   A. 信服　　　　B. 幸福　　　　C. 辛苦

2. 那一年,他16岁,他毫不（　　）地考上了县里最好的高中。
   A. 费力　　　　B. 会意　　　　C. 晦气

3. 他是这所中学里命运最（　　）的一个,但他不是最悲观的一个。
   A. 凄惨　　　　B. 悲惨　　　　C. 希罕

4. 他常常微笑着,看着热情而天真的女同学,他总是欣赏地看着(　　)而友好的男同学。

　　A. 豪放　　　　　　B. 后方　　　　　　C. 豪爽

5. 他(　　)所有的金钱的帮助,同学们自发地给他集资,他没有接受。其实有时候,确实需要帮助。

　　A. 集结　　　　　　B. 取决　　　　　　C. 拒绝

六、讨论:

　1. 为什么说他是那所高中最穷的一位学生?

　2. 为什么又说他是那所高中最富有的一位学生?

第二十七课　防艾与每个人息息相关

词语链

1. 回答问题：

    (1) 对话告诉我们,感染艾滋病有哪些途径?

    (2) _____

    (3) "患者"是什么人?

2. 回答问题：

    (1) 举例说明什么病是传染病。

    (2) 流行性感冒的高发期是什么季节?

    (3) "治愈"是什么意思?高血压可以治愈吗?

    (4) "医患关系"指谁和谁的关系?

3. 回答问题：

    (1) _____
    (2) _____
    (3) _____

4. 回答问题：

    (1) _____

(2) "偷、盗、窃"是什么意思？

(3) 你听到了哪些和"偷盗"有关系的词？

(4) 通常我们把偷东西的人叫做"小偷"，现在你知道还可以怎么说吗？

(5) 犯了盗窃罪的人干了什么事？

5. 回答问题：
   (1) 王小华约朋友在哪里见面？在那里干什么？

   (2) 对话中除了"日光浴"还提到了什么浴？

6. 回答问题：
   (1) 举例说明"动不动"是什么意思。

   (2) _____
   (3) _____

7. 回答问题：
   (1) 第一个女的为什么胖了？

   (2) _____
   (3) _____
   (4) "闲人"是什么人？

   (5) 写自传体小说的条件是什么？

8. 回答问题:
   (1) _____
   (2) 溥仪的后半生成了什么?

9. 回答问题:
   (1) 女孩儿夏天穿什么?

   (2) 女孩儿的长裤有什么特点?

   (3) "终生伴侣"是什么意思?

(一)

生 词

1. 深陷　　　　　　　　　shēnxiàn
   深深地凹进去。课文中指小陈瘦得眼睛深深地向内凹进去。

2. 玩世不恭　　(成)　　wán shì bù gōng
   不把现实社会放在眼里,凡事采取不严肃的态度。玩世:以消极、玩弄的态度对待生活。恭:严肃。

3. 服刑　　　　　　　　　fú xíng
   罪犯判刑后在监狱中执行判刑规定。(服:服从、服输、佩服、顺服、心服口服;刑:刑法、刑罚、缓刑、减刑、判刑、死刑、徒刑)

4. 来生　　　(名)　　　láishēng
   指人死了以后,再转生为人。(来:来年,来日,来势,来日方长;生:今生,毕生精力,平生,前生,一生,终生)

5. 时光　　　　　（名）　　　　shíguāng
时间。(时:时候,顿时,多时,古时,过时,及时,旧时,临时,随时,同时,一时,暂时;光:光阴,年光,时光荏苒)

6. 时光倒流　　　　　　　　　shíguāng dàoliú
返回到以前的日子。课文中小陈用假设表示:"如果我还能再做一次人,如果时光能够回到以前,我不会再像以前那样。"表示他对以前做的事感到极其后悔。

7. 入狱　　　　　（动）　　　　rùyù
被关进监狱。狱:监狱;关押犯人的地方。

8. 不堪回首　　　（成）　　　　bùkān huíshǒu
回忆往事,痛苦之极。不堪:不能忍受。回首:回忆。

9. 年迈　　　　　（形）　　　　niánmài
年纪老。(年:年纪,年龄,年青,年轻,年岁,年富力强,风烛残年;迈:老迈)

10. 透露　　　　　（动）　　　　tòulù
显露,泄露。课文中指文字中流露出很后悔前半生的所作所为。

11. 放荡　　　　　（形）　　　　fàngdàng
放纵自己的行为,对自己毫无约束。(放:放任,放肆,放松,放心,放纵,放任自流,奔放,豪放,狂放;荡:放荡不羁)

12. 低保　　　　　（名）　　　　dībǎo
城市居民最低生活保障制度。即面向城市贫困人口按时发放救助金,并在某些方面减免费用。课文中指小陈的生活靠低保发放的钱来维持。

练　习

根据录音内容选择正确答案:

1. A. 因为他面临死亡　　　　　B. 因为他经历丰富
   C. 以自己告诫他人　　　　　D. 他想看自己的书

2. A. 他从不愿意想过去的事　　B. 他想知道人有没有来生
   C. 他希望好好研究艾滋病　　D. 他为自己的过去而后悔

3. A. 在经济上非常贫困　　　　B. 希望死前小说出版
   C. 成为了有名的作家　　　　D. 随时都面临着死亡

（二）

生 词

1. **落汤鸡** （名） luòtāngjī
   形容浑身湿得像掉在水里的鸡一样。

2. **有备无患** （成） yǒu bèi wú huàn
   事先有准备,就可以避免灾难。患:灾难。

3. **三伏** （名） sānfú
   初伏、中伏、末伏的统称,通常共三十天,是一年中天气最热的时候。这段时间,天气多变,说下雨就下雨,课文中用孩子哭笑变化快来比喻三伏多变的天气。

4. **训人** （动） xùnrén
   指导、教育别人。(训:训练,培训,教训,训斥,人:人口,人们,人民,人命,人心,人性,人质,人定胜天,人面兽心,人山人海,病人,常人,成人,敌人,动人,夫人,妇人,富人,坏人,老人,恋人,名人,情人,穷人,引人入胜,家破人亡,面无人色,天灾人祸,后继无人)

5. **炒鱿鱼** chǎo yóuyú
   比喻停止雇佣。

6. **懒得** （动） lǎnde
   厌烦;不愿意做(某事)。(懒:懒虫,懒汉,懒散,懒惰,好吃懒做)

7. **人满为患** （成） rén mǎn wéi huàn
   人多得成了灾难。患:祸患;灾难。

练 习

根据录音内容选择正确答案:

1. A. 下雪了　　　　　　　B. 下雨了
   C. 变天了　　　　　　　D. 降温了

2. A. 被领导批评了　　　　B. 刚刚丢了工作
   C. 在外面惹事了　　　　D. 刚拿到了学历

3. A. 没本领　　　　　　B. 人太懒
   C. 整天混　　　　　　D. 有眼光

4. A. 女的想帮李梅忙　　B. 李梅现在很后悔
   C. 男的在家很厉害　　D. 男的对人很挑剔

防艾与每个人息息相关

生　词

1. **息息相关**　（成）　　xī xī xiāng guān
   呼吸相关联。比喻关系密切。

2. **谈艾色变**　　　　　tán ài sè biàn
   说起艾滋病,精神就紧张。原成语为"谈虎色变",意思是被老虎咬过的人,才真正知道老虎的厉害,比喻一提到可怕的事物,精神就紧张起来。"谈艾色变"是按"谈虎色变"仿造的新词。色:脸色。

3. **尚**　　　　（副）　shàng
   还。

4. **性病**　　　（名）　xìngbìng
   性传播疾病的简称。(性:性器官;病:病毒、病房、病假、病历、病人、病容、病逝、病故、病危、病痛、病因、病愈、病症、发病、犯病、疾病、急性病、慢性病、生病、养病、治病救人,同病相怜)

5. **无知者无畏**　　　　wúzhīzhě wúwèi
   缺乏知识的人不知道害怕。课文中指缺少这方面知识的人,什么都不怕。无知者:缺乏知识的人。无畏:不知道害怕。

6. **不争**　　　（形）　bùzhēng
   没什么可怀疑;无须争辩的。

7. **回避**　　　（动）　huíbì
   躲开。(回:回荡、迂回;避:避风、避开、避难、避暑、躲避、逃避)

8. 制剂　　　（名）　　　zhìjì
生药或化学药品经过加工制成的药物,如片剂、水剂、疫苗等等。

9. 病痛　　　（名）　　　bìngtòng
疾病。(病:病假,病历,病人,病逝,病危,病因,发病,犯病,疾病,急性病,慢性病,生病,养病,重病,精神病,贫病交迫;痛:痛苦,伤痛,头痛,牙痛,止痛)

10. 羞耻　　　（名）　　　xiūchǐ
不光彩;不体面。(羞:羞惭,羞愧,羞辱;耻:可耻,无耻,耻辱,耻笑,国耻,奇耻大辱,厚颜无耻)

11. 崩溃　　　（动）　　　bēngkuì
完全破坏。课文中指家庭离散。

12. 卖淫　　　　　　　　mài yín
妇女出卖肉体。(卖:卖主,变卖,出卖,贩卖,买卖,拍卖,售卖,甩卖,小卖部;淫:淫秽,荒淫无耻)

13. 公众　　　（名）　　　gōngzhòng
社会上大多数人。(公:公厕,公共,公款,公民,公仆,公务,公物,公用,公有制,大公无私,舍己为公;众:众目睽睽,众所周知,观众,民众,群众,听众,万众,大众化,万众一心,大庭广众,兴师动众)

14. 呼吁　　　（动）　　　hūyù
向个人或社会诉说,请求援助或主持公道。(呼:呼喊,呼唤,呼叫,呼救,呼声,呼应,呼之欲出,称呼,欢呼,惊呼)

15. 时不我待　　（成）　　shí bù wǒ dài
时光不会等待我们。指必须抓紧时间努力。我待:"待我"的倒装。

16. 责无旁贷　　（成）　　zé wú páng dài
应尽的责任,不能够推卸。贷:推卸。

17. 遏制　　　（动）　　　èzhì
制止;控制。(遏:遏止,怒不可遏;制:制裁,制服,制约,制止,抵制,管制,节制,克制,控制,强制,牵制,限制,压制,抑制,专制,先发制人,后发制人)

18. 履行　　　（动）　　　lǚxíng
真正去做(自己答应做的或者应该做的事情)。(履:履历,履约;行:行使,行事,奉行,进行,举行,可行,强行,实行,施行,试行,执行,遵行,行窃,行贿,我行我素,言行一致,三思而行,身体力行)

19. 严峻　　　（形）　　　yánjùn
严肃;严厉。(严:严肃,庄严,尊严)

 专　名

世界卫生组织　　　　　　Shìjiè Wèishēng Zǔzhī　　　　WHO

 练　习

一、听下面四段话,听后回答问题:

1. (1) 性病、艾滋病防治中最大的困难是什么?

(2) 有人用什么办法解除压力?

2. (1) 估计中国有多少性病、艾滋病感染者?

(2) 目前国家对艾滋病感染者数量的掌握是否充分?为什么?

3. (1) 举例说明,我们身边的性病患者在怎样生活?

(2) 性病患者是否会威胁到健康人?

4. (1) 感染了性病、艾滋病的人承受着哪些压力?

(2) 吸毒、卖淫者中有没有病毒感染者?

二、根据第一段内容,选择正确答案:

1. A. 因为艾滋病是严肃的话题　　B. 面对艾滋病无法自我保护
　　C. 因为艾滋病治疗费用太高　　D. 因为防治艾滋病形势严峻

2. A. 艾滋病人的压力很大　　　　B. 人们无知且盲目恐惧
　　C. 吸毒的人不怕艾滋病　　　　D. 没人关心艾滋病的事

三、根据第二段内容,判断正误:

( ) 1. 性病、艾滋病离我们还很遥远。
( ) 2. 有人已经感染了艾滋病却不知道。
( ) 3. 几百万性病患者失去了正常人的生活。
( ) 4. 性病、艾滋病患者受着疾病、精神的双重折磨。
( ) 5. 有人知道自己得了艾滋病还在吸毒或卖淫。
( ) 6. 我们这个时代需要学会自己保护自己。

四、根据第三段内容填表(只填句子的号即可):

历年世界艾滋病日的宣传主题			
时间	主题	时间	主题
1991 年		1993 年	
1996 年		1999 年	
2000 年		2005 年	

(1) 同一世界,同一希望   (2) 关注青少年,预防艾滋病
(3) 遏制艾滋,履行承诺   (4) 共同迎接艾滋病的挑战
(5) 预防艾滋病,男士责无旁贷   (6) 时不我待,行动起来

五、根据第四段内容,选择正确答案:

1. A. 懂得医学常识   B. 普及预防知识
   C. 承认形式严峻   D. 控制艾滋病毒

2. A. 努力控制感染人数   B. 发布疾病控制条例
   C. 加强教育艾滋病人   D. 努力发现重点人群

六、讨论:

1. 你认为有必要"谈艾色变"吗?

2. 你认为艾滋病防控最有效的方法是什么?

第二十八课 中国人和中国人的"饭碗"

词语链

1. 回答问题：

    (1) 这段对话最有可能发生在哪里？

    (2) 女的给男的准备了什么东西？

    (3) "废纸筐"是用什么做的？

2. 回答问题：

    (1) 铁饭碗的优点、缺点各是什么？

    (2) 瓷饭碗的特点是什么？

    (3) _____

    (4) 什么样的人喜欢一次性快餐盒？一次性快餐盒还叫什么？

    (5) 今天人们还用"粮票"、"布票"吗？

3. 回答问题：

    (1) "企业"、"事业单位"一样吗？出版社是什么性质的单位？

    (2) _____

(3) _____

4. 回答问题:

(1) 记者和张总谈的是什么问题?

(2) 企业的实力具体包括哪些实力?

(3) _____

(4) 你认为什么样的人可以算是"第一个吃螃蟹的人"?

5. 回答问题:

(1) 你用过杀虫剂吗?什么情况下用的?

(2) _____   _____
(3) _____   _____

6. 回答问题:

(1) 空姐的身高条件是什么?

(2) 空姐的体重条件是什么?

(3) 男的认为空姐的工资应该达到多少?

(4) 男的提出空姐的工作条件是什么?

7. 回答问题:

(1) 女的在推销什么产品?

(2) 录音中提到的产品可以清洗什么?

(3) _____

(4) 举例说明什么菜是叶类菜。

(5) _____

(6) 男的清除黄瓜污物的方法是什么？你知道汉字怎么写吗？

8. 回答问题：

(1) 父子俩谈论的是什么人？

(2) _____

9. 回答问题：

(1) 短文中的妈妈是一个怎样的妈妈？

(2) _____

（一）

生 词

1. 残留　　（动）　　cánliú
   部分地留了下来。(残:残余,残存,残冬,残年,残阳;留:留传,留名,留念,留下,留言,留影)

2. 高招　　（名）　　gāozhāo
   高明的办法。(高:高明,高见,高论,高手,自高自大;招:花招,绝招)

3. 溶　　　（动）　　róng
   融化;溶解。课文中为溶解。

4. 污物　　　　　　（名）　　　wūwù
脏东西。（污：污秽，污点，污垢，污泥，污泥浊水；物：物价，物产，物品，物体，物质，物证，物资，动物，财物，废物，公物，旧物，矿物，食物，文物，衣物，博物馆，地大物博，庞然大物）

5. 浸泡　　　　　　（动）　　　jìnpào
放在液体中泡。（浸：沉浸；泡：泡菜，泡茶）

6. 果蔬清洗剂　　　　　　　　　guǒshū qīngxǐjì
专门帮助去除瓜果蔬菜上污物的制品。

7. 碱　　　　　　（名）　　　jiǎn
一种化合物。（alkali；アルカリ；알칼로이드）

8. 瓜果　　　　　　（名）　　　guāguǒ
水果中的西瓜、哈密瓜等瓜类水果和梨、桃、苹果等水果的总称。

9. 猕猴桃　　　　　　（名）　　　míhóutáo
水果名。圆形或卵形，外皮棕黄色，果肉为绿色。

10. 腐烂　　　　　　（动）　　　fǔlàn
变质。课文中指水果放时间久了，坏了，不能吃了。（腐：腐蚀，腐朽，陈腐，防腐；烂：霉烂，溃烂）

根据录音内容选择正确答案：

1. A. 清洗　　　　　　　　　　B. 浸泡
　 C. 分解　　　　　　　　　　D. 存放

2. A. 最少也得浸泡两遍到三遍　　B. 浸泡中不要考虑用水多少
　 C. 浸泡后再去皮的方法最好　　D. 加碱浸泡以后要多次冲洗

（二）

生　词

1. 红心鸭蛋　　　　　　　　　hóngxīn yādàn
课文中指一种添加了苏丹红化学成分的问题鸭蛋。

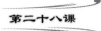

2. 苏丹红　　　（名）　　　sūdānhóng

一种化学品的名字。曾有人把它添加到饲料中,使吃了含有苏丹红饲料的鸭子的蛋成为不安全食品。

3. 苛刻　　　（形）　　　kēkè

(条件、要求等)过高,过于严厉。(苛:苛求,苛责;刻:尖刻,刻薄)

4. 违禁　　　（动）　　　wéijìn

违犯禁令。(违:违反,违背,违犯,违例,违心,违约,违法乱纪,事与愿违;禁:禁毒,禁忌,禁绝,禁令,禁品,禁区,禁书,禁止,解禁,严禁)

5. 宽松　　　（形）　　　kuānsōng

宽舒,轻快。课文中指中国食品安全标准低,要求少。

6. 监管　　　（动）　　　jiānguǎn

监视管理;监督管理。(监:监视,监考;管:管制,看管)

7. 身份　　　（名）　　　shēnfèn

自身所处的地位。课文中指食品的生产、加工、流通各环节可追踪的身份记录。

8. 福寿螺　　　（名）　　　fúshòuluó

一种水产品。

9. 养殖户　　　（名）　　　yǎngzhíhù

培育、繁殖水产、动植物的人。课文中指专门培育福寿螺的农户。

10. 涉及　　　（动）　　　shèjí

关联到;牵涉到。(涉:涉嫌,干涉,交涉,牵涉;及:及格,普及,危及,遍及,顾及,推己及人,由表及里,爱屋及乌)

11. 流通　　　（动）　　　liútōng

指商品、货币流动。(流:流水,流动,流浪,流沙,流星,客流,气流,对流,漂流;通:通过,通风,通航,通往,通货膨胀,开通,买通,直通,四通八达,水泄不通)

12. 环节　　　（名）　　　huánjié

指相互关联的许多事物中的一个。以课文为例,福寿螺的养殖、加工、流通,都是它成为食品不可缺少的环节。

13. 产业化　　　（名）　　　chǎnyèhuà

实现大规模工业生产。课文中说的实行农业产业化经营,就是用管理现代工业的办法来组织现代农业的生产和经营。

14. 畜牧业　　　（名）　　　xùmùyè

专门饲养猪、牛、羊等牲畜和鸡、鸭等家禽的行业。

专 名

1. 农业部	Nóngyè Bù	国家机关。主要工作为研究、拟定农业产业政策、提出净化农村经济体制改革的意见,推进农业可持续发展等。
2. 工商局	Gōngshāng Jú	国家机关。主要工作为管理工商企业和从事经营活动的个人、单位的注册登记,依法组织监督市场交易行为等。
3. 卫生部	Wèishēng Bù	国家机关。主要工作为传染病防治,医务监督等。
4. 欧盟	Ōuméng	European Union (EU)

根据录音内容选择正确答案：

1. A. 中国还没有食品安全标准　　B. 有的政府部门都不够负责任
   C. 农业部不管食品卫生的事情　D. 中国食品安全制度尚不健全

2. A. 要放宽食品安全标准　　　　B. 监管单位要搞好关系
   C. 要舍得为这件事花钱　　　　D. 农业必须实行产业化

中国人和中国人的"饭碗"

1. 流逝　　(动)　　　　liúshì
   像流水一样消逝。(流:潮流,电流,寒流,交流,暖流,气流,热流,人流,反潮流;逝:消逝)

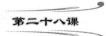

2. **战乱** （名） zhànluàn
   指战争时期的混乱状况。(战:战争,战斗,战犯,战俘,战况,战士,战事,战术,战友,战机,战斗机,参战,反战,激战,抗战,内战,舌战,百战百胜;乱:内乱,兵荒马乱)

3. **离散** （动） lísàn
   分散,不能团圆。(离:离别,离婚,离开,离弃,分离,脱离,生离死别;散:散布,散场,散会,散开,散戏,拆散,分散,解散,涣散,扩散,失散,疏散,消散,走散,不欢而散,一哄而散)

4. **特定** （形） tèdìng
   某一个(人、时期、地方等)。(特:特地,特意,特制;定:定居,定语,定罪,裁定,断定,否定,假定,鉴定,肯定,料定,认定,商定,指定,举棋不定,一言为定)

5. **善始善终** （成） shàn shǐ shàn zhōng
   事情从开头到最后都做得很好。善:美好;良好。

6. **吸纳** （动） xīnà
   吸收;接纳。(吸:吸取,吸尘器;纳:采纳,接纳,容纳,笑纳)

7. **风险** （名） fēngxiǎn
   可能发生的危险。(险:险地,险情,险境,保险,艰险,惊险,冒险,抢险,探险,脱险,危险,凶险,遇险)

8. **进取心** （名） jìnqǔxīn
   努力向上的愿望。

9. **劳动合同制** láodòng hétóngzhì
   用人单位与员工签订合同确认雇佣与被雇佣的关系。

10. **有条不紊** （成） yǒu tiáo bù wěn
    井井有条,一点儿不乱。紊:乱。

11. **留恋** （动） liúliàn
    舍不得离开。课文中指舍不得那份工作。(留:留级,留校,留学,留学生,留宿,居留,久留,停留,滞留;恋:恋家,恋恋不舍,迷恋,依恋)

12. **迷茫** （形） mímáng
    课文中指失去铁饭碗的人看不清以后的路怎么走,不知道以后怎么办。

13. **从业者** （名） cóngyèzhě
    从事某种职业的人。

14. **敬业** （动） jìngyè
    专心、努力地对待所从事的工作。(敬:敬爱,敬礼,敬佩,敬仰,敬意,敬重,敬老院,敬而远之,崇敬,可敬,失敬,致敬,肃然起敬;业:业余,就业,失业,专业,不务正业)

15. 平庸 （形） píngyōng
平凡,丝毫没有超过别人的地方。(平:平常,平淡,平凡,平民,平平,平实,平信,平易近人;庸:庸才,庸俗,庸医,昏庸,中庸)

16. 淘汰 （动） táotài
在选择中去除(不好的或不适合的)。

17. 素质 （名） sùzhì
素养。课文中指人的综合素养,包括道德水平、知识水平、心理素质、创新精神、实践能力等等。

18. 越发 （副） yuèfā
表示程度加深。

19. 英才 （名） yīngcái
才能、智慧出众的人。(英:英俊,英明,英雄,英勇,英姿,英姿焕发;才:人才,天才,全才,奇才,高才生,人才济济)

20. 含金量 （名） hánjīnliàng
比喻事物所包含的实际价值。

21. 更换 （动） gēnghuàn
变换。(更:更改,更替,更新,更衣,变更,自力更生;换:换车,换季,换人,换牙,变换,改换,转换,改朝换代,改天换地)

   练　习

一、听全文,回答问题,以下哪句话符合课文的意思(可以多选):(　　)
　　A. 几十年来,中国人的饭碗几经变化。
　　B. 中国人为饭碗在不断改变自己。
　　C. 今天的年轻人越来越不珍惜自己的饭碗。

二、根据第一段内容,判断正误:
　　(　　) 1. 中国人把职业比喻为饭碗。
　　(　　) 2. 铁饭碗使中国人实现了人人有饭吃的理想。
　　(　　) 3. 20世纪50年代,年轻人进国营单位也是没有办法。
　　(　　) 4. 铁饭碗在辉煌中结束了它的历史使命。
　　(　　) 5. 铁饭碗真正实现了低效率、低收入。

（　　）6. 铁饭碗对于就业者来说没有风险。
（　　）7. 拿着铁饭碗就业者也就陷入了平庸。

三、根据第二段内容，回答问题：

1. 代替铁饭碗的是什么制度？

2. 王先生的经历说明了什么？

四、根据第三段内容，选择正确答案：

1. A. 有实力才行　　　　　　B. 自主择业好
   C. 竞争不可怕　　　　　　D. 要珍惜饭碗

2. A. 要有竞争意识　　　　　B. 要有创新精神
   C. 要有知识和技能　　　　D. 要懂得满足现状

3. A. 敢做别人不敢做的事情　B. 喜欢工作也爱享受的人
   C. 从不拒绝新生事物的人　D. 满足现状但不平庸的人

五、根据第四段内容，判断正误：

（　　）1. 平庸的人捧不上金饭碗。
（　　）2. 人们明白了一个道理：有财富就有知识。
（　　）3. 知识可以出效率。
（　　）4. 人们只求付出，不求回报。

六、根据第五段内容，选择正确答案：

1. A. 体验选择别人的兴奋　　B. 想感受挑战中的兴奋
   C. 不同单位，待遇不同　　D. 换行业也是挑战自己

2. A. 频繁跳槽利于学习　　　B. 跳槽也是无奈之举
   C. 老在一个地方没劲　　　D. 跳槽能够证明实力

七、听录音,选词填空:

1. 20 世纪 50 年代中期以后,大量人才和劳动力进入国家需要发展的行业就业,促进了中国经济的(　　)与发展。
   A. 恢复　　　　　B. 回复　　　　　C. 维护

2. 1986 年开始实施劳动合同制,使近 40 年人们习以(　　)的"铁饭碗"变为了一堆废物。
   A. 为强　　　　　B. 未尝　　　　　C. 为常

3. "瓷饭碗"使我们可以自主选择职业,同时也有了竞争和风险。捧上"瓷饭碗"的人,再也没有绝对安全的就业(　　),大家开始懂得,得靠实力吃饭。
   A. 心里　　　　　B. 尽力　　　　　C. 心理

4. "瓷饭碗"要求从业者具备竞争(　　),"瓷饭碗"要求从业者具备创新精神。
   A. 意思　　　　　B. 意识　　　　　C. 一事

第二十九课　失去四肢的泳者

词语链

1. 回答问题：
   (1) 这段对话在讨论什么问题？

   (2) _____

   (3) _____

2. 回答问题：
   碰到词典中没有的词怎么办？

3. 回答问题：
   (1) _____
   (2) 什么是"异性朋友"？

4. 回答问题：
   (1) 女的最近看了什么表演？

   (2) _____

5. 回答问题：
   (1) 郊游中发生了什么事？

(2) "程程一路上边走边唱"这句话是什么意思?

(3) 程程怎么不舒服了?"四肢无力"是什么意思?

(4) 和"心跳加快"相反的意思怎么说?

6. 回答问题:
   (1) 春天、夏天是什么样的季节?

   (2) _____
   (3) _____

7. 回答问题:
   (1) _____
   (2) _____

8. 回答问题:
   (1) "食用水果以前,要认真清洗"这句话还可以怎么说?

   (2) _____

(一)

生　词

1. 汗流浃背　　　(成)　　　　hàn liú jiā bèi
   汗水湿透了背上的衣裳。形容汗出得很多。

2. **咕咚** （拟声） gūdōng
   形容重东西落下或大口喝水时的声音。

3. **神志不清** shénzhì bù qīng
   知觉模糊,辨别、控制能力下降。课文中指意识模糊。

4. **诊断** （动） zhěnduàn
   对病人做过检查以后,判断病症及发展情况。(诊:诊室,诊所,诊治,急诊,门诊,确诊;断:断定,断然,断言,果断,决断,判断,推断,独断专行)

5. **盐分** （名） yánfèn
   物体内所含的盐。

6. **冲淡** （动） chōngdàn
   加进别的液体,使原来的液体在同一单位内所含成分相对减少。课文中指大量喝水后,血液中水的成分大大增加,其他成分浓度降低。

7. **氧** （名） yǎng
   无色无味的气体。氧在空气中约占1/5,是人和动物呼吸所必须的气体,在工业上用途广泛。

8. **脑细胞** （名） nǎoxìbāo
   脑是由脑细胞(神经元)构成的一种网络组织,是通过脑细胞之间的信号传导来发挥功能的。

9. **迟钝** （形） chídùn
   (感觉、思想、行动等)反应慢,不灵敏。

10. **脑组织** （名） nǎozǔzhī
    动物中枢神经的主要部分,掌管全身的知觉、运动和思维、记忆等活动。

11. **颅骨** （名） lúgǔ
    构成整个头的骨头。(颅:头颅;骨:骨头,骨干,骨科,骨折,骨肉相连,刻骨铭心)

12. **水肿** （动） shuǐzhǒng
    液体积蓄而引起全身或身体的部分肿胀。

13. **嗜睡** （动） shìshuì
    一种病理性的倦睡,可被唤醒,一旦刺激停止后又迅速入睡。

14. **抽搐** （动） chōuchù
    肌肉不随意地收缩。(抽:抽风,抽筋,抽泣)

15. **危及生命** wēijí shēngmìng
    威胁到生命。及:到达。

125

根据录音内容选择正确答案：

1. A. 精神失常　　　　　　B. 恶心呕吐
   C. 头痛无力　　　　　　D. 喝水过量

2. A. 喝水速度快　　　　　B. 出汗速度快
   C. 边出汗边喝水　　　　D. 人体盐分丢失

3. A. 血液浓度不够　　　　B. 聪明程度降低
   C. 脑部出现水肿　　　　D. 出现生命危险

（二）

生 词

1. 草莓	（名）	cǎoméi

一种多年生植物,果实为红色,多汁,味道酸甜。(strawberry; 莓; 딸기)

| 2. 新宠 | （名） | xīnchǒng |

新近受到宠爱的人或事物。课文中指反季节水果。

| 3. 时令 | （名） | shílìng |

季节。(时:时节,应时)

| 4. 经销商 | （名） | jīngxiāoshāng |

经手出卖某种商品的人。课文中指专门经销水果的人。

| 5. 价格不菲 | | jiàgé bù fēi |

价格不便宜。不菲:(费用、价格等)不低。

| 6. 栽培 | （动） | zāipéi |

种;种植。(栽:栽种;培:培育,培植)

| 7. 龙眼 | （名） | lóngyǎn |

一种植物的果实,果肉白色,味甜。(longan; 竜眼; 용안)

8. 硫磺　　　　　　　(名)　　　　　　　　liúhuáng

非金属元素,符号 S(sulphur),黄色。用来制造硫酸、火药、火柴、杀虫剂等,也用来治疗皮肤病。

9. 熏　　　　　　　　(动)　　　　　　　　xūn

(烟、气等)接触物体,使变颜色或沾上气味。课文中指让硫磺的烟气接触水果,达到保鲜目的。

根据录音内容选择正确答案:

1. A. 一年四季都有的水果　　　　B. 按照时令上市的水果
   C. 不合当前季节的水果　　　　D. 质量好价格贵的水果

2. A. 东西贵了没人买　　　　　　B. 东西好就不问价
   C. 看质量也看价钱　　　　　　D. 价格概念很混乱

3. A. 种植技术不过关　　　　　　B. 质量标准不严格
   C. 保鲜环节有问题　　　　　　D. 保险工作没做好

失去四肢的泳者

生　词

1. 臂　　　　　　　　(名)　　　　　　　　bì

   胳膊。(臂:上臂,双臂)

2. 圆滚滚　　　　　　(形)　　　　　　　　yuángǔngǔn

   形容很圆。

3. 硕大　　　　　　（形）　　　　shuòdà
   非常大。(硕:硕士,硕果,硕大无朋,丰硕;大:大胆,大国,大海,大厦,大学,大雨,大家庭,大学生,大自然,大功告成,大手大脚,胆大,高大,广大,巨大,庞大,伟大,远大,壮大,自高自大,罪大恶极,鼎鼎大名,小题大做,因小失大)

4. 且　　　　　　　（副）　　　　qiě
   并且;而且。

5. 纪录　　　　　　（名）　　　　jìlù
   在一定时期、一定范围内记载下来的最好成绩。

6. 人山人海　　　　（成）　　　　rén shān rén hǎi
   形容人特别多。

7. 山呼海啸　　　　（成）　　　　shān hū hǎi xiào
   形容很多人激动、欢呼时发出的极大的声音。

8. 浪花　　　　　　（名）　　　　lànghuā
   波浪激起的四处纷飞的水。(浪:风浪,海浪,风平浪静;花:火花,泪花,雪花,心花怒放)

9. 起点　　　　　　（名）　　　　qǐdiǎn
   开始的地方。

10. 神魂颠倒　　　　（成）　　　　shén hún diāndǎo
    形容对某事入迷,以致心神不清醒,失去常态。神魂:精神,神志。

11. 可恨　　　　　　（形）　　　　kěhèn
    使人痛恨。(可:可爱,可悲,可耻,可观,可贵,可敬,可靠,可怜,可怕,可气,可取,可叹,可恶,可惜,可喜,可笑,可信,可疑,可憎;恨:仇恨,痛恨,憎恨,新仇旧恨)

12. 陋习　　　　　　（名）　　　　lòuxí
    坏习俗。(陋:陋规,陋俗,陈规陋习;习:习气,习俗,习性,恶习,陈规陋习)

一、听全文,选择正确答案:
　　1. A. 失去了双手的人　　　　B. 失去了双腿的人
　　　 C. 失去了两条胳膊的人　　D. 双腿双手都没有的人

2. A. 耳朵特别大　　　　　　　　B. 长得像条鱼
   C. 身材特别好　　　　　　　　D. 耳朵特别灵

3. A. 失去了双手的人　　　　　　B. 失去了双腿的人
   C. 失去了两条胳膊的人　　　　D. 双腿双手都没有的人

4. A. 失去了双手的人　　　　　　B. 失去了双腿的人
   C. 失去了两条胳膊的人　　　　D. 双腿双手都没有的人

5. A. 观众的热情使他感动万分　　B. 比赛的时候他戴了泳帽
   C. 一位美丽的姑娘使他心动　　D. 在起点，人们没有找到他

6. A. 有人用美人计害他　　　　　B. 陈规陋习害死了他
   C. 杀了他，自己就能赢　　　　D. 就是因为他太老实了

二、听录音，选词填空：

1. 工作人员刚给他们登记完，又来了一个既没有双腿也没有双臂，也就是说，整个失去了四肢的人，也要报名参加游泳比赛，工作人员（　　）让自己镇静，小声问他将怎样游，那人答道："我用耳朵游。"
   A. 竭力　　　　　　B. 极力　　　　　　C. 接力

2. 那失去四肢的人身体圆滚滚的，由于长久的努力，他的耳朵硕大无比，且十分灵活，下水试游，他像一条鱼，速度比（　　）还快。
   A. 常人　　　　　　B. 强人　　　　　　C. 前任

3. 人们暗暗传说，一个伟大的世界纪录（　　）诞生。
   A. 就想　　　　　　B. 即将　　　　　　C. 同样

4. 有人说，那个来送泳帽的人如果不是一个漂亮的女孩子就好了，泳者就不会神魂颠倒，就算全世界的人都忘了他耳朵的功能，他也会保持（　　），拒绝戴那顶美丽杀人的帽子。
   A. 惊醒　　　　　　B. 尽兴　　　　　　C. 清醒

5. 当我们完整的时候,奋斗比较容易。当我们没有手的时候,我们可以用脚奋斗;当我们没有脚的时候,我们可以用手奋斗;当我们手和脚都没有的时候,我们可以用耳朵奋斗嘛!但是(　　)在这时候,我们(　　)有失败的可能。很多英雄,在战胜了常人难以(　　)的困难之后,并没有得到最后的成功,失败的原因正是自己的耳朵——你最值得骄傲的本领!

① A. 及时　　　　B. 即使　　　　C. 其实
② A. 已然　　　　B. 既然　　　　C. 依然
③ A. 想象　　　　B. 现象　　　　C. 相向

三、用自己的话讲一讲:

1. 英雄死后,人们的议论共有四种,都是什么?

2. 讲故事的人是什么观点?

3. 你对奋斗怎么看?

第三十课 "墨菲法则"的科学性

词语链

1. 回答问题：

   (1) 妈妈希望女儿干什么？

   (2) _____

2. 回答问题：

   (1) "阔气"是什么意思？

   (2) 怎么花钱可以说是"大手大脚地花钱"？

   (3) _____

   (4) 请说出"假设"的近义词。

3. 回答问题：

   (1) 对话的两个人在约定什么？

   (2) _____

4. 回答问题：

   (1) 飞机在什么时候危险性比较大？

   (2) _____

   (3) 请说出"偏巧"的近义词。

(4) 请说出"加速"的反义词。

(5) 请说出"着地"的同义词。

5. 回答问题：
   (1) 这段话的主要内容是什么？

   (2) 请说出"稿件"的近义词。

   (3) 请说出"称心"的近义词。

   (4) _____

6. 回答问题：
   (1) _____
   (2) 他们为什么离婚？他们没结婚的时候，活儿都是谁干？

(一)

生　词

1. 寝食难安　　　（成）　　　qǐn shí nán ān
   整天心神不定。寝食：睡觉和吃饭，泛指日常生活。

2. 理财　　　　　　　　　　lǐ cái
   管理财务或钱财，现在更多用于储蓄炒股等。课文中指管理家庭日常开支。（理：理发，办理，处理，代理，护理，清理，审理，受理，调理，修理，治理，助理，自理；财：财产，财富，财力，财迷，财务，财源，发财，爱财如命）

3. 滋味　　　　　（名）　　　　　zīwèi
味道。多用以比喻某种感受。课文中指父亲要让女儿尝尝当家的感觉,并不舒服。

4. 记账　　　　　　　　　　　　jì zhàng
课文中指记下家庭的每一笔收支。

5. 攀比　　　　　（动）　　　　　pānbǐ
和高于自己,本不应相比的对象勉强相比。课文中指生活上总和经济条件好的去比,并对现状不满,或希望达到更高的消费水准。

6. 刀刃　　　　　（名）　　　　　dāorèn
刀上能切、削东西的一面。比喻最能发挥作用的地方。(刀:刀具,菜刀,刀子,短刀,大刀阔斧,一刀两断,心如刀割;刃:迎刃而解)

练　习

根据录音内容选择正确答案：

1. A. 女儿太能花钱了　　　　B. 工作压力非常大
   C. 女儿非常想管家　　　　D. 金融工作不好做

2. A. 管家能掌握很多钱　　　B. 管钱可以天天记账
   C. 不让爸妈随便花钱　　　D. 爸爸的办法确实好

3. A. 家里的收入太少　　　　B. 天天记账很麻烦
   C. 日子过不下去了　　　　D. 没法和人攀比了

4. A. 没钱了,就去喝西北风　　B. 钱要用在最需要的地方
   C. 别人劝你花钱坚决不花　　D. 真正阔气了才能买好刀

（二）

生　词

1. 投稿　　　　　　　　　　　　tóu gǎo
把稿子交给报社或出版社,希望刊登或出版。(投:投递,投递员;稿:稿子,稿件,稿

纸,写稿,草稿,手稿,撰稿,稿费,原稿)

2. 刊登　　　　　(动)　　　　kāndēng
发表在报纸、刊物上。

3. 反响　　　　　(名)　　　　fǎnxiǎng
事情所引起的意见、态度或行为。(反:反问,反悔,反诘,反应,反咬一口;响:影响,响应,回响)

4. 揭发　　　　　(动)　　　　jiēfā
说出大家不知道的坏人和坏人做的坏事。(揭:揭穿,揭开,揭露,揭示;发:启发,告发,开发)

5. 奖项　　　　　(名)　　　　jiǎngxiàng
指某种奖划分的不同类别。(奖:奖杯,奖金,奖品,奖学金,颁奖,发奖,领奖,中奖;项:项目,各项,事项)

6. 撤消　　　　　(动)　　　　chèxiāo
取消。(撤:撤除,撤换,撤职;消:消除,消毒,消防,消灭,消亡,消炎,消毒剂,打消,取消)

7. 评奖　　　　　　　　　　　píng jiǎng
评出应该得奖的个人或单位。(评:评比,评定,评分,评级,评价,评理,评选,评语;奖:奖金,奖品,奖学金,颁奖,发奖,领奖,中奖)

8. 名誉　　　　　(名)　　　　míngyù
在社会上流传的评价。(名:名菜,名产,名城,名贵,名画,名家,名酒,名牌,名人,名医,名山,名师,名作,闻名;誉:荣誉,声誉,信誉)

 练　习

根据录音内容选择正确答案:

1. A. 有人写了假新闻　　　　　B. 钱被大风刮走了
   C. 乐于助人的不少　　　　　D. 骑车一定要小心

2. A. 老人骑车摔倒了　　　　　B. 大家都不喜欢钱
   C. 有人混进来帮忙　　　　　D. 大家都热心助人

3. A. 稿件真实得不能再真实了　B. 是一篇非常时髦的新闻稿
   C. 是新闻评奖史上的反面教材　D. 是一篇名副其实的优秀新闻

4. A. 很有理想　　　　　　　　B. 十分敬业
　 C. 写作水平差　　　　　　　D. 缺乏责任感

"墨菲法则"的科学性

生　词

1. 抽屉　　　　　（名）　　　chōuti
   桌子、柜子上能拉出来的放东西的部分。

2. 一气　　　　　（副）　　　yíqì
   一阵子。

3. 乱七八糟　　　（成）　　　luàn qī bā zāo
   形容很乱,一点儿条理也没有。

4. 眼睁睁　　　　（副）　　　yǎnzhēngzhēng
   形容瞪着眼看着,没有办法。

5. 封面　　　　　（名）　　　fēngmiàn
   书刊最外面的一层,一般用厚纸、布等来做。(封:封皮,信封;面:面子,表面,地面,海面,画面,桌面,字面)

6. 作对　　　　　（动）　　　zuòduì
   故意为难;成为敌对的方面。(作:作案,作弊,作恶,作法,作乐,作弄,作为,作息,作业,合作,协作,制作,恶作剧,自作自受,大有作为,弄虚作假,无所作为;对:对方,对抗,对立,对手,对头,对抗性,对立面,反对,针锋相对)

7. 恶作剧　　　　（名）　　　èzuòjù
   故意捉弄,使人丢面子、难为情的行为。

8. 电极　　　　　（名）　　　diànjí
   电源或电器上用来接通电流的地方。(电:电车,电灯,电动,电工,电话,电力,电脑,电器,电扇,电视,电线,电子眼,电源,电冰箱,电饭锅,电力网,电影,电影院,充电,发电,雷电,闪电,停电,通电,水电站,手电筒;极:北极,南极,地极,北极熊)

9. 纰漏　　　　　　（名）　　　　　　pīlòu
因粗心而产生的差错。

10. 故障　　　　　　（名）　　　　　　gùzhàng
(机器、仪器等)发生的障碍或毛病。课文中指工作中的失误或问题。

11. 致使　　　　　　（动）　　　　　　zhìshǐ
由于某种原因而使得。(致:致病,致富,致命,不致,导致,以致,招致,学以致用;使:促使,迫使,虚心使人进步)

12. 降水　　　　　　　　　　　　　　jiàng shuǐ
从天空落到地面的液体或固体的水,如雨、雪、冰雹等。(降:降低,降落,降温,下降,空降,升降,骤降;水:水草,水稻,水分,水管,水患,水井,水库,水利,水疗,水流,水面,水牛,水位,水性,水灾,水电站,水墨画,滴水穿石,水火无情,水落石出,水深火热,水土流失,茶水,潮水,海水,淡水,汗水,湖水,洪水,积水,江水,口水,冷水,凉水,流水,露水,泉水,山水,死水,海水浴,自来水,如鱼得水)

13. 概率　　　　　　（名）　　　　　　gàilǜ
某种事情在同一条件下可能发生,也可能不发生,表示发生的可能性大小的量叫概率。(概:概况,概括,概述,概说,概要,大概;率:比率,汇率,利率,税率,出生率,死亡率,回收率,生产率)

14. 高明　　　　　　（形）　　　　　　gāomíng
(看法、技能等)高超。

15. 不起眼儿　　　　　　　　　　　　bùqǐyǎnr
不值得重视;不引人注目。

16. 审慎　　　　　　（形）　　　　　　shěnshèn
非常谨慎,考虑得十分周密。(慎:慎重,不慎,谨小慎微,谨言慎行,谦虚谨慎)

17. 失误　　　　　　（名）　　　　　　shīwù
因粗心或水平低而造成的错误。(失:失策,过失,疏失,唯恐有失;误:误会,误解,误信,笔误,正误)

练 习

一、听全文,回答问题:

1. 这篇课文给你留下印象最深刻的是哪些内容?

2. 排队的时候,你是否为你排着的一队最慢而苦恼过?

二、根据第一段内容,判断正误:
(　　) 1. 越是上班的时候,你越找不到袜子。
(　　) 2. 你面包上的黄油总是掉在地上。
(　　) 3. 排队的时候,别的队总比你那队快。
(　　) 4. 看书时,书的封面总是掉下来。
(　　) 5. 很多人都碰到过类似的事情。
(　　) 6. 剧场经常演出恶作剧。

三、根据第二段内容,判断正误:
(　　) 1. 美国空军的试验是要看一看迅速减速对飞行员的影响。
(　　) 2. 试验时,工作人员坐在车上,车停后给他们做体检。
(　　) 3. 试验中使用的是墨菲设计的电极。
(　　) 4. 试验开始前,自愿受试人员非常小心,直到每个细节都不会有毛病。
(　　) 5. 他们辛苦了一天却没有得到结果。
(　　) 6. 全体工作人员都愣在那儿了。
(　　) 7. 原来是墨菲设计的电极出了问题。
(　　) 8. 由这件事,墨菲总结出了"墨菲法则"。

四、根据第二段内容,判断正误:
1. A. 不如意的事情时有发生　　B. 袜子和面包根本没联系
   C. 书落地封面朝下有道理　　D. 每个星期书都会掉下来

2. A. 天气预报一点儿也不准　　B. 天气预报十有八九不错
   C. 你不出门,就不会下雨　　D. 下雨,你不一定碰得上

五、根据第一段内容,判断正误:
(　　) 1. 平凡的事情中,不可能会有什么大道理。
(　　) 2. 墨菲法则促使我们思考生活中的小事,寻找其中的科学道理。

（　　）3. 墨菲法则提醒工程师们，要避免一切细节中可能出现的错误。

六、听录音，选词填空：

1. 吃饭时，你的面包片又(　　)到地上，偏巧又是涂了黄油的一面着地。
   A. 刮落　　　　B. 挂落　　　　C. 滑落

2. 这样的恶作剧(　　)不只一次地出现，有人给它起了个名字，叫"墨菲法则"。
   A. 更　　　　　B. 成　　　　　C. 曾

3. 1949年，美国空军对飞行员进行迅速减速(　　)的研究，此项研究要把一些自愿受试人员捆绑在一种车上，以便观察急停车时他们的身体状况，(　　)采用的电极是墨菲设计的。
   ① A. 影响　　　B. 印象　　　　C. 影像
   ② A. 实验　　　B. 试验　　　　C. 吸烟

4. 在一整天工作之后，他们发现任何(　　)都没有记录下来，这一结果使在场的技术人员全傻了。
   A. 顺序　　　　B. 数据　　　　C. 俗语

5. 也许有人认为找袜子、面包片或书落地和上面的故事风马牛不相及，但从不称心的事其实(　　)于万事万物之中来讲却是一样的。
   A. 存在　　　　B. 总在　　　　C. 从来

生词总表

A

哀嚎	（动）	āiháo	26
安享晚年		ānxiǎng wǎnnián	18
按揭	（动）	ànjiē	16
熬年头儿		áo niántóur	22

B

把戏	（名）	bǎxì	23
百思不得其解	（成）	bǎi sī bù dé qí jiě	23
绑架	（动）	bǎngjià	25
饱含	（动）	bǎohán	26
抱不平		bào bùpíng	16
抱怨	（动）	bàoyuàn	23
崩溃	（动）	bēngkuì	27
蹦	（动）	bèng	17
弊	（名）	bì	19
臂	（名）	bì	29
编织	（动）	biānzhī	24
变本加厉	（成）	biàn běn jiā lì	21
变卖	（动）	biànmài	21
辩护	（动）	biànhù	23
濒临	（动）	bīnlín	24
濒危	（动）	bīnwēi	21
病痛	（名）	bìngtòng	27

剥夺	（动）	bōduó	18
波斯语	（名）	bōsīyǔ	24
跛子	（名）	bǒzi	17
不得民心	（成）	bù dé mín xīn	18
不堪回首	（成）	bùkān huíshǒu	27
不愧	（副）	bú kuì	20
不起眼儿		bùqǐyǎnr	30
不声不响		bù shēng bù xiǎng	26
不务正业	（成）	bú wù zhèngyè	25
不已	（动）	bùyǐ	22
不争	（形）	bùzhēng	27
不至于	（副）	búzhìyú	22
步伐	（名）	bùfá	23
步枪	（名）	bùqiāng	24

C

财经	（名）	cáijīng	19
采信	（动）	cǎixìn	23
彩虹	（名）	cǎihóng	20
参与	（动）	cānyù	23
残疾	（动）	cánjí	21
残留	（动）	cánliú	28
残忍	（形）	cánrěn	24
惨剧	（名）	cǎnjù	25
操办	（动）	cāobàn	20
草莓	（名）	cǎoméi	29
策划	（动）	cèhuà	20
差额	（名）	chā'é	22
差异	（名）	chāyì	22
刹那	（名）	chànà	17
拆迁	（动）	chāiqiān	21
产权	（名）	chǎnquán	16

产业化	（名）	chǎnyèhuà	28
铲子	（名）	chǎnzi	17
猖獗	（形）	chāngjué	24
抄袭	（动）	chāoxí	25
潮流	（名）	cháoliú	23
炒鱿鱼		chǎo yóuyú	27
车祸	（名）	chēhuò	23
撤消	（动）	chèxiāo	30
称心如意	（成）	chènxīn rúyì	22
成活	（动）	chénghuó	19
成群结队	（成）	chéngqún jiéduì	24
成心	（副）	chéngxīn	18
承包	（动）	chéngbāo	18
承诺	（动）	chéngnuò	16
承受	（动）	chéngshòu	20
痴呆	（形）	chīdāi	16
迟钝	（形）	chídùn	29
迟缓	（形）	chíhuǎn	22
冲淡	（动）	chōngdàn	29
冲锋枪	（名）	chōngfēngqiāng	24
冲突	（动）	chōngtū	21
重婚	（动）	chónghūn	21
抽搐	（动）	chōuchù	29
抽屉	（名）	chōutì	30
筹备	（动）	chóubèi	20
出处	（名）	chūchù	25
出神入化	（成）	chū shén rù huà	16
出台	（动）	chūtái	21
触动	（动）	chùdòng	25
传奇	（名）	chuánqí	25
辍学	（动）	chuòxué	21
从轻惩处		cóng qīng chéngchǔ	21

从业者	（名）	cóngyèzhě	28
凑合	（动）	còuhe	21
脆弱	（形）	cuìruò	17
村镇	（名）	cūnzhèn	19

D

打官司		dǎ guānsi	23
大不了	（形）	dàbuliǎo	17
大锅饭	（名）	dàguōfàn	18
大花蝶	（名）	dàhuādié	17
大名鼎鼎	（成）	dàmíng dǐngdǐng	26
大王甲	（名）	dàwángjiǎ	
大有人在		dà yǒu rén zài	19
逮	（动）	dǎi	26
贷款		dài kuǎn	16
当事人	（名）	dāngshìrén	23
当庭翻供		dāng tíng fān gòng	23
当月	（名）	dàngyuè	22
刀刃	（名）	dāorèn	30
盗猎	（动）	dàoliè	24
稻谷	（名）	dàogǔ	19
得不偿失	（成）	dé bù cháng shī	24
得益	（动）	déyì	23
低保	（名）	dībǎo	27
低洼	（形）	dīwā	17
抵押	（动）	dǐyā	16
地平线	（名）	dìpíngxiàn	24
地主	（名）	dìzhǔ	18
电极	（名）	diànjí	30
调度	（名）	diàodù	18
抖动	（动）	dǒudòng	17
逗乐	（动）	dòulè	25

逗闷子		dòu mènzi	18
都市	(名)	dūshì	20
度	(名)	dù	17
断绝	(动)	duànjué	24

E

颚	(名)	è	17
恶习不改		èxí bù gǎi	21
恶作剧	(名)	èzuòjù	30
遏制	(动)	èzhì	27

F

发	(量)	fā	24
发布	(动)	fābù	21
繁星	(名)	fánxīng	26
繁衍	(动)	fányǎn	17
反响	(名)	fǎnxiǎng	30
犯法		fàn fǎ	21
犯难		fàn nán	18
放荡	(形)	fàngdàng	27
分红	(动)	fēnhóng	19
分享	(动)	fēnxiǎng	20
份额	(名)	fèn'é	18
粪便	(名)	fènbiàn	17
风马牛不相及		fēng mǎ niú bù xiāngjí	22
风险	(名)	fēngxiǎn	28
封面	(名)	fēngmiàn	30
服刑		fú xíng	27
福利	(名)	fúlì	19
福寿螺	(名)	fúshòuluó	28
抚育	(动)	fǔyù	21
腐烂	(动)	fǔlàn	28

143

| 付诸行动 | | fùzhū xíngdòng | 19 |

G

改口		gǎi kǒu	18
概率	（名）	gàilǜ	30
尴尬	（形）	gāngà	26
港台		Gǎng-Tái	18
羔	（名）	gāo	24
高明	（形）	gāomíng	30
高涨	（动）	gāozhǎng	18
高招	（名）	gāozhāo	28
告	（动）	gào	23
更换	（动）	gēnghuàn	28
公益	（名）	gōngyì	16
公众	（名）	gōngzhòng	27
勾当	（名）	gòudàng	26
够呛	（形）	gòuqiàng	20
咕咚	（拟声）	gūdōng	29
孤寡老人		gūguǎ lǎorén	16
骨折	（动）	gǔzhé	23
故障	（名）	gùzhàng	30
瓜果	（名）	guāguǒ	28
观光	（动）	guānguāng	16
滚动	（动）	gǔndòng	24
果蔬清洗剂		guǒshū qīngxǐjì	28
果真	（副）	guǒzhēn	20

H

| 含金量 | （名） | hánjīnliàng | 28 |

寒酸	（形）	hánsuān	26
罕见	（形）	hǎnjiàn	18
汗流浃背	（成）	hàn liú jiā bèi	29
憾事	（名）	hànshì	20
豪华	（形）	háohuá	21
豪爽	（形）	háoshuǎng	26
嚎啕大哭		háotáo dàkū	25
呵护	（动）	hēhù	26
何	（代）	hé	23
何在	（动）	hézài	22
荷包蛋	（名）	hébāodàn	16
红心鸭蛋		hóngxīn yādàn	28
厚重	（形）	hòuzhòng	20
呼吁	（动）	hūyù	27
狐狸	（名）	húli	17
虎骨	（名）	hǔgǔ	21
化肥	（名）	huàféi	19
话筒	（名）	huàtǒng	26
话语	（名）	huàyǔ	17
怀孕		huái yùn	17
环节	（名）	huánjié	28
缓解	（动）	huǎnjiě	25
缓刑	（动）	huǎnxíng	19
唤起	（动）	huànqǐ	26
换取	（动）	huànqǔ	16
慌不择路		huāng bù zé lù	23
荒地	（名）	huāngdì	18
回报	（名）	huíbào	16
回避	（动）	huíbì	27
悔罪	（动）	huǐzuì	19
毁灭	（动）	huǐmiè	24
婚俗	（名）	hūnsú	20

火	（形）	huǒ	16
火把	（名）	huǒbǎ	19
货真价实	（成）	huò zhēn jià shí	23

J

机动车道	（名）	jīdòngchēdào	23
讥讽	（动）	jīfěng	17
饥荒	（名）	jīhuāng	18
羁押	（动）	jīyā	19
急剧	（副）	jíjù	24
纪录	（名）	jìlù	29
记账		jì zhàng	30
家破人亡	（成）	jiā pò rén wáng	25
甲虫	（名）	jiǎchóng	17
价格不菲		jiàgé bùfēi	29
监管	（动）	jiānguǎn	28
简陋	（形）	jiǎnlòu	18
碱	（名）	jiǎn	28
鉴于	（介）	jiànyú	19
将功补过		jiāng gōng bǔ guò	19
奖项	（名）	jiǎngxiàng	30
犟	（形）	jiàng	18
降水	（动）	jiàngshuǐ	30
揭发	（动）	jiēfā	30
接口	（名）	jiēkǒu	26
截然不同	（成）	jiérán bùtóng	20
金龟子	（名）	jīnguīzǐ	17
浸泡	（动）	jìnpào	28
进取心	（名）	jìnqǔxīn	28
经销商	（名）	jīngxiāoshāng	29
敬业	（动）	jìngyè	28
举足轻重	（成）	jǔ zú qīng zhòng	18

剧变	（名）	jùbiàn	18
巨头	（名）	jùtóu	24
捐赠	（动）	juānzèng	21
卷柏	（名）	juǎnbǎi	24
噘嘴		juē zuǐ	16
倔犟	（形）	juéjiàng	18

K

开荒		kāi huāng	21
开阔	（形）	kāikuò	17
开庭	（动）	kāitíng	23
刊登	（动）	kāndēng	30
侃	（动）	kǎn	18
苛刻	（形）	kēkè	28
可恨	（形）	kěhèn	29
克隆	（动）	kèlóng	26
恐吓	（动）	kǒnghè	21
恐惧	（形）	kǒngjù	26
口才	（名）	kǒucái	18
苦难	（名）	kǔnàn	22
会计	（名）	kuàijì	21
宽敞	（形）	kuānchang	22
宽松	（形）	kuānsōng	28
昆虫	（名）	kūnchóng	17

L

来生	（名）	láishēng	27
懒得	（动）	lǎnde	27
浪花	（名）	lànghuā	29
浪漫	（形）	làngmàn	20

劳动合同制		láodòng hétóngzhì	28
老公公	（名）	lǎogōnggong	16
老婆婆	（名）	lǎopópo	16
冷漠	（形）	lěngmò	26
愣	（动）	lèng	26
离奇	（形）	líqí	23
离散	（动）	lísàn	28
理财		lǐ cái	30
理会	（动）	lǐhuì	24
理性	（名）	lǐxìng	26
利害	（名）	lìhài	21
利息	（名）	lìxī	22
联名	（动）	liánmíng	21
良知	（名）	liángzhī	26
寥寥无几	（成）	liáoliáo wú jǐ	18
猎豹	（名）	lièbào	17
猎物	（名）	lièwù	17
临头	（动）	líntóu	17
领教	（动）	lǐngjiào	17
硫磺	（名）	liúhuáng	29
留恋	（动）	liúliàn	28
流露	（动）	liúlù	25
流逝	（动）	liúshì	28
流通	（动）	liútōng	28
龙眼	（名）	lóngyǎn	29
隆重	（形）	lóngzhòng	20
陋习	（名）	lòuxí	29
颅骨	（名）	lúgǔ	29
鹿	（名）	lù	22
路程	（名）	lùchéng	19
履行	（动）	lǚxíng	27
律师	（名）	lǜshī	23

乱七八糟	（成）	luàn qī bā zāo	30
轮胎	（名）	lúntāi	25
论坛	（名）	lùntán	24
落汤鸡	（名）	luòtāngjī	27

M

麦子	（名）	màizi	26
卖力	（形）	màilì	19
卖淫		mài yín	27
埋怨	（动）	mányuàn	16
忙碌	（形）	mánglù	23
茅塞顿开	（成）	máo sè dùn kāi	18
美貌	（名）	měimào	20
魅力	（名）	mèilì	20
迷茫	（形）	mímáng	28
猕猴桃	（名）	míhóutáo	28
觅食		mì shí	17
灭绝	（动）	mièjué	24
名列	（动）	míngliè	19
名誉	（名）	míngyù	30
摩托车	（名）	mótuōchē	23
磨洋工		mó yánggōng	18
没收	（动）	mòshōu	18
目击	（动）	mùjī	23

N

难度	（名）	nándù	16
难免	（动）	nánmiǎn	22
脑细胞	（名）	nǎoxìbāo	29
脑组织		nǎozǔzhī	29
年迈	（形）	niánmài	27
农耕	（动）	nónggēng	18

149

农机具	(名)	nóngjījù	19
暖壶	(名)	nuǎnhú	20
虐待	(动)	nüèdài	21

N

| 欧美 | | Ōu-Měi | 18 |

P

排泄	(动)	páixiè	17
攀比	(动)	pānbǐ	30
判处	(动)	pànchǔ	19
判决	(动)	pànjué	19
蓬勃	(形)	péngbó	18
披肩	(名)	pījiān	24
纰漏	(名)	pīlòu	30
品貌超群	(成)	pǐn mào chāo qún	26
品牌	(名)	pǐnpái	23
平庸	(形)	píngyōng	28
评奖		píng jiǎng	30
凭借	(动)	píngjiè	17
朴实	(形)	pǔshí	18

Q

凄惨	(形)	qīcǎn	25
漆皮	(名)	qīpí	25
栖息地	(名)	qīxīdì	17
骑虎难下	(成)	qí hǔ nán xià	21
崎岖	(形)	qíqū	17
起点	(名)	qǐdiǎn	29
起伏	(名)	qǐfú	18
气不过		qì bú guò	16
迁徙	(动)	qiānxǐ	24

谦谦君子		qiānqiān jūnzǐ	19
前提	(名)	qiántí	25
鞘翅	(名)	qiàochì	17
且	(副)	qiě	29
钦佩	(动)	qīnpèi	22
寝食难安	(成)	qǐn shí nán ān	30
青睐	(动)	qīnglài	24
情节	(名)	qíngjié	20
请愿书	(名)	qǐngyuànshū	21
去世	(动)	qùshì	16
确保	(动)	quèbǎo	22

R

热衷	(动)	rèzhōng	26
人满为患	(成)	rén mǎn wéi huàn	27
人山人海	(成)	rén shān rén hǎi	29
人质	(名)	rénzhì	25
忍让	(动)	rěnràng	21
认定	(动)	rèndìng	23
认罪		rèn zuì	19
溶	(动)	róng	28
荣誉	(名)	róngyù	25
如此	(代)	rúcǐ	20
如火如荼	(成)	rú huǒ rú tú	26
乳头	(名)	rǔtóu	24
入狱	(动)	rùyù	27
锐减	(动)	ruìjiǎn	24
睿智	(形)	ruìzhì	25

S

撒娇		sā jiāo	16
三伏	(名)	sānfú	27

山呼海啸	（成）	shān hū hǎi xiào	29
膳食	（名）	shànshí	22
善始善终	（成）	shàn shǐ shàn zhōng	28
赡养	（动）	shànyǎng	16
伤人		shāng rén	21
上流社会		shàngliú shèhuì	24
上诉	（动）	shàngsù	19
尚	（副）	shàng	27
设施	（名）	shèshī	19
涉及	（动）	shèjí	28
摄入	（动）	shèrù	22
社员	（名）	shèyuán	18
身份	（名）	shēnfèn	28
深陷		shēnxiàn	27
神魂颠倒	（成）	shén hún diāndǎo	29
神志不清		shénzhì bùqīng	29
审	（动）	shěn	19
审理	（动）	shěnlǐ	19
审判	（动）	shěnpàn	19
审慎	（形）	shěnshèn	30
生机	（名）	shēngjī	18
绳之以法	（成）	shéng zhī yǐ fǎ	25
省吃俭用	（成）	shěng chī jiǎn yòng	17
盛行	（动）	shèngxíng	23
剩余	（动）	shèngyú	16
失误	（名）	shīwù	30
时不我待	（成）	shí bù wǒ dài	27
时而	（副）	shí'ér	22
时光	（名）	shíguāng	27
时光倒流		shíguāng dàoliú	27
食粮	（名）	shíliáng	20
时令	（名）	shílìng	29

时髦	（形）	shímáo	20
事业有成		shìyè yǒuchéng	20
试图	（动）	shìtú	17
嗜睡	（动）	shìshuì	29
收买	（动）	shōumǎi	21
受益	（动）	shòuyì	18
术	（名）	shù	26
耍弄	（动）	shuǎnòng	16
拴	（动）	shuān	20
水肿	（动）	shuǐzhǒng	29
硕大	（形）	shuòdà	29
司空见惯	（成）	sīkōng jiàn guàn	25
饲料	（名）	sìliào	18
苏丹红	（名）	Sūdānhóng	28
诉讼	（动）	sùsòng	21
素质	（名）	sùzhì	28
琐事	（名）	suǒshì	20

T

谈艾色变		tán ài sè biàn	27
逃跑	（动）	táopǎo	23
逃逸	（动）	táoyì	25
淘气	（形）	táoqì	24
淘汰	（动）	táotài	28
特定	（形）	tèdìng	28
腾	（动）	téng	21
体验	（动）	tǐyàn	20
体制	（名）	tǐzhì	22
体质	（名）	tǐzhì	22
天长地久	（成）	tiān cháng dì jiǔ	16
天高气爽		tiān gāo qì shuǎng	20
天性	（名）	tiānxìng	25

挑剔	（动）	tiāoti	16
挑眼		tiāo yǎn	19
调理	（动）	tiáolǐ	22
停滞不前		tíngzhì bù qián	18
童叟无欺	（成）	tóng sǒu wú qī	23
偷猎	（动）	tōuliè	24
投稿		tóu gǎo	30
投身	（动）	tóushēn	26
透露	（动）	tòulù	27
徒刑	（名）	túxíng	19
土	（形）	tǔ	18
推陈出新	（成）	tuī chén chū xīn	23

W

玩弄	（动）	wánnòng	23
玩世不恭	（成）	wán shì bù gōng	27
万般无奈		wànbān wúnài	24
微处理器	（名）	wēichǔlǐqì	17
危及生命	（动）	wēijí shēngmìng	29
危在旦夕	（成）	wēi zài dànxī	24
违禁	（动）	wéijìn	28
伪证	（名）	wěizhèng	21
未遂	（动）	wèisuì	21
胃口	（名）	wèikǒu	21
温馨	（形）	wēnxīn	22
闻所未闻	（成）	wén suǒ wèi wén	23
巫术	（名）	wūshù	26
污物	（名）	wūwù	28
无非	（副）	wúfēi	24
无人问津	（成）	wú rén wèn jīn	18
无息贷款		wúxī dàikuǎn	19

无语		wúyǔ	24
无知者无畏		wúzhīzhě wúwèi	27
武装	(动)	wǔzhuāng	24

X

熄灭	(动)	xīmiè	19
吸纳	(动)	xīnà	28
息息相关	(成)	xī xī xiāng guān	27
习俗	(名)	xísú	20
戏弄	(动)	xìnòng	17
细节	(名)	xìjié	20
狭窄	(形)	xiázhǎi	17
贤妻良母		xián qī liáng mǔ	21
嫌疑人	(名)	xiányírén	25
限度	(名)	xiàndù	21
陷入困境		xiànrù kùnjìng	23
乡长	(名)	xiāngzhǎng	19
乡镇	(名)	xiāngzhèn	19
潇洒	(形)	xiāosǎ	16
协议	(动)	xiéyì	21
新宠	(名)	xīnchǒng	29
信笺	(名)	xìnjiān	22
信赖	(动)	xìnlài	16
信念	(名)	xìnniàn	26
信仰	(动)	xìnyǎng	23
刑警	(名)	xíngjǐng	25
性病	(名)	xìngbìng	27
性命	(名)	xìngmìng	24
幸事	(名)	xìngshì	17
幸运	(形)	xìngyùn	25
胸怀	(名)	xiōnghuái	22
熊	(名)	xióng	21

羞耻	（名）	xiūchǐ	27
休养	（动）	xiūyǎng	22
虚荣	（名）	xūróng	16
徐徐	（副）	xúxú	20
畜牧业	（名）	xùmùyè	28
熏	（动）	xūn	29
巡逻	（动）	xúnluó	24
训人	（动）	xùnrén	27
驯养	（动）	xùnyǎng	21

Y

轧	（动）	yà	24
淹没	（动）	yānmò	23
盐分	（名）	yánfèn	29
严峻	（形）	yánjùn	27
演播厅	（名）	yǎnbōtīng	26
眼睁睁	（副）	yǎnzhēngzhēng	30
验收	（动）	yànshōu	19
洋	（形）	yáng	18
氧	（名）	yǎng	29
养虎为患	（成）	yǎng hǔ wéi huàn	21
养活	（动）	yǎnghuo	18
养殖户	（名）	yǎngzhíhù	28
药用功能		yàoyòng gōngnéng	21
一气	（副）	yíqì	30
一本万利	（成）	yì běn wàn lì	22
一手	（副）	yìshǒu	20
一厢情愿	（成）	yì xiāng qíngyuàn	21
遗弃	（动）	yíqì	17
颐指气使	（成）	yí zhǐ qì shǐ	16
翼	（名）	yì	17
易如反掌	（成）	yì rú fǎn zhǎng	16

银子	(名)	yínzi	23
隐患	(名)	yǐnhuàn	26
引用	(动)	yǐnyòng	25
鹰	(名)	yīng	17
英才	(名)	yīngcái	28
盈利	(动)	yínglì	16
迎刃而解	(成)	yíng rèn ér jiě	22
忧心忡忡	(成)	yōuxīn chōngchōng	24
悠然自得		yōurán zìdé	17
游走	(动)	yóuzǒu	24
有备无患	(成)	yǒu bèi wú huàn	27
有条不紊	(成)	yǒu tiáo bù wěn	28
语出惊人	(成)	yǔ chū jīng rén	24
与生俱来		yǔ shēng jù lái	16
预见	(动)	yùjiàn	23
预谋	(名)	yùmóu	25
圆滚滚	(形)	yuángǔngǔn	29
越发	(副)	yuèfā	28

Z

栽培	(动)	zāipéi	29
在乎	(动)	zàihu	26
责令	(动)	zélìng	19
责无旁贷	(成)	zé wú páng dài	27
沾沾自喜	(成)	zhānzhān zìxǐ	25
占据	(动)	zhànjù	18
战乱	(名)	zhànluàn	28
蟑螂	(名)	zhāngláng	17
仗着		zhàngzhe	21
肇事	(动)	zhàoshì	25
真诚	(形)	zhēnchéng	19
侦破	(动)	zhēnpò	25

诊断	（动）	zhěnduàn	29
枕巾	（名）	zhěnjīn	20
镇定	（形）	zhèndìng	17
震撼	（动）	zhènhàn	25
支撑	（动）	zhīchēng	24
支使	（动）	zhīshi	16
直白	（形）	zhíbái	25
植树造林		zhíshù zàolín	21
指明	（动）	zhǐmíng	25
至死不渝	（成）	zhì sǐ bù yú	26
制服	（动）	zhìfú	25
制剂	（名）	zhìjì	27
致富	（动）	zhìfù	21
致使	（动）	zhìshǐ	30
中枢神经	（名）	zhōngshū shénjīng	17
忠告	（名）	zhōnggào	22
种田		zhòng tián	26
主持人	（名）	zhǔchírén	25
注重	（动）	zhùzhòng	24
撰写	（动）	zhuànxiě	25
桩	（量）	zhuāng	21
装修	（动）	zhuāngxiū	22
捉襟见肘	（成）	zhuō jīn jiàn zhǒu	21
着落	（名）	zhuóluò	21
滋补	（动）	zībǔ	22
资历	（名）	zīlì	22
滋味	（名）	zīwèi	30
走势	（名）	zǒushì	16
走私	（动）	zǒusī	24
罪犯	（名）	zuìfàn	21
罪魁祸首	（成）	zuì kuí huò shǒu	26

遵从	（动）	zūncóng	21
作案		zuò àn	25
作对	（动）	zuòduì	30
坐牢		zuò láo	19

专名索引

A
阿尔金山保护区　　Ā'ěrjīn Shān Bǎohùqū　　24

B
《百科知识》　　Bǎikē Zhīshi　　26

C
《长岛春梦》　　Chángdǎo Chūn Mèng　　23

D
动物救助中心　　Dòngwù jiùzhù Zhōngxīn　　17
敦煌　　Dūnhuáng　　20

F
范长江新闻奖　　Fàn Chángjiāng Xīnwén Jiǎng　　25

G
工商局　　Gōngshāng Jú　　28

H
河北　　Héběi　　19
《红天鹅》　　Hóngtiān'é　　23

K
可可西里　　Kěkěxīlǐ　　24
克什米尔　　Kèshímǐ'ěr　　24

L

《廊桥遗梦》	Lángqiáo Yí Mèng	23

N

南非	Nánfēi	17
尼泊尔	Níbó'ěr	24
农业部	Nóngyè Bù	28

O

欧盟	Ōuméng	28

Q

全国妇联	Quánguó Fù Lián	21

R

人民公社	Rénmín Gōngshè	18

S

世界卫生组织	Shìjiè Wèishēng Zǔzhī	27

W

卫生部	Wèishēng Bù	28

X

小营	Xiǎoyíng	18
熊虎山庄	Xiónghǔ Shānzhuāng	21

Y

印度	Yìndù	24
云冈	Yúngāng	20

Z

藏北高原	Zàngběi Gāoyuán	24

中国青年五四奖章标兵		
Zhōngguó Qīngnián Wǔsì Jiǎngzhāng Biāobīng		25
中华文化书院绿色文化分院		
Zhōnghuá Wénhuà Shūyuàn Lǜsè Wénhuà Fēnyuàn		26
周家庄	Zhōujiā Zhuāng	19